새 연세한국어 어휘와 문법 3-2

연세대학교 한국어학당 편

연세대학교 출판문화원

머리말

연세대학교 한국어학당은 1959년에 설립된 한국 최초의 외국어로서의 한국어 교육 기관이다. 연세대학교 한국어학당은 그간의 역사와 명성에 걸맞게 다양한 한국어 교재 편찬 및 관련 연구를 해옴으로써 한국어 교육을 선도해 왔다. 지금까지 전 세계에서 온 약 150여 개국의 17만여 명에 이르는 한국어 학습자에게 한국어와 한국 문화를 가르쳐 왔으며, 최근에는 빠른 속도로 변화해 가는 교육 환경에 맞추어 오프라인 한국어 교육뿐만 아니라 온라인 한국어 교육 콘텐츠 개발에도 노력을 기울이고 있다. 이미 세계 각국의 한국어 학습자를 대상으로 글로벌 온라인 대중 공개 강좌(MOOC)를 개설하여 학습자들로부터 큰 호응을 얻었고 연세대학교 온라인 교육 혁신 플랫폼인 런어스(LearnUs)에도 최신 기술을 활용한 한국어 콘텐츠를 올려서 학습자들을 만나는 중이다.

연세대학교 한국어학당은 그간 일반 목적 한국어 학습자들뿐만 아니라 특수 목적 한국어 학습자들을 대상으로 정규과정, 단기과정, 대학 한국어 과정 등 다양한 교육과정을 개설 운영하면서 학습자의 요구에 부응하는 최상의 교재를 개발해 왔다. 이러한 교재들은 국내외의 한국어 교육 기관에서 교사와 학습자들의 다양한 요구를 충족시키며 양질의 한국어 교수·학습을 위해 널리 사용되고 있다.

연세대학교 한국어학당은 그간 가장 큰 호응을 받아 왔던 '연세한국어' 1급~6급의 뒤를 이을 새로운 교재로 '새 연세한국어' 시리즈를 기획 출간하게 되었다. 이 교재의 개발을 위해 한국어 교육 현장 경험이 풍부한 전문 한국어 교육학자 및 교사들이 대거 투입되었고 최상의 한국어 교수법 및 학습자 집단의 요구에 대한 이해를 바탕으로 개발 작업이 장기간에 걸쳐 수행되었다.

이번에 출간된 '새 연세한국어' 시리즈는 총 6단계로 각 단계마다 어휘와 문법 교재, 말하기와 쓰기 교재, 듣기와 읽기 교재로 구성되어 있다. '새 연세한국어 어휘와 문법'은 한국어 학습자들이 각 숙달도별로 가장 필수적으로 익혀야 하는 주요 어휘와 문법에 대한 이해와 활용을 중심으로 구성되었다. '새 연세한국어 말하기와 쓰기'는 원활한 한국어 의사소통을 위해 꼭 필요한 표현 기능을 수행할 수 있도록 말하기, 쓰기 과제를 중심으로 구성되었다. 또한 '새 연세한국어 듣기와 읽기'는 듣기, 읽기 과제를 중심으로 각 급별 숙달도에 적절한 이해 능력을 함양시킬 수 있도록 구성되었다. 이 세 권의 교재는 어휘·문법, 표현, 이해 능력의 고른 발달을 위해 패키지로 함께 사용될 수도 있고, 교육 현장 여건이나 학습자의 요구에 따라 별도로 사용될 수도 있다. 또한 어휘와 문법 교재의 경우 별도의 지침서가 무료로 제공되므로 교육 경험이 다소 부족한 국내외의 한국어 교사들에게 유용한 길잡이가 될 수 있을 것이다.

연세대학교 한국어학당은 앞으로도 전 세계의 한국어 학습자들의 요구와 기대에 부응하는 교재 개발을 위해 최선을 다할 것이다. 아울러 본 교재가 국내외에서 한국어 교육을 위해 노력을 아끼지 않는 많은 교사와 한국어 학습을 위해 노력하는 모든 학습자들에게 크게 도움이 되기를 바란다.

연세대학교 언어연구교육원

한국어학당 교재편찬위원회

일러두기

교재 전체 구성

- 총 20개의 과로 각 과는 두 개의 항씩 총 40개의 항으로 이루어짐.
- 항별로 연습 문제가 수록되어 있고 과별로 복습문제가 수록되어 있음.
  (1항 - 1항 연습 문제 - 2항 - 2항 연습 문제 - 복습문제)
- **어휘:** 해당 항의 대화 어휘와 그 과의 주제와 관련이 있거나 3급에서 습득해야 할 어휘와 표현을 확장하여 제시함.
- **문법:** 항별로 두 개씩의 문법 항목을 제시하여 한 과에 총 네 개의 문법 항목이 있음.
- **연습 문제:** 배운 어휘와 문법을 연습할 수 있도록 부록으로 첨부 함.
  어휘: 해당 항의 대화 어휘를 중심으로 연습하도록 함.
  문법 1번: 문장을 연결하여 한 문장으로 쓰기 목표 문법을 활용하여 문장 바꾸기 등의 단순한 문법 연습으로 이루어짐.
  2번: 대화를 완성하거나 문장을 완성하는 형태로 문제를 통해 맥락 안에서 문법 사용을 연습하도록 함.
- **복습문제:** 과 전체(두 개의 항)의 어휘와 문법을 확인 학습할 수 있도록 함.
  -1번: 과 전체 어휘를 모두 아우르는 문제로 이루어짐.
  -2번: 과 전체 문법을 모두 아우르는 문제로 이루어짐.
- **모범 답안:** 연습 문제와 복습문제의 모범답안을 제시하여 혼자 연습하는 학습자의 경우에도 도움을 받을 수 있도록 함.
- **색인:** 어휘와 문법 색인에는 각 과에서 다루어진 어휘와 문법을 각각 가나다 순으로 정리하여 제시하였음.
- **별책:** 대화, 어휘, 문법의 의미와 용법, 문법 용례를 번역해서 실어 학습자들이 별책만을 가지고도 쉽고 간편하게 연습할 수 있도록 함.

세부 내용 구성

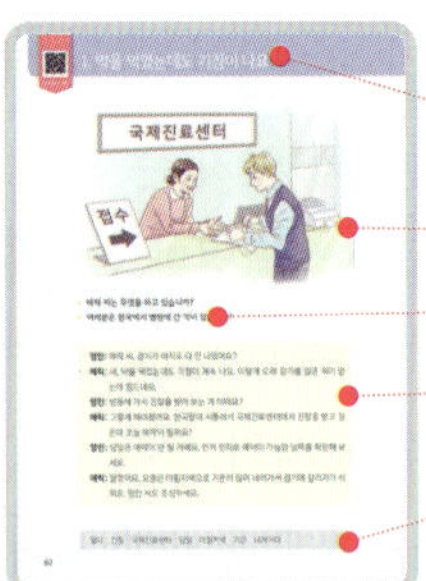

- **항 제목:** 본문 대화 중 문법 항목이 있는 문장으로 선정함.
- **도입 그림:** 항의 주제나 본문 대화와 관계있는 그림을 제시함.
- **도입 질문:** 도입이나 본문 대화와 관계있는 질문으로 제시함.
- **대화:** 두 사람 이상의 대화로 구성하였으며 2~3개의 대화 쌍으로 이루어짐.
- **대화 어휘:** 대화를 연습할 때 알아야 할 어휘를 아래에 제시함.

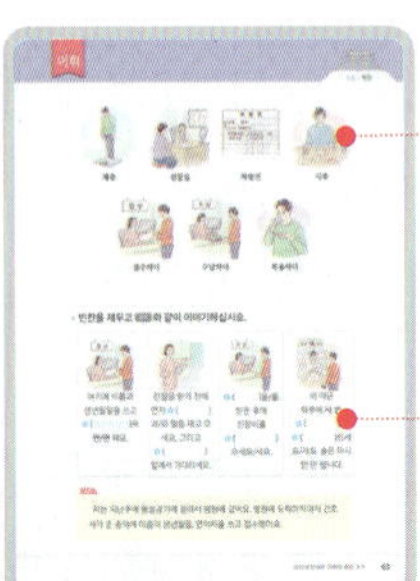

- **확장 어휘:** 해당 항의 주제와 관련이 있거나 3급에서 습득해야 할 어휘와 표현을 확장하여 제시함. 또한 학습자들이 제시된 어휘 항목을 쉽게 이해하고 학습할 수 있도록 그림이나 사진 또는 어휘 설명을 넣음.
- **어휘 연습:** 배운 어휘를 학습자가 제대로 이해했는지 바로 확인할 수 있도록 그림을 보고 쓰거나 말하는 문제로 제시함.

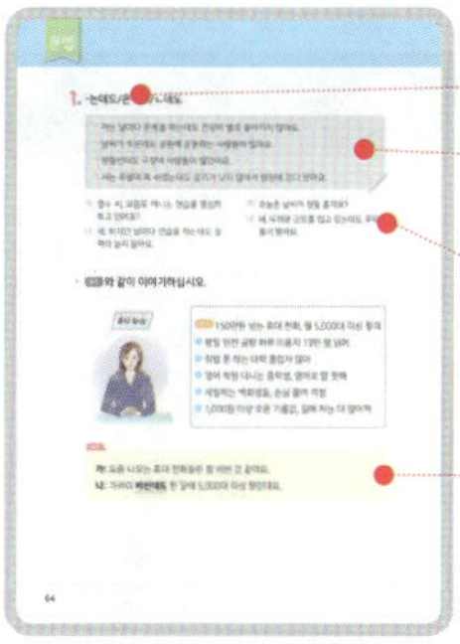

- **문법**: 해당 항의 문법을 제시함.
- **문법 예문**: 학습자가 예문을 통하여 제시된 문법을 잘 이해할 수 있도록 4개의 문장을 제시함. 언어권별로 번역한 문장을 별책에 수록함.
- **문법 대화**: 학습자가 대화 상황을 통해 제시된 문법을 잘 이해할 수 있도록 두 개의 대화를 보여 줌. 언어권별로 번역한 대화를 별책에 수록함.
- **문법 연습**: 배운 문법을 맥락 안에서 적절히 사용할 수 있도록 만든 문제로 제시된 <보기>를 보고 문제에 답할 수 있도록 함.

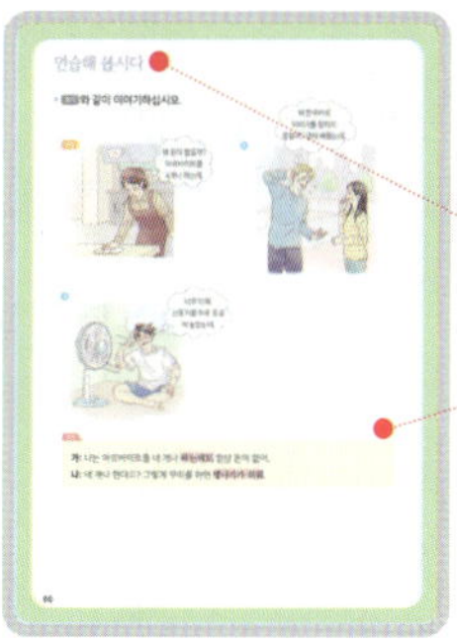

- **연습해 봅시다**: 각 항의 문법을 모두 아울러 말할 수 있도록 함.
- **<보기> 대화**: 보기의 대화를 제시하여 학습자가 쉽게 연습할 수 있도록 함.

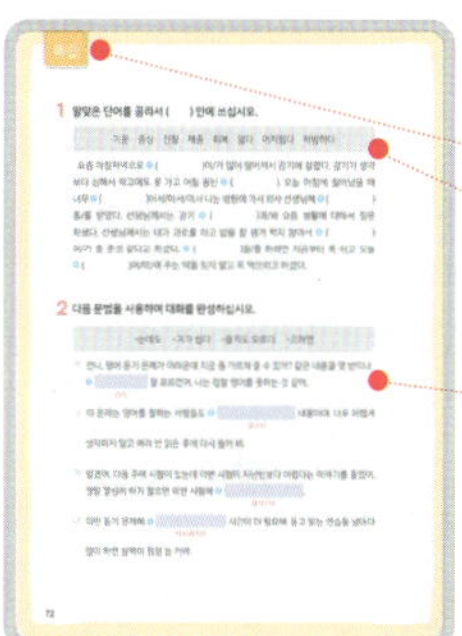

- **복습**: 과 전체의 어휘와 문법을 확인 학습할 수 있도록 함.
- **1번**: 알맞은 어휘를 골라 대화나 글을 완성하도록 함. 과 전체 어휘를 모두 아우르는 문제로 본무누 대화 어휘와 확장 어휘를 모두 복습·확인할 수 있도록 함.
- **2번**: 과 전체 문법을 모두 아우르는 문제로 네 개의 문법 항목을 하나의 담화 상황에서 사용하여 연습할 수 있도록 함.

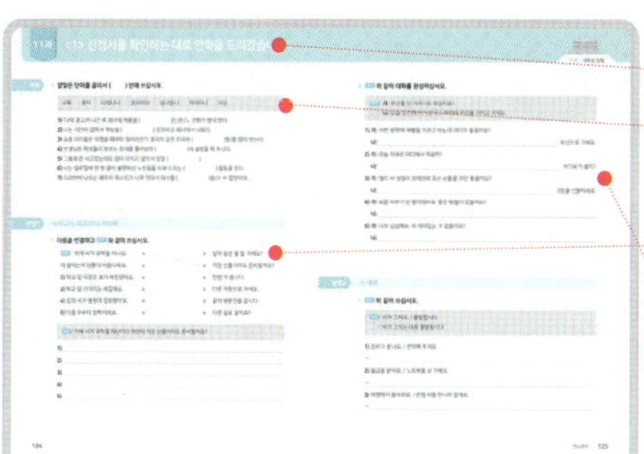

- **연습 문제**: 항별로 배운 어휘와 문법을 연습할 수 있도록 함.
- **어휘**: 알맞은 어휘를 골라 각 문장을 완성하는 문제로 본문 대화 어휘를 연습하도록 함.
- **1번**: 두 문장을 연결하여 한 문장으로 쓰기, 문장 바꾸기 등의 단순한 문법 연습으로 이루어짐.
- **2번**: 대화를 완성하거나 스스로 문장을 만드는 등의 문제를 통해 맥락 안에서 문법을 사용할 수 있게 연습하도록 함.

단원구성

과	소단원	문법	대화 어휘	확장 어휘
11과 새로운 경험	<1> 신청서를 확인하는 대로 연락을 드리겠습니다	-는다고 하던데 -는 대로	교육, 봉사, 다행이다, 문의하다, 알아듣다, 자세하다, 대강	단점, 사용법, 원인, 장점, 수집하다, 조사하다, 지원하다
	<2> 힘들기는 하지만 외국인들에게 추천하고 싶어요	-기는 하다 -다니	기회, 불교, 일상생활, 템플 스테이, 휴식, 믿다, 체험하다, 추천하다	문화 차이, 문화 체험, 생활 방식, 전통문화, 판소리, 한옥, 홈스테이
12과 여행	<1> 가 볼 만한 곳 좀 추천해 주세요	-을 만하다 -는답니다	군데, 등, 안내서, 안내원, 전용, 코스, 넉넉하다	경비, 교통비, 기타, 숙박비, 식비, 입장료, 정하다, 짜다
	<2> 부산이며 경주며 유명한 곳은 다 다녔어요	-을 뿐만 아니라 이며 이며	대표적, 여유, 역사적, 갖다, 묵다, 자유롭다, 찾아다니다	굉장하다, 놀랍다, 멋지다, 반하다, 자랑스럽다, 평범하다, 평화롭다
13과 쇼핑	<1> 싸기도 하고 편리하기도 해서 자주 이용해요	만 못하다 -기도 하다	가죽, 안심, 의류, 재킷, 고급스럽다, 귀찮다, 절약하다, 그다지	가격, 반값, 신제품, 신형, 최대, 최신, 특가
	<2> 택배비는 네가 내야 할걸	-을걸요 -거나 하면	게시판, 반팔, 쇼핑몰, 택배비, 품질, 환불, 아깝다	고객, 소비자, 질, 치수, 판매자, 소비하다, 판매하다
14과 초대	<1> 행사 준비를 하느라고 잠을 못 잤어요	-느라고 -는단 말이에요?	밤새, 양국, 우정, 젊은이, 행사, 나누다, 데리다	국제 교류, 문화 교류, 벼룩시장, 초청장, 축제, 초청하다
	<2> 세제를 사다가 주세요	-어다가 -다니요?	빈손, 실용적, 예의, 가져가다, 가져오다, 주의하다, 근데	공공장소, 길거리, 노약자, 웃어른, 갖추다[2], 양보하다, 지키다

과	소단원	문법	대화 어휘	확장 어휘
15과 일과 생활	<1> 이제 보내기만 하면 돼요	-는 걸 보니 -기만 하면 되다	그동안, 오디션, 그만두다, 노력하다, 앞두다, 응원하다, 포기하다	가능성, 목표, 자부심, 최고, 기르다, 상상하다, 이루다, 존경하다
	<2> 가게 일을 도와드리곤 했습니다	-곤 하다 -건 -건	경력, 구인 광고, 면접, 용돈, 관계없이, 내내	경력자, 근무 조건, 등록금, 생활비, 시급, 일자리, 초보자, 구하다[1]
16과 고민과 조언	<1> 서로 불편해질까 봐 그냥 모르는 척했어	-는 사이에 -는 척하다	사고방식, 상황, 괴로워하다, 까다롭다, 말없이, 몰래	깔끔하다, 고집이 세다, 낯을 가리다, 상대방에게 맞추다, 솔직히 말하다, 잔소리가 많다, 해결책을 찾다
	<2> 한국어로 일기를 써 보지 그래?	-지 그래요? -거든	고민, 발음, 사실, 점수, 걱정스럽다, 자연스럽다, 쓸데없이, 틀림없이	조언, 충고, 구하다[2], 따르다, 풀다[2], 해결하다
17과 부탁과 거절	<1> 근무 조건도 좋고 해서 지원해 보려고 합니다	-을지 모르겠다 -고 해서	번역, 복사기, 추천서, 통역, 갑작스럽다, 귀하다, 수입하다	다행스럽다, 변덕스럽다, 사랑스럽다, 조심스럽다, 후회스럽다
	<2> 그럼 처음부터 솔직하게 말하지	-지 -을 텐데요	갚다, 꾸다, 섭섭하다, 솔직하다, 실망하다, 후회하다	거절하다, 곤란하다, 거절을 당하다, 돌려서 말하다, 직접적으로 말하다
18과 모임	<1> 쇼핑하러 갔다가 그 식당에 들른 적이 있어요	-는다고 해서[1] -었다가[2]	맛집, 별미, 양, 겹치다, 들르다, 꽤	번개 모임, 술자리, 온라인 동호회, 유지, 정기 모임, _차, 친분
	<2> 지난주에 모였다면 시간이 부족하지 않았을 거예요	-었다면 -을 수도 있다	과제, 별일, 자료, 자신, 부족하다, 불가능하다, 이대로, 적어도	부자연스럽다, 부정확하다, 부주의하다, 불친절하다, 불합격하다, 불확실하다

과	소단원	문법	본문 어휘	확장 어휘
19과 놀이 문화	<1> 어렸을 때는 많이 했었는데 요즘은 잘 안 해요	을 가지고 -었었다	고궁, 덕수궁, 민속놀이, 윷놀이, 인원수, 맞다	연날리기, 제기차기, 편, 날리다, 비기다, 이기다, 지다, 차다
	<2> 같이 영화나 한 편 볼까요?	이나[4] -을수록	삼삼오오, 신세대, 여가, 역할, 요새, 뛰어놀다, 빠지다[2], 확실히	다다익선, 동문서답, 십중팔구, 이심전심, 일석이조, 횡설수설
20과 생활 정보	<1> 자주 이용하시는 모양이네요	-어 버리다 -는 모양이다	기능, 막차, 메모리, 앱, 전국, 필수, 놓치다, 다양하다, 살펴보다	링거, 매니큐어, 멀티탭, 밴드, 블루투스, 쇼핑백, 아이쇼핑, 알레르기, 엠티, 오토바이, 오픈카, 추리닝, 카센터, 캠퍼스, 커닝, 콘센트, 파이팅, 플러그, 핸들, 휠체어
	<2> 미리 알았다면 싸게 구할 수 있었을 텐데요.	-었을 텐데요 만 하다	덕분, 물가, 고생하다, 주고받다, 아끼다, 유익하다, 활용하다	보험, 성적 증명서, 실생활 정보, 외국인 등록증, 입학 정보, 재학 증명서, 졸업 증명서, 지원서, 개통하다

차례

머리말 / iii
일러두기 / iv
단원구성 / vi
등장인물 / x

3-2

제11과	새로운 경험	1
제12과	여행	13
제13과	쇼핑	25
제14과	초대	37
제15과	일과 생활	49
제16과	고민과 조언	61
제17과	부탁과 거절	73
제18과	모임	85
제19과	놀이 문화	97
제20과	생활 정보	109

부록 연습 문제 / 122
모범 답안(교재) / 184
연습 문제 답안 / 193
색인 / 199

별책 언어별 번역

3-1

제1과	소개	1
제2과	학교생활	13
제3과	집	25
제4과	일상생활	37
제5과	음식과 요리	49
제6과	병원	61
제7과	문화생활	73
제8과	생활 습관	85
제9과	문제와 해결	97
제10과	실수와 사과	109

등장인물 | Main characters

에릭 파커
- 미국
- 한국어학당 학생
- 한국전자 직원

존 카마우
- 케냐
- 한국어학당 학생
- 교환학생

사토 유키
- 일본
- 한국어학당 학생
- 기자

리타오
- 중국
- 한국어학당 학생
- 대학 입학 예정자

노라 한슨
- 노르웨이
- 한국어학당 학생
- 대학원 입학 예정자

최주앙
- 브라질
- 한국어학당 학생
- 대학 휴학생

응웬 흐엉
- 베트남
- 한국어학당 학생

레오 마르탱
- 프랑스
- 한국어학당 학생
- 요리사

올리비아 스미스
- 호주
- 한국어학당 학생
- 외교관

이윤아
- 한국
- 대학생

정하늘
- 한국
- 대학생

김우진
- 한국
- 한국전자 직원

11과

새로운 경험

01 신청서를 확인하는 대로 연락을 드리겠습니다

대화 어휘 교육, 봉사, 다행이다, 문의하다, 알아듣다, 자세하다, 대강

확장 어휘 단점, 사용법, 원인, 장점, 수집하다, 조사하다, 지원하다

문법 -는다고 하던데

-는 대로

02 힘들기는 하지만 외국인들에게 추천하고 싶어요

대화 어휘 기회, 불교, 일상생활, 템플 스테이, 휴식, 믿다, 체험하다, 추천하다

확장 어휘 문화 차이, 문화 체험, 생활 방식, 전통문화, 판소리, 한옥, 홈스테이

문법 -기는 하다

-다니

1. 신청서를 확인하는 대로 연락을 드리겠습니다

- 이 사람들은 무엇을 하고 있습니까?
- 여러분은 다른 사람을 도와주거나 다른 사람에게 도움을 받은 적이 있습니까?

헨리: 문의하고 싶은 게 있어서 왔는데요. 외국인도 봉사 활동을 할 수 있다고 하던데 한국말을 잘 못해도 괜찮습니까?

직원: 네, 한국말을 대강 알아들을 수만 있으면 외국인도 가능합니다.

헨리: 한국말을 못해서 걱정했는데 다행이네요. 외국인들은 어떤 활동을 많이 하나요?

직원: 아이들도 가르치고 노인들도 도울 수 있습니다. 자세한 활동 내용은 교육 시간에 알려드립니다.

헨리: 봉사 활동을 하려면 어떻게 해야 됩니까?

직원: 홈페이지에서 신청하시면 됩니다. 신청하시면 저희가 신청서를 확인하는 대로 연락을 드리겠습니다.

문의하다 봉사 대강 알아듣다 다행이다 자세하다 교육

원인	왜 사고가 났는지 모르겠어요. 사고의 원인을 모르겠어요.
장점	이 휴대 전화는 화면이 커서 좋아요. 화면이 큰 게 장점이에요.
단점	이 휴대 전화는 무거워서 사용하기가 불편해요. 무거운 게 단점이에요.
사용법	디지털카메라를 새로 샀는데 어떻게 쓰는지 몰라서 방법을 찾아봤어요. 디지털카메라의 사용법을 찾아봤어요.
수집하다	저는 유학에 관심이 있어서 유학 정보를 모으고 있어요. 유학 정보를 수집하고 있어요.
조사하다	경찰이 왜 사고가 났는지 원인을 찾아보고 있어요. 경찰이 사고의 원인을 조사하고 있어요.
문의하다	사무실에 가서 신청서를 언제까지 내야 하는지 물어봤어요. 신청 기간을 몰라서 사무실 직원에게 문의했어요.
지원하다	저는 무역 회사에서 일하고 싶어서 이력서를 냈어요. 무역 회사에 지원했어요.

• 다음을 연결하고 보기 와 같이 이야기하십시오.

1. 여행 / 숙박시설 • ——— • 문의하다
2. 대학 / 회사 • • 조사하다
3. 사고 원인 / 신용카드의 장점과 단점 • • 수집하다
4. 해외여행 정보 / 우표 • • 지원하다

보기

저는 이번 방학에 해외여행을 하고 싶어서 여행사에 어느 항공사의 항공권이 싼지 문의했어요. 그리고 숙박 시설을 문의했는데 직원이 메일로 사진을 보내줬어요.

1 -는다고/ㄴ다고/다고 하던데

- 안나 씨가 다음 주에 고향에 돌아간다고 하던데 송별회를 준비할까요?
- 새로 나온 영화가 재미있다고 하던데 보셨어요?
- 리에 씨가 일본어 선생님이라고 하던데 리에 씨에게 물어 보세요.
- 오늘은 수리 센터가 문을 열었다고 하던데 오후에 한번 가 보세요.

가: 정희 씨가 다음 달에 결혼한다고 하던데 정말이에요?
나: 네, 요즘 결혼 준비 때문에 아주 바쁘대요.

가: 요즘 계속 목이 아파요.
나: 생강차를 마시면 좋다고 하던데 한번 드셔 보세요.

- 서울에서 유명한 쇼핑 장소입니다. 보기와 같이 이야기하십시오.

보기	화장품 사기
①	데이트하기
②	여동생 생일 선물 사기
③	요즘 유행하는 옷 사기
④	퇴근 후 친구 만나기
⑤	중국 친구와 쇼핑하기

보기

가: 화장품을 사고 싶은데 어디로 가는 게 좋을까?
나: 명동에 화장품 가게가 **많다고 하던데** 명동에 한번 가 봐.

2 -는 대로

- 집에 도착하는 대로 연락할게요.
- 문자 메시지를 보는 대로 저에게 전화해 주세요.
- 퇴근하는 대로 약속 장소로 가겠습니다.
- 저는 학교를 졸업하는 대로 일을 시작할 거예요.

가: 오늘 언제 집에 올 거니? 빨리 와서 엄마 좀 도와줘.
나: 네, 수업이 끝나는 대로 집에 올게요.

가: 제가 보낸 메일은 확인하셨어요?
나: 아니요, 확인하는 대로 문자를 보내겠습니다.

- 과장님이 일정을 확인하고 있습니다. 보기 와 같이 이야기하십시오.

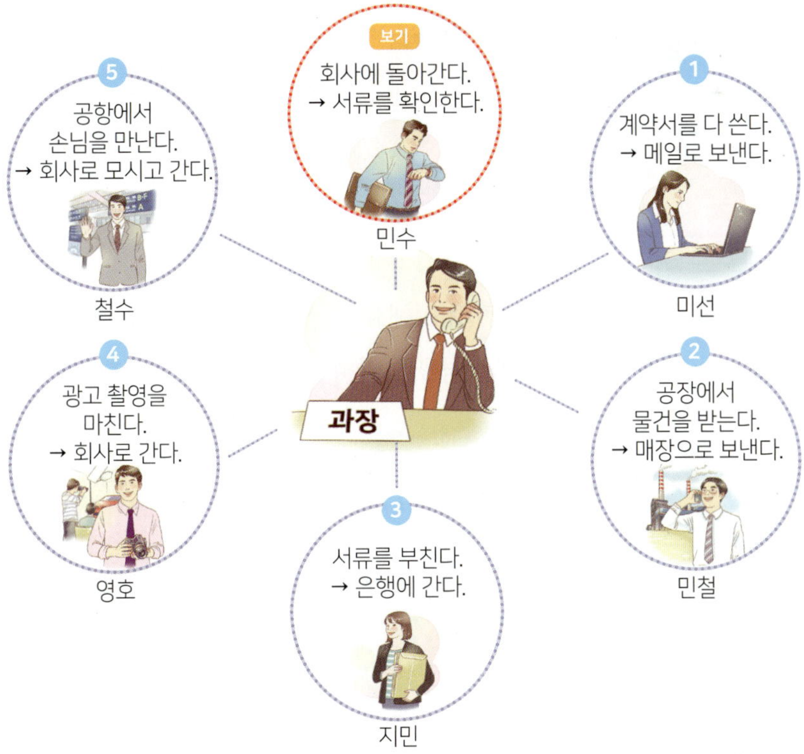

보기

과장: 민수 씨, 서류는 언제 확인할 겁니까?

민수: 회사에 **돌아가는 대로** 서류를 확인하겠습니다.

연습해 봅시다

● 보기 와 같이 이야기하십시오.

보기	싱가포르 여행	이번 학기가 끝난 후 바로 가려고 한다.
1	프랑스 출장	지금 맡고 있는 일을 끝내면 갈 예정이다.
2	중국 유학	대학교를 졸업하고 가기로 했다.

보기

가: 언제 싱가포르로 여행을 가요?

나: 이번 학기가 **끝나는 대로** 여행을 가려고 해요.

가: 싱가포르에서는 지하철에서 음식을 먹으면 **안 된다고 하던데** 조심하세요.

2. 힘들기는 하지만 외국인들에게 추천하고 싶어요

- 사람들이 어디에서 무엇을 하고 있습니까?
- 여러분은 한국 문화를 배울 수 있는 특별한 경험을 한 적이 있습니까?

유키: 지난주에 템플 스테이를 했다면서요? 어땠어요?

존 : 일상생활의 스트레스를 잠시 잊을 수 있는 좋은 기회였어요.

유키: 휴식이 필요한 사람들에게 큰 도움이 될 것 같아요. 뭘 했어요?

존 : 새벽 4시에 일어나서 근처를 산책하고 함께 차를 마시면서 이야기도 했어요.

유키: 새벽 4시에 하루를 시작하다니 정말 힘들었겠네요.

존 : 네, 힘들기는 하지만 한국 문화를 체험해 보고 싶어 하는 외국인들에게 꼭 추천하고 싶어요. 불교를 믿지 않아도 좋은 경험이 될 거예요.

템플 스테이 일상생활 기회 휴식 체험하다 추천하다 불교 믿다

어휘

전통 문화				
	국악	판소리	한복	한옥

홈스테이

생활 방식

문화 체험

문화 차이

- 빈칸을 채우고 여러분의 경험을 이야기하십시오.

저는 한국에 온 지 두 달 됐어요. 지난달에는 노래를 부르면서 이야기를 해 주는 ❶ (판소리를)을/를 관람했어요. 그리고 친구들과 ❷ (   ) 마을에 가서 한국의 옛날 집도 구경했어요. 그런데 아직 못 해 본 게 많아서 한국에서 사는 동안 한국의 ❸ (   )을/를 더 많이 배우고 싶어요. 그 중에서 제일 해 보고 싶은 것은 ❹ (   ). 한국 사람들과 살아 보면 한국 사람들의 ❺ (   )을/를 쉽게 이해할 수 있을 것 같아요. 이런 ❻ (   )을/를 하면 다르다고 생각했던 우리나라와 한국의 ❼ (   )을/를 이해할 수 있는 좋은 경험이 될 것 같아요.

1 -기는 하다

- 저는 매운 음식을 먹기는 하지만 좋아하지 않아요.
- 한나 씨를 알기는 해도 친하지는 않아요.
- 어제 백화점에서 본 옷이 비싸기는 한데 사고 싶어요.
- 시간이 없어서 못 갔지만 저도 어제 모임에 가고 싶기는 했어요.

가: 회사 일이 힘들지요?
나: 힘들기는 하지만 배우는 것도 많고 재미있어요.

가: 한국에서 혼자 사니까 외롭지 않아요?
나: 가족과 같이 살지 않아서 외롭기는 한데 친구들이 있어서 괜찮아요.

- 보기 와 같이 이야기하십시오.

보기
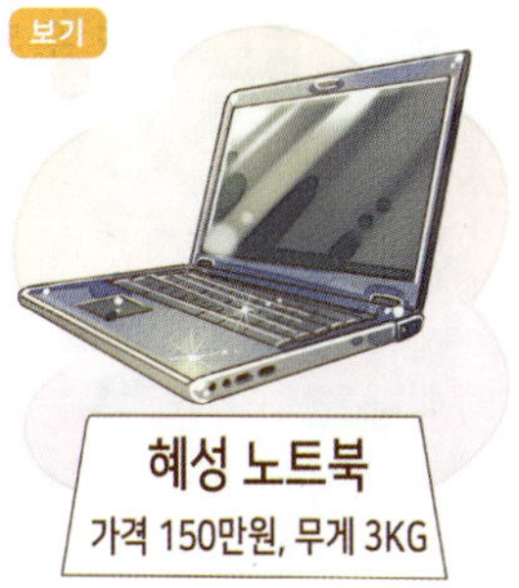

①

②

③

④

⑤

보기

가: 혜성 노트북이 화면이 커서 좋을 것 같아요.
나: 화면이 크면 일할 때 **좋기는 하지만** 무거워서 가지고 다니기가 불편해요.

2 -다니

- 그렇게 건강하던 사람이 병에 걸리다니 믿을 수 없어요.
- 나하고 만나기로 약속해 놓고 안 오다니 너무 심한 거 아니야?
- 지금까지 모은 돈이 그렇게 많다니 정말 대단하네요.
- 어제 산 티셔츠가 한 벌에 100만 원이라니 그게 정말이에요?

가: 내일 서울의 낮 기온이 40도래요.
나: 40도라니 그게 정말이에요?

가: 로니 씨가 그동안 준비한 시험에 떨어졌대.
나: 정말? 그렇게 열심히 준비했는데 시험에 떨어지다니 말도 안 돼.

- 보기 와 같이 이야기하십시오.

보기

세상에서 키가 제일 작은 사람: 70cm

1

티셔츠를 가장 많이 입은 사람: 252벌

2

인형을 가장 많이 모은 사람: 15,000개

3

신발을 제일 많이 가지고 있는 사람: 15,665켤레

4

핫도그를 가장 많이 먹은 사람: 67개

5

가장 비싼 아이스크림: 115만원

보기

가: 세상에서 제일 작은 사람의 키가 70cm래요.
나: 키가 **70cm라니** 그게 정말이에요?

연습해 봅시다

• 보기 와 같이 이야기하십시오.

보기

어제 유명한 한식집에서 저녁을 먹으려고 번호표를 받고 2시간 동안 기다렸어요.

1

저는 좋아하는 배우가 나오는 영화를 10번 봤어요.

2

지난달에 친구 소개로 만난 사람과 다음 달에 결혼을 하기로 했어요.

보기

가: 어제 유명한 한식집에 저녁을 먹으러 갔는데 2시간을 기다렸어요.

나: 2시간이나 **기다리다니** 그게 정말이에요?

가: 네, 오래 기다려서 **힘들기는 했지만** 음식은 정말 맛있었어요.

복습

1 알맞은 단어를 골라서 (   ) 안에 쓰십시오.

기회 일상생활 템플 스테이 휴식 체험하다

바쁜 ❶ (   ) 속에서 우리는 제대로 된 ❷ (   ) 시간을 갖기가 어렵다. 그래서 요즘 조용한 산 속에서 시간을 보낼 수 있는 ❸ (   )이/가 인기가 많다고 한다. 템플 스테이를 ❹ (   )어/아/여 본 친구의 소개로 나도 외국인 템플 스테이를 경험해 볼 ❺ (   )이/가 생겼다.

문화 차이 믿다 알아듣다 자세하다 추천하다

한국말이 서툴러서 잘 못 ❻ (   )을까/ㄹ까 봐 걱정했는데 우리를 도와주는 한국 분들이 계셨다. 쉬운 영어로 천천히 ❼ (   )게 설명을 해 주셔서 생각했던 것보다 더 편안하고 즐거운 시간을 보낼 수 있었다. 우리나라에도 불교를 ❽ (   )는/은/ㄴ 사람이 많아서 낯설지는 않았지만 우리나라와는 다른 ❾ (   )을/를 느낄 수 있었다. 다른 친구들에게도 꼭 한번 해 보라고 ❿ (   )어/아/여 주고 싶다.

2 다음 문법을 사용하여 대화를 완성하십시오.

-는다고 하던데 -는 대로 -기는 하지만 -다니

미선: 웨이 씨가 결국 쓰러져서 병원에 ❶ ________ 들었어요?
(입원했다)

정희: 네, 휴식이 필요한 것 같다고 몇 번 이야기를 했는데 일을 줄일 수 없었나 봐요. 오늘 ❷ ________ 웨이 씨가 입원한 병원에 가 보려고요.
(퇴근하다)

미선: 웨이 씨가 일하는 회사는 월급이 ❸ ________ 일이 많고 힘들어서 회사를 옮기는 사람들이 있다고 들었어요.
(많다)

정희: 얼마나 힘들면 그럴까요? 다른 회사로 갈 정도로 일하기가 ❹ ________ 너무 심한 거 아니에요?
(힘들다)

12과
여행

01 가 볼 만한 곳 좀 추천해 주세요

대화 어휘 군데, 등, 안내서, 안내원, 전용, 코스, 넉넉하다

확장 어휘 경비, 교통비, 기타, 숙박비, 식비, 입장료, 정하다, 짜다

문법 -을 만하다

-는답니다

02 부산이며 경주며 유명한 곳은 다 다녔어요

대화 어휘 대표적, 여유, 역사적, 갖다, 묵다, 자유롭다, 찾아다니다

확장 어휘 굉장하다, 놀랍다, 멋지다, 반하다, 자랑스럽다, 평범하다, 평화롭다

문법 -을 뿐만 아니라

이며 이며

1. 가 볼 만한 곳 좀 추천해 주세요

- 여러분은 관광 안내소를 이용해 본 적이 있습니까?
- 관광 안내소에서 어떤 정보를 얻을 수 있습니까?

주 앙: 안녕하세요? 갑자기 부산에 여행을 오게 됐는데 여행 정보를 좀 얻을 수 있을까요?

안내원: 네, 무엇을 알고 싶으십니까?

주 앙: 가 볼 만한 곳 몇 군데와 여행 코스를 좀 추천해 주세요. 2박 3일 정도 있을 예정이라서 시간은 넉넉합니다.

안내원: 부산에서는 해운대 해수욕장과 태종대가 유명하답니다. 여행 코스 등 자세한 것은 여기에 있는 안내서를 보시면 됩니다.

주 앙: 저쪽에 있는 컴퓨터도 이용할 수 있나요?

안내원: 물론입니다. 외국인 관광객 전용이니까 편하게 이용하십시오.

안내원 군데 코스 넉넉하다 등 안내서 전용

부산 / 경주		여행지		정하다
당일 / 1박 2일		여행 기간		
호텔 1박	13만원	숙박비	경비	계산하다 (→ 55만원)
아쿠아리움	5만원	입장료		
고속철도(KTX) 왕복	12만원	교통비		
식사와 간식	15만원	식비		
샤워 시설 이용, 약 등	10만원	기타		
		일정		짜다

• 친구와 여행 이야기를 합니다. 빈칸을 채우고 대화를 완성하십시오.

가: 이번 여행은 어디로 갈 거야?

나: 여행지는 부산으로 ❶(정했어).

가: 여행 ❷(   )은/는 얼마나 생각하고 있어?

나: 계산해 보니까 55만 원쯤 들 것 같아.

가: 여행 일정은 다 ❸(   )?

나: 응, 이렇게 하려고 하는데 괜찮을까?

1박 2일 부산 여행 일정표

7/10(토)	일정	경비
7:00	서울역 출발	❹( ): 고속철도(KTX) 6만원
10:00	부산역 도착	
11:00~14:00	해운대/물놀이, 점심	❺( ): 매운탕 2만원
15:00~18:00	아쿠아리움/구경	❻( ): 5만원
19:00~22:00	시장/저녁, 구경	식비 : 2만 원
23:00	호텔 도착	❼( ): 13만 원

OK!

문법

1 -을/ㄹ 만하다

- 요즘 상영하고 있는 영화 중에서는 '아름다운 꿈'이 볼 만해요.
- 외국인이 읽을 만한 한국 소설책 좀 추천해 주세요.
- 이정희 씨가 이번에 과장이 됐는데 그 정도 실력이면 될 만하죠.
- 휴대 전화가 좀 오래되기는 했지만 아직 쓸 만해요.

가: 한국 음식 중에서 뭐가 제일 맛있어요?
나: 불고기가 먹을 만해요. 한번 드셔 보세요.

가: 정우 씨가 이번에 장학금을 받았대요.
나: 받을 만해요. 진짜 열심히 공부했어요.

- 유키 씨가 언어 교환 친구와 선물을 교환합니다. 보기 와 같이 이야기하십시오.

민정의 선물

유키의 선물

보기

민정: 이거 유명한 한국 영화인데 **볼 만해요**. 심심할 때 보세요.
유키: 고마워요. 잘 볼게요.

2 -는답니다/ㄴ답니다/답니다

- 제 동생은 노래를 아주 잘 부른답니다.
- 된장을 즐겨 먹으면 오래 살 수 있답니다.
- 한라산은 한국에서 두 번째로 높은 산이랍니다.
- 이 학교는 역사가 130년이나 되었답니다.

가: 경주는 어떤 곳이에요?
나: 경주는 역사 도시로 유명하답니다.

가: 이번에 제 남편이 회사 사장이 되었답니다.
나: 축하드립니다.

- 음식을 소개합니다. 보기 와 같이 이야기하십시오.

김치

보기 유명한 한국의 전통 음식
1. 400년 전부터 먹음
2. 여러 가지 종류가 있음
3. 배추와 여러 가지 채소로 만듦
4. 영양이 풍부함
5. 건강에 아주 좋음

가: 김치는 어떤 음식이에요?
나: 보기 김치는 유명한 한국의 **전통 음식이랍니다.**
1. ____________
2. ____________
3. ____________
4. ____________
5. ____________

그런데, ________ 씨 고향 음식 중에서는 무슨 음식이 유명해요?

고향 음식 ________

우리 고향에서는
________ 이/가 유명하다.
.
.
.

가: 우리 고향 음식 중에서는 ____________
____
____
____
____
____
____

연습해 봅시다

- 인터넷에서 다음의 정보를 찾고 있습니다. 보기 와 같이 이야기하십시오.

	추천받고 싶은 것
보기	데이트 장소
1	가족들과 같이 볼 영화
2	남동생 생일 선물

보기

가: 뭘 그렇게 열심히 찾으세요?

나: 데이트 장소를 찾고 있었는데 어디가 좋을지 모르겠어요. 서울에서 **데이트할 만한** 곳 좀 추천해 주세요.

가: 한강 공원에 가 보세요. 자전거도 탈 수 있고 아름다운 한강의 경치도 볼 수 **있답니다.**

2. 부산이며 경주며 유명한 곳은 다 다녔어요

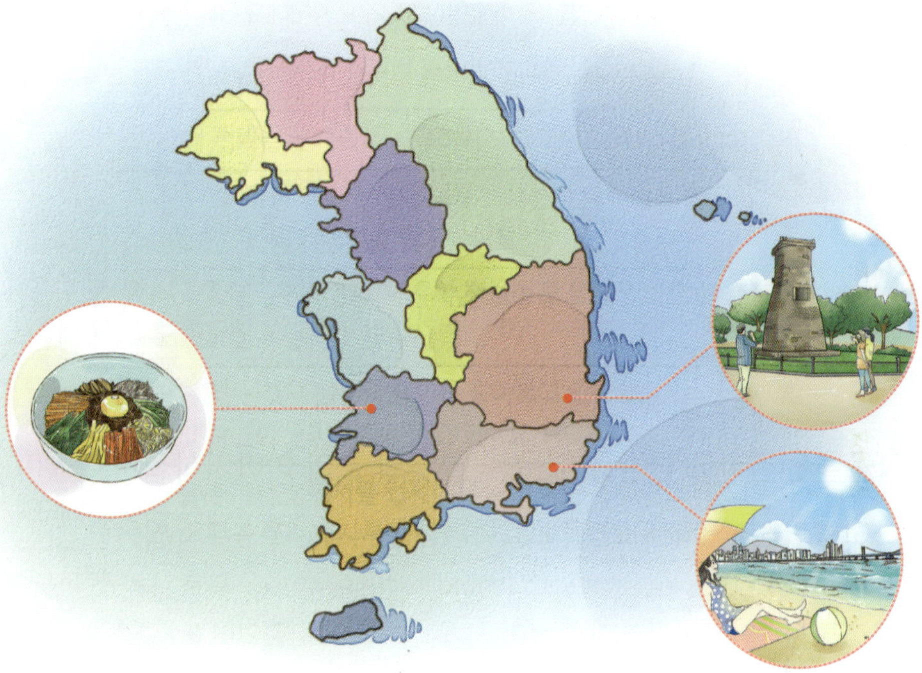

- 여러분은 한국에서 여행해 보고 싶은 곳이 있습니까?
- 지금까지 여행한 곳 중에서 가장 기억에 남는 여행지는 어디입니까?

노라: 제니 씨, 한국에서 여행을 많이 하셨지요?

제니: 네, 부산이며 경주며 유명한 곳은 다 찾아다녔어요.

노라: 이번 방학에 혼자 여유를 갖고 여행을 좀 해 보려고 하는데요. 좋은 곳 좀 추천해 주세요.

제니: 아직 경주에 안 가 보셨지요? 경주는 한국의 대표적인 관광지인데 외국인이 혼자 여행하기 좋아요.

노라: 저도 경주가 역사적인 도시라는 말은 들은 적이 있어요.

제니: 경주는 볼거리가 많을 뿐만 아니라 자전거를 타고 자유롭게 여행할 수 있는 곳이에요. 혼자 가도 안전하게 묵을 곳이 많아요.

찾아다니다 여유 갖다 대표적 역사적 자유롭다 묵다

어휘

평범하다	특별한 것이 없는 보통의 느낌이에요.
평화롭다	조용하고 편안한 분위기가 느껴져요.
멋지다	정말 많이, 아주 멋있어요.
놀랍다	마음에 큰 감동을 느껴서 놀랐을 정도로 훌륭해요.
굉장하다	아주 크고 대단해서 멋있어요. 보통 이상으로 멋져요.
반하다	사람이나 어떤 것에 마음을 다 줄 정도로 빠졌어요.
자랑스럽다	다른 사람에게 알리고 싶을 정도로 대단하다고 생각해요.

- 다음을 연결하고 빈칸을 채운 후 보기 와 같이 이야기하십시오.

① 고향 마을의 달라진 모습을 보고 크게 놀랐어요.	저는 우리 딸이 ( ).
② 다른 물건의 디자인과 다른 점이 별로 없어요.	공연이 ( ).
③ 항상 열심히 노력하는 우리 딸이 대단하고 훌륭하다고 생각해요.	디자인이 ( ).
④ 경복궁을 보고 옛 건물의 아름다움에 빠졌어요.	달라진 모습이 (놀라웠어요).
⑤ 분위기가 조용하고 편안했어요.	풍경이 ( ).
⑥ 공연이 정말 멋있었어요.	분위기가 ( ).
⑦ 설악산의 풍경은 말로 표현할 수 없을 정도로 멋졌어요.	아름다움에 ( ).

보기

5년 만에 고향에 갔는데 우리 고향 마을은 제가 알아볼 수 없을 정도로 많이 달라져 있었어요. 큰 마트도 생기고 집 근처에 공원도 생겼어요. 조용한 시골 마을이었던 고향의 달라진 모습이 정말 놀라웠어요.

1 -을/ㄹ 뿐만 아니라

- 배우 박재성은 연기를 잘할 뿐만 아니라 노래도 잘한대요.
- 이튼 씨는 성격이 좋을 뿐만 아니라 일도 잘해서 인기가 아주 많아요.
- 학교 도서관에는 전공 책뿐만 아니라 다른 종류의 책도 많아요.
- 작년 겨울은 아주 추웠을 뿐만 아니라 눈도 많이 내렸어요.

가: 슈테판 씨, 한국의 비빔밥은 어떤 음식이에요?
나: 맛있을 뿐만 아니라 영양도 아주 풍부한 음식이에요.

가: 마이클 씨, 이튼 씨가 그렇게 똑똑하다면서요?
나: 네, 책을 많이 읽을 뿐만 아니라 경험도 많아서 모르는 게 없는 것 같아요.

- 광고를 보고 왕명 씨와 통화합니다. 보기 와 같이 이야기하십시오.

저는 중국인 유학생 왕명이에요.
고향에 돌아가기 때문에 제가 쓰던 물건을 싸게 팔아요.
관심이 있는 분은 연락 주세요.
010-2345-4567

보기

필립: 물건을 사고 싶어서 연락드렸어요. 냉장고는 어떤가요?

왕명: 디자인이 **예쁠 뿐만 아니라** 크기도 작아서 좁은 방에 놓기 좋아요.

2 이며/며 이며/며

- 제가 과자며 과일이며 음료수까지 다 사 놓았어요.
- 레오 씨는 요리며 운동이며 못 하는 것이 없네요.
- 우리 기숙사에는 식당이며 헬스클럽이며 없는 것이 없어요.
- 태균 씨는 성격이며 외국어 실력이며 모자란 점이 없는 사람이에요.

가: 새로 이사한 하숙집은 어때요?
나: 넓은 방이며 아주머니가 만드신 맛있는 음식이며 마음에 들지 않는 게 없어요.

가: 제주도는 어땠어요?
나: 음식이며 볼거리며 모든 게 다 좋았어요.

- 주디 씨와 요코 씨가 여행한 도시입니다. 보기 와 같이 이야기하십시오.

	주디: 서울	요코: 북경
보기 관광지	구경할 곳이 많다.	③ 볼거리가 많다.
음식	① 다 맛있다.	④ 없는 게 없다.
교통	② 쉽게 이용할 수 있다.	⑤ 값이 싸서 이용하기 좋다.

보기

요코: 주디 씨, 서울 여행은 어땠어요?
주디: **경복궁이며 서울 타워며** 정말 구경할 곳이 많았어요.

연습해 봅시다

• 수지 씨의 일기입니다. 보기 와 같이 이야기하십시오.

보기 8일 금요일	오늘 드디어 케이팝(K-POP) 콘서트를 봤다. 가수들의 노래와 춤이 정말 굉장했다. 룸메이트 은하는 무대도 화려하고 모든 게 너무 멋지다고 했다.
① 13일 수요일	요즘 은하와 나는 드라마 '바람'을 열심히 본다. 내용도 재미있고 배우들의 연기도 훌륭하다. 은하는 '바람'이 다른 한국 드라마들과 다르게 이야기가 신선하고 재미있다고 한다.
② 21일 목요일	요리 프로그램 '맛있다! 집밥'을 다음 주에도 꼭 봐야겠다. 오늘은 불고기, 잡채, 삼계탕을 만들었다. 은하는 이 프로그램을 보면 아주 쉽고 간단하게 음식을 만들 수 있고 맛도 좋다고 한다.

보기

수지: 콘서트가 정말 멋있었지? **노래며 춤이며** 정말 다 굉장한 것 같아.

은하: 맞아. 무대가 **화려할 뿐만 아니라** 가수들의 모습도 너무 멋져. 또 보고 싶어.

복습

1 알맞은 단어를 골라서 (　　) 안에 쓰십시오.

대표적　　여유　　멋지다　　정하다

지난 방학에 나는 한국에서 처음으로 혼자 여행을 했다. 아직 한국말을 잘하지는 못하지만 나 혼자 가고 싶은 곳을 찾아다니는 것은 정말 ❶ (　　　　　)는/은/ㄴ 경험이었다. 나는 한국의 ❷ (　　　　　)인 관광지인 부산에서 여행을 했다. 혼자 자유롭게 다니면서 ❸ (　　　　　)을/를 느낄 수 있는 게 정말 좋았다. 내가 가고 싶은 곳으로 여행 코스를 ❹ (　　　　　)고 먹고 싶은 것만 골라서 사 먹는 게 아주 재미있었다.

교통비　　굉장하다　　묵다　　자랑스럽다

부산은 유명한 관광지라서 그런지 편하게 ❺ (　　　　　)을/ㄹ 수 있는 조용하고 깨끗한 숙박 시설이 많았다. 지하철이 있어서 생각보다 ❻ (　　　　　)도 많이 들지 않았다. 하루 일정을 끝내고 해운대로 갔는데 거기에서 본 야경은 정말 ❼ (　　　　　). 고향 친구들이 한국에 오면 친구들과 함께 다시 가고 싶다. 한국말도 서투른 내가 혼자 여행을 했다는 것이 정말 ❽ (　　　　　　　　　　).

2 다음 문법을 사용하여 대화를 완성하십시오.

-을 만하다　　-는답니다　　-을 뿐만 아니라　　이며 이며

안내원: 이번에 보실 곳은 경복궁에서 가장 큰 건물이랍니다. 옛날에는 바로 이 건물에서 왕이 많은 사람들과 함께 나라의 일을 ❶ ＿＿＿＿＿(결정하다). 자, 여기에서 경복궁의 주변 풍경을 한번 보세요.

토　니: 정말 굉장하네요. 도시의 빌딩 숲 사이에 경복궁이 있다는 사실이 아주 놀랍군요. 정말 ❷ ＿＿＿＿＿(와 보다) 곳이에요.

안내원: 맞아요. 그래서 경복궁은 항상 외국인 관광객들이 ❸ ＿＿＿＿＿(많다) 역사를 공부하러 오는 한국 학생들도 많은 곳이랍니다.

토　니: 주변에 ❹ ＿＿＿＿＿(볼거리) 전통 음식을 파는 ＿＿＿＿＿(식당) 없는 것이 없네요. 고향 친구들에게 꼭 소개하고 싶은 곳이에요.

13과

쇼핑

01 싸기도 하고 편리하기도 해서 자주 이용해요

대화 어휘 가죽, 안심, 의류, 재킷, 고급스럽다, 귀찮다, 절약하다, 그다지

확장 어휘 가격, 반값, 신제품, 신형, 최대, 최신, 특가

문법 만 못하다

-기도 하다

02 택배비는 네가 내야 할걸

대화 어휘 게시판, 반팔, 쇼핑몰, 택배비, 품질, 환불, 아깝다

확장 어휘 고객, 소비자, 질, 치수, 판매자, 소비하다, 판매하다

문법 -을걸요

-거나 하면

1. 싸기도 하고 편리하기도 해서 자주 이용해요

MP3 / 25

- 노라 씨는 무엇을 하려고 합니까?
- 여러분은 인터넷 쇼핑을 해 본 적이 있습니까?

노라: 오늘 하루만 이 가죽 재킷을 50% 할인해서 판다는데 어때 보여요?

흐엉: 값은 싸네요. 그런데 의류는 인터넷에서 사는 게 직접 보고 사는 것만 못할 것 같아요.

노라: 이 제품은 디자인도 고급스럽고 괜찮은 것 같은데요.

흐엉: 화면으로는 좋아 보여도 받아 보면 그다지 좋지 않을 때가 있어요.

노라: 그럼 흐엉 씨는 항상 매장에 가서 옷을 사나요? 저는 인터넷 쇼핑이 싸기도 하고 편리하기도 해서 자주 이용해요. 시간도 절약되고요.

흐엉: 물론 매장에 가는 게 좀 귀찮기는 해요. 하지만 직접 입어 보고 사면 여러 가지로 안심이 되잖아요.

가죽 재킷 의류 고급스럽다 그다지 절약되다 귀찮다 안심

가격	이 모자는 5만 원인데 오늘은 4만 원에 팝니다. 20% 할인된 가격입니다.
반값	모든 제품을 50% 할인해 드립니다. 반값 세일 중입니다.
특가	3만 원인 화장품을 오늘 하루만 만 원에 팝니다. 크리스마스 특가입니다.
최대	이번 세일 기간에 적게는 20%에서 많게는 70%까지 할인해 드립니다. 최대 70% 할인을 받으실 수 있습니다.
상품 정보	인터넷 쇼핑을 할 때 팔고 있는 물건의 정보를 잘 보고 삽니다. 상품 정보를 확인하고 주문합니다.
신제품	우리 회사에서 올해 새로 'Y700' 노트북이 나왔습니다. 'Y600'보다 더 얇고 가볍게 만든 신제품입니다.
신형	지금까지 볼 수 없었던 세탁기가 나왔습니다. 신형 세탁기는 세제를 넣지 않아도 세탁이 됩니다.
최신	이 휴대폰은 나온 지 일주일밖에 안 됐습니다. 대한 전자의 최신 휴대 전화입니다.

- 빈칸을 채우고 보기 와 같이 이야기하십시오.

나온 지 열흘
대한 전자의
❶ (최신) 디지털카메라

신입생 50%
❷ (   ) **할인 행사**
275,000원
~~550,000원~~

TV가 나와 눈을 맞춘다!
전에 없던
❸ (   ) 텔레비전

대한 카드 결제
❹ (   ) 30% 할인
2,800,000원
~~4,000,000원~~

더욱 빨라졌다!
올해 나온
❺ (   )

연말 ❻ (   )
899,000원
~~1,490,000원~~

보기

동생이 올해 대학교에 입학해요. 그래서 선물을 사려고 했는데 텔레비전에서 카메라를 팔고 있었어요. 나온 지 열흘밖에 안 된 카메라를 신입생에게는 50% 할인해 준다고 해서 바로 주문했어요. 최신 디지털카메라를 반값에 사게 돼서 아주 기분이 좋았어요.

1 만 못하다

- 새 노트북이 빠르기는 한데 디자인은 제가 쓰던 노트북만 못해요.
- 식당 음식이 맛있지만 어머니가 만들어 주신 음식만 못해요.
- 가격은 비슷한데 배달 도시락이 편의점 도시락만 못한 것 같아요.
- 숙박비가 비싼 호텔이 시설은 좋아도 편하기는 내 집만 못해요.

가: 이 영화는 유명한 소설을 영화로 만든 거라면서요?
나: 네, 그런데 영화가 책만 못한 것 같네요.

가: 숙박 시설을 예약하려고 하는데 콘도가 좋을까? 펜션이 좋을까?
나: 조용한 분위기를 원하는 사람한테는 콘도가 펜션만 못할 것 같아.

- 호텔 예약을 하려고 합니다. 보기 와 같이 이야기하십시오.

무궁화 호텔

호수 호텔

보기 전망 ① 방 ② 교통 ③ 인터넷 속도 ④ 수영장 ⑤ 서비스

보기

주앙: 레오 씨 두 호텔 모두 이용해 보셨죠? 어느 호텔이 전망이 좋아요?
레오: 전망은 무궁화 호텔이 **호수 호텔만 못해요**. 무궁화 호텔에서는 건물만 보여요.

2 -기도 하다

- 이 휴대폰은 가볍기도 하고 예쁘기도 해서 인기가 많아요.
- 요리를 배우기 시작했는데 어렵기도 하고 재미있기도 해요.
- 외국으로 유학을 가게 돼서 기쁘기도 하고 조금 겁도 나요.
- 휴일에는 친구를 만나기도 하고 집에서 쉬기도 해요.

가: 영하 씨가 쓴 소설이 드라마로 만들어졌다면서요?
나: 네, 다음 주부터 방송이 되는데 기쁘기도 하고 걱정이 되기도 해요.

가: 오늘 파티에 갈 거야?
나: 아니, 피곤하기도 하고 머리도 좀 아파서 안 가려고 해.

- 민우 씨는 31살의 회사원입니다. 보기 와 같이 이야기하십시오.

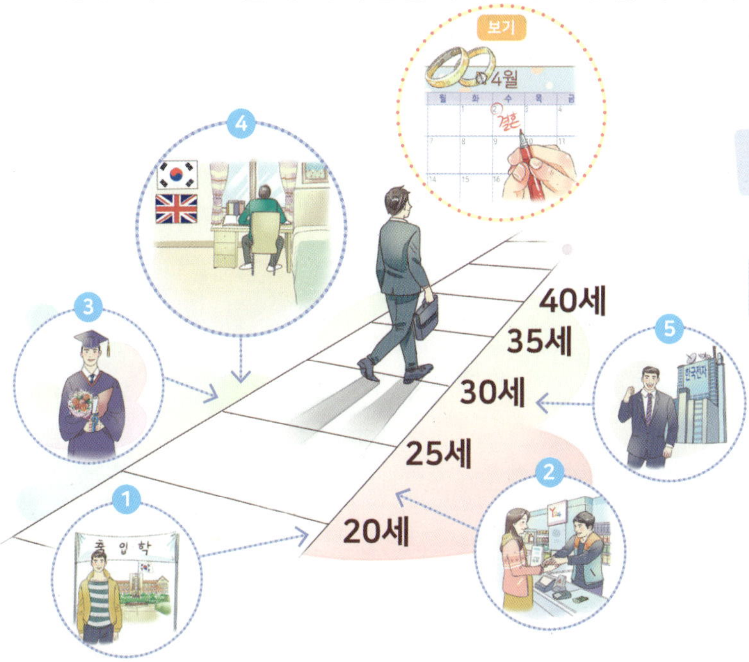

보기
행복하다 ✓ / 걱정되다 ✓ / 자랑스럽다 / 슬프다 / 재미있다 / 시원하다 / 외롭다 / 기쁘다 / 불안하다 / 힘들다

보기

동료: 민우 씨, 곧 결혼하신다면서요? 기분이 어때요?

민우: **행복하기도 하고 걱정되기도 해요**. 대학에 입학한 게 어제 같은데 시간이 참 빨리 가요.

연습해 봅시다

• 친구와 영화를 본 후 밥을 먹고 커피숍에 갔습니다. 보기 와 같이 이야기하십시오.

보기	영화 ★★	책 ★★★★★	내용 연기
①	오늘 간 곳: 행복 식당 ★★★	자주 가던 곳: 맛나 식당 ★★★★★	맛 서비스
②	오늘 간 곳: 장미 커피숍 ★★★★★	자주 가던 곳: 나무 커피숍 ★★★	가격 분위기

보기

가: 너, 이 이야기를 책으로도 읽었지? 영화로 보니까 어때?

나: 영화가 **책만 못한 것 같아.**

가: 왜? 영화가 별로 재미없었어?

나: 응, 내용이 책과 좀 **다르기도 하고** 배우들의 연기도 별로였어.

2. 택배비는 네가 내야 할걸

- 유키 씨에게 어떤 문제가 있습니까?
- 여러분은 인터넷에서 산 물건을 교환한 적이 있습니까? 왜 교환했습니까?

유키: 인터넷 쇼핑몰에서 산 옷을 환불을 받으려면 어떻게 해야 하지?

현미: 왜? 물건에 무슨 문제라도 있어?

유키: 반팔 티셔츠를 샀는데 색이 화면에서 본 것과 달라.

현미: 그래? 그럼 쇼핑몰 게시판에 글을 쓰거나 직접 전화를 하거나 하면 환불을 받을 수 있을 거야.

유키: 그런데 물건을 다시 보내려면 택배비가 드는데 그 비용은 어떻게 해?

현미: 품질에 이상이 있는 건 아니니까 택배비는 네가 내야 할걸.

유키: 그렇구나. 돈이 좀 아깝기는 하네.

쇼핑몰 환불 반팔 게시판 택배비 품질 아깝다

판매하다　　판매자

소비하다

소비자

고객

질

옷	XS	S	M	L	XL
	80	85	90	95	100
신발	225 230	235	240	245	250

치수

- 인터넷 의류 쇼핑몰의 교환, 환불 방법입니다. 빈칸을 채우고 교환하는 글을 보기 와 같이 쓰십시오.

[교환, 환불 방법]

· 교환, 환불은 제품을 받은 날부터 7일 안에 할 수 있습니다.

· 제품을 ❶ (판매하는)~~는/은/ㄴ~~ 회사의 실수로 문제가 생겼을 때 환불을 받으실 수 있습니다.

· ❷ (　　　　)의 잘못이나 실수로 문제가 생겼을 때는 환불해 드리지 않습니다.

· 쇼핑몰에 가입한 분들이 이용하는 ❸ (　　　　) 게시판이나 전화로 연락해 주세요.

교환·환불 게시판

제목	교환하고 싶어요.
내용	안녕하세요? 교환을 하고 싶습니다. 이틀 전에 검은색 긴 치마를 주문했는데 오늘 받아 보니까 제가 생각했던 것과 질이 다르네요. 쉽게 찢어질 것 같습니다. 그리고 치수도 맞지 않습니다. 커서 입을 수가 없네요. 교환하는 방법을 알려 주세요.

1 -을걸요/ㄹ걸요

- 유키 씨는 바빠서 못 올걸요.
- 방학이니까 금요일에도 극장에 사람이 많을걸요.
- 김 선생님 아들이 3년 전에 고등학생이었으니까 지금은 대학생일걸요.
- 영수 씨는 퇴근하면 보통 집으로 바로 가니까 벌써 집에 갔을걸요.

가: 레오 씨 전화번호를 아는 사람이 있어요?
나: 아마 주앙 씨가 알걸요.

가: 한영 씨가 부산에 잘 도착했을까요?
나: 출발한 지 3시간이나 지났으니까 벌써 도착했을걸요.

• 존 씨가 주말에 친구들과 만나고 싶어 합니다. 보기 와 같이 이야기하십시오.

보기
특별한 일이 없으면 보통 주말에는 아르바이트를 해요.

1
친구가 이번 주에 이사를 해서 도와줘야 할 것 같아요.

2
봉사 활동 동아리에 가입했는데 주말마다 양로원에 가요.

3
그동안 일이 너무 바빠서 가족들과 함께 시간을 보내지 못했어요.

4
한국어 시험이 30일밖에 안 남았어요.

5
이번 주말에 고향 친구의 결혼식이 있어요.

보기

존 : 에릭 씨, 이번 주말에 다 같이 만나는 거 어때요?
에릭: 글쎄요, 친구들이 모두 바빠서 **힘들걸요**.
존 : 왜요? 다들 바빠요? 리타오 씨도 시간이 없대요?
에릭: 리타오 씨는 아르바이트를 해서 **바쁠걸요**.

2 -거나 하면

- 비가 오거나 눈이 내리거나 하면 무서워서 운전을 할 수 없어요.
- 저는 좀 피곤하거나 잠을 못 자거나 하면 머리가 아파요.
- 잘 모르거나 더 알고 싶은 게 있거나 하면 꼭 질문하세요.
- 화면이 깨지거나 전화가 끊기거나 하면 언제든지 오세요.

가: 에릭 씨는 미국에 잘 도착했을까요?
나: 문제가 생겼거나 하면 전화를 했겠지요. 걱정하지 마세요.

가: 치수가 크거나 옷에 이상이 있거나 하면 다시 오세요. 언제든지 교환해 드립니다.
나: 네, 감사합니다.

● 보기 와 같이 이야기하십시오.

보기 뭘 하면 스트레스가 풀려요?	맛있는 음식, 노래방
① 뭘 하면 행복해요?	여행, 예쁜 옷 사기
② 언제 스트레스가 쌓여요?	해야 할 일, 밀린 청소
③ 언제 외로워요?	혼자 하는 식사, 약속이 없는 주말
④ 언제 긴장이 돼요?	발표, 좋아하는 사람과 이야기
⑤ 언제 고향에 돌아가고 싶어요?	고향 음식, 가족사진

보기

가: 뭘 하면 스트레스가 풀려요?
나: 저는 맛있는 음식을 **먹거나** 노래방에서 노래를 **부르거나 하면** 스트레스가 풀려요.

연습해 봅시다

• 다음 표를 보고 보기 와 같이 이야기하십시오.

보기 회사를 옮기는 이유	① 외국으로 유학을 가는 이유	② 결혼을 하지 않는 이유
일하면서 받는 스트레스가 많아서	외국어 실력을 쌓기 위해서	좋은 사람을 아직 만나지 못해서
회사의 미래를 알 수 없어서	여러 나라의 문화를 배우기 위해서	내 일을 더 열심히 하고 싶어서
나와 맞지 않는 사람들과 일해서	미래에 도움이 되는 경험을 쌓기 위해서	결혼 생활과 회사 생활을 같이 하기가 힘들어서

보기

가: 요즘 회사를 옮기는 사람들이 많대. 왜 그럴까?

나: 일하면서 받는 스트레스가 **많거나** 회사의 미래를 알 수 **없거나 하면** 회사를 옮기고 **싶을걸.**

복습

1 알맞은 단어를 골라서 (   ) 안에 쓰십시오.

가격 질 고급스럽다 절약하다 판매하다

친구 결혼식 때 입을 옷을 사려고 백화점에 갔는데 세일을 하고 있었다. 대부분 작년에 나온 옷이었는데 70% 정도 할인된 ❶ (   )에 ❷ (   )고 있었다. 내가 고른 옷은 디자인이 ❸ (   )고 ❹ (   )도 좋아서 오래 입을 수 있을 것 같았다. 가지고 간 돈을 ❺ (   )을/ㄹ 수 있어서 기분이 좋았다.

치수 특가 환불 아깝다

그날 백화점에는 사람이 아주 많았다. 그래서 나는 옷을 입어 보지 않고 그냥 사 가지고 집에 돌아왔다. 그런데 집에 와서 입어 보니까 ❻ (   )이/가 맞지 않았다. 교환하려고 영수증을 찾아서 보니까 영수증에는 이렇게 쓰여 있었다.

"70% 할인 ❼ (   )으로/로 판매하는 제품은 교환이나 ❽ (   )이/가 되지 않습니다."

나는 입어 보지 않고 산 것을 후회했다. 돈이 ❾ (   )는다는/ㄴ다는/다는 생각이 들었다.

2 다음 문법을 사용하여 대화를 완성하십시오.

만 못하다 -기도 하다 -을걸요 -거나 하면

마사: 이번 방학에 부산으로 여행을 가려고 하는데 같이 갈래요?

현수: 미안해요. 요즘 일 때문에 ❶ ______________ 어서/아서/여서 저는 못 가겠어요.
바쁘다, 힘들다

마사: 그래요? 어쩔 수 없지요. 그래도 ❷ ______________ 연락해 주세요.
시간이 나다, 여행을 가고 싶다

현수: 네, 알겠어요. 그런데 부산에 뭘 타고 갈 거예요?

마사: 비행기가 빨라서 비행기로 갈까 해요. 기차로 가면 3시간쯤 걸리지만 비행기로 가면 아마 40분이면 ❸ ______________.
도착하다

현수: 제 생각에는 비행기가 ❹ ______________. 공항이 멀어서 조금 불편하다고 들었어요.
기차

14과

초대

01 행사 준비를 하느라고 잠을 못 잤어요

대화 어휘 밤새, 양국, 우정, 젊은이, 행사, 나누다, 데리다

확장 어휘 국제 교류, 문화 교류, 벼룩시장, 초청장, 축제, 초청하다

문법 -느라고

-는단 말이에요?

02 세제를 사다가 주세요

대화 어휘 빈손, 실용적, 예의, 가져가다, 가져오다, 주의하다, 근데

확장 어휘 공공장소, 길거리, 노약자, 웃어른, 갖추다[2], 양보하다, 지키다

문법 -어다가

-다니요?

MP3 / 27

1. 행사 준비를 하느라고 잠을 못 잤어요

- 어디에 가면 여러 나라의 문화를 경험할 수 있습니까?
- 여러분은 특별한 모임에 친구를 초대하거나 초대를 받은 적이 있습니까?

하칸: 밤새 행사 준비를 하느라고 잠을 못 잤더니 너무 피곤해요.

하늘: 무슨 행사가 있어요?

하칸: 이번 토요일에 여의도 공원에서 '터키-한국 문화의 날'이라는 행사를 해요. 터키 음식이나 악기 등 여러 가지 체험도 할 수 있고 공연도 볼 수 있어요. 하늘 씨도 오세요.

하늘: 재미있을 것 같은데 친구들을 데리고 가도 돼요?

하칸: 그럼요. 양국의 젊은이들이 우정을 나누는 행사니까 많이 오면 좋지요. 그리고 제가 터키 춤 공연을 하니까 꼭 보러 오세요.

하늘: 하칸 씨가 춤을 춘단 말이에요? 몰랐어요. 정말 기대돼요!

밤새 행사 데리다 양국 젊은이 우정 나누다

행사

초청장

초청하다

문화 교류

국제 교류

축제

벼룩시장

• 다음은 국제 교류 행사 광고입니다. 빈칸을 채우고 여러분 나라와 한국의 교류 행사 광고를 만들어 보십시오.

터키-한국 문화의 날	( ) - 한국 문화의 날
한국과 터키의 문화 ① (교류) 행사에 여러분을 ② ( )	
일시: 10월 25일 토요일 오전 10시 ~ 오후 5시 장소: 여의도 앙카라 공원	일시: 장소:
▶▶프로그램◀◀ * 터키와 한국의 전통 음식, 옷, 악기 등 문화 체험 * 양국의 전통 음악과 춤 공연, 전시회 관람	프로그램
※ ③ ( ) 여러분이 입지 않는 의류, 사용하지 않는 생활용품을 판매하거나 싼 값에 살 수 있습니다.	

1 -느라고

- 주말에 아르바이트를 하느라고 쉬지 못했어요.
- 어제 밤에 책을 읽느라고 잠을 못 잤어요.
- 혼자 집들이 음식을 만드느라고 정신없이 바빴어요.
- 친구 이야기를 듣느라고 시간 가는 줄 몰랐어요.

가: 어제 왜 학교에 안 왔어요?
나: 병원에 가느라고 못 왔어요.

가: 한국 친구들을 자주 만나요?
나: 각자 공부하느라고 바빠서 자주 만나지 못해요.

- 친구들이 어제 계획을 지키지 못했습니다. 보기 와 같이 이야기하십시오.

	계획		한 일
윤아	보기 수업	X	배가 아파서 병원에 갔다.
	① 발표 준비	X	약을 먹고 잤다.
하늘	② 운동	X	여자 친구와 놀았다.
	③ 친구 생일 파티	X	발표 준비를 했다.
존	④ 보고서	X	친구 이사를 도와줬다.
	⑤ 잠	X	영화를 봤다.

보기

친구: 윤아야, 어제 왜 학교에 안 왔어?
윤아: 갑자기 배가 아파서 병원에 **가느라고** 못 왔어.

2 -는단/ㄴ단/단 말이에요?

- 올가 씨가 한국말을 잘한단 말이에요?
- 한국 친구가 그렇게 많단 말이에요?
- 제임스 씨가 그렇게 부자란 말이에요?
- 14살밖에 안 됐는데 대학교에 들어갔단 말이에요?

가: 제 동생은 5살인데 이번에 피아노 연주회를 해요.
나: 동생이 피아노를 그렇게 잘 친단 말이에요?

가: '아름다운 가게'에 가니까 코트 한 벌이 3,000원이었어요.
나: 옷이 그렇게 싸단 말이에요?

- 노라 씨는 처음 한국에 온 고향 친구에게 한국을 안내해 줍니다. 보기 와 같이 이야기하십시오.

한국에서는

보기 대중교통만으로 어디든지 갈 수 있어.
1. 지하철에서도 인터넷이 끊기지 않아.
2. 인터넷에서 영화를 1분이면 다운로드할 수 있어.
3. 식당에서 반찬을 무료로 더 줘.
4. 음식을 배달시키면 30분 안에 와.
5. 24시간 문을 여는 카페가 많아.

보기

노라: 한국은 대중교통이 아주 편리해서 서울에서 대중교통만으로 어디든지 갈 수 있어.
친구: 차가 없어도 생활이 **불편하지 않단 말이야**?

연습해 봅시다

• 친구들이 지난 금요일에 학교에 안 왔습니다. 보기 와 같이 이야기하십시오.

보기 제임스	지난 금요일에 동생을 데리러 공항에 갔다. 동생은 5살인데 혼자 비행기를 타고 왔다.
① 샤오	지난 금요일에 이사할 집을 보러 다녔다. 일주일 전에 지금 사는 집으로 이사를 했는데 집이 너무 춥다.
② 우정	지난 금요일에 남자 친구와 결혼 준비를 했다. 남자 친구를 만난 지 한 달 됐다.

보기

가: 제임스 씨, 지난 금요일에 왜 학교에 안 왔어요?

나: 공항에 동생을 데리러 **가느라고** 학교에 못 왔어요. 동생이 5살인데 혼자 왔거든요.

가: 네? 그렇게 어린 아이가 혼자 비행기를 **탔단 말이에요**?

2. 세제를 사다가 주세요

- 이 사람은 친구 집에 무슨 선물을 가지고 갈 것 같습니까?
- 다른 사람의 집을 방문할 때 지켜야 할 예절에는 어떤 것이 있습니까?

마이클: 윤아 씨, 한국 친구가 이사를 해서 집들이를 한대요. 친구가 아무것도 가져오지 말라고 했는데 진짜 그냥 가도 될까요?

윤　아: 그냥 가다니요? 빈손으로 가면 안 돼요. 그건 초대를 받은 사람의 예의가 아니에요.

마이클: 그렇지요? 근데 뭘 가져가면 좋을까요?

윤　아: 휴지나 세제를 사다가 주세요. 한국에서는 좋은 일이 생기라는 의미로 집들이에 갈 때 이런 선물을 해요. 실용적이기도 하고요.

마이클: 제가 더 주의해야 할 건 없나요?

윤　아: 양말을 꼭 신고 가세요. 한국 사람들이 중요하게 생각하는 방문 예절 중의 하나예요.

가져오다　빈손　예의　근데　가져가다　실용적　주의하다

아랫사람　웃어른

노약자

양보하다

공공장소　길거리

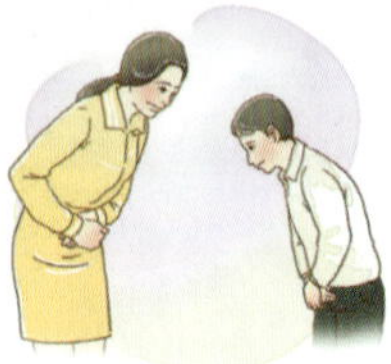

예의

- 예의가 있다
- 예의를 지키다
- 예의를 갖추다
- 예의가 없다
- 예의가 아니다

- 빈 칸을 채우고 보기 와 같이 이야기하십시오.

여러분은 아랫사람과 ❶ (웃어른이)~~이/가~~ 서로 갖춰야 할 예의가 있다는 걸 알고 계시지요? 오늘은 길거리나 지하철과 같은 ❷ (　　　　　　　　)에서 ❸ (　　　　　　　　) 어야/아야/여야 하는 예의에 대해서 이야기하겠습니다.

❹ (　　　　　　)에게 자리를 ❺ (　　　　　) 지 않는 것은 예의가 아니에요.

지하철에서 다리를 벌리고 의자에 앉는 것도 ❻ (　　　　　　).

사람이 많은 지하철에서 신문을 크게 펴서 보는 것도 ❼ (　　　　　　)는/은/ㄴ 일이에요.

큰 소리로 음악을 듣거나 전화를 하는 것도 예의가 없는 행동이에요.

보기

지하철에서 있었던 일이에요. 할머니 한 분이 서 계셨는데 앞에 있는 젊은 여자가 핸드폰만 보면서 앉아 있었어요. 할머니를 봤는데도 자리를 양보하지 않았어요. 저는 그 여자가 예의 없는 사람이라고 생각했어요.

1 -어다가/아다가/여다가

- 고향에 갈 때 어머니께 화장품을 사다가 드렸더니 아주 좋아하셨어요.
- 오빠, 은행에서 돈 좀 찾아다가 줄 수 있어?
- 은하 씨, 머리가 너무 아파요. 약 좀 사다가 주세요.
- 저는 아침마다 할아버지께 신문을 가져다가 드려요.

가: 배고프지? 우리 김밥이라도 사다가 먹을까?
나: 그래. 떡볶이도 사다가 먹자.

가: 이번 학기에 필요한 책을 좀 사야겠어요. 저하고 같이 서점에 가실래요?
나: 저는 도서관에서 빌려다가 보려고요.

- 우진 씨의 하루입니다. 보기 와 같이 이야기하십시오.

오늘 간 곳

꽃집, 은행, 요리 학원, 편의점, 친구 집, 분식집

오늘 한 일

보기 어머니께 꽃을 드렸어요.
1. 친구들과 잡채를 먹었어요.
2. 잡지를 봤어요.
3. 하숙비를 냈어요.
4. 우유를 냉장고에 넣었어요.
5. 저녁으로 만두를 먹었어요.

보기

우진 씨는 오늘 꽃집에서 꽃을 **사다가** 어머니께 드렸어요.

2 -다니요?

- 미선 씨가 김치를 싫어하다니요? 잘 먹던데요.
- 교실이 덥다니요? 저는 추워서 옷을 좀 더 입고 싶어요.
- 사고가 나다니요? 믿을 수 없어요. 루나 씨하고 조금 전에 통화했는데.
- 내일이 제 생일이라니요? 제 생일은 다음 달이에요.

가: 일요일 파티에 왜 안 왔어요?
나: 파티에 안 가다니요? 그날 제가 앞에 나가서 노래도 불렀잖아요.

가: 저기 빨간 드레스를 입은 사람이 에릭 씨 여자 친구야.
나: 여자 친구라니? 에릭 씨가 나한테 여자 친구가 없다고 했는데.

- 인기 그룹 '남자친구들'의 기사입니다. 보기와 같이 이야기하십시오.

보기 콘서트 표 한 장에 50만원
① 콘서트 표 판매 3분 만에 매진
② 지난 7월 공연 관객 10만 명

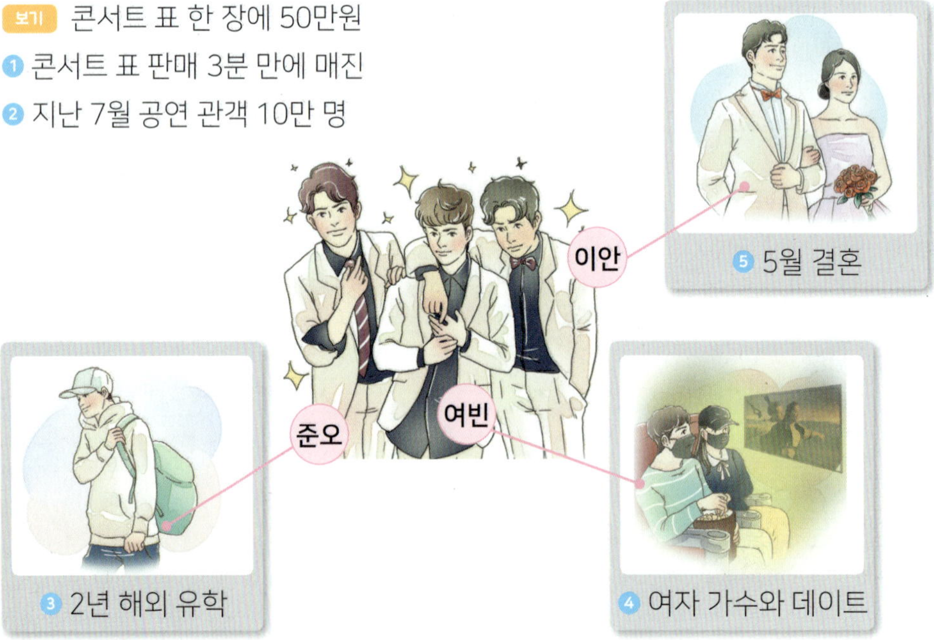

보기

가: '남자친구들'의 콘서트 표가 한 장에 50만 원이래요.
나: 콘서트 표가 한 장에 **50만 원이라니요**? 말도 안 돼요.

연습해 봅시다

- 보기 와 같이 이야기하십시오.

보기	미나는 유리와 점심을 먹으러 학생 식당에 갔는데 식당 문이 닫혀 있었다. 유리는 편의점에 가서 김밥을 사 가지고 오자고 한다.
①	미나는 후배와 발표 준비에 필요한 책을 사러 서점에 갔는데 서점이 없어지고 편의점이 생겼다. 후배는 도서관에서 책을 빌리겠다고 한다.
②	미나는 친구들과 삼겹살 파티를 하기로 했는데 고기를 안 가져왔다. 미나는 미안해하면서 치킨을 사서 먹자고 한다.

보기

유리: 학생 식당이 문을 안 열었는데?

미나: 식당이 문을 안 **열다니?** 어제도 와서 먹었는데 그런 안내는 없었어.

유리: 나는 배가 많이 고파. 우리 편의점에서 김밥이라도 **사다가** 먹자.

복습

1 알맞은 단어를 골라서 (   ) 안에 쓰십시오.

국제 교류 벼룩시장 초청장 나누다 데리다

마미: 이번 주말에 올림픽 공원에서 ❶ (   ) 행사가 열리는데 제가 ❷ (   )을/를 받았어요. 같이 갈래요?

링링: 글쎄요, 그런 곳에 가 본 적이 없어서요. 거기에서 뭘 하는데요?

마미: 세계 여러 나라의 문화도 체험해 볼 수 있고 공연도 볼 수 있어요. 또 여러 국적의 외국인들을 만나서 서로 정보도 ❸ (   )을/ㄹ 수 있고요. 아마 ❹ (   )도 열릴 거예요.

링링: 재미있겠네요. 저도 꼭 ❺ (   )고 가 주세요.

공공장소 실용적 양보하다 주의하다

나는 갈아타기도 쉽고 요금도 싸서 지하철을 자주 이용한다. 이용하기 편하고 ❻ (   )으로/로 되어 있어서 겨울에는 의자까지 난방이 된다. 그리고 보통 지하철 안에서 한국 사람들은 예의를 잘 지킨다. 특히 노인 분들이 서 계시는 걸 보면 젊은이들은 자리를 ❼ (   ). 그런데 가끔은 조금 예의가 없는 사람도 있다. 지하철 안은 ❽ (   )인데 큰 소리로 전화를 하는 사람이 있다. 사람들이 이런 것만 ❾ (   )는다면/ㄴ다면/다면 정말 좋을 것 같다.

2 다음 문법을 사용하여 대화를 완성하십시오.

-느라고 -는단 말이에요? -어다가 -다니요?

존슨: 여보세요? 정호 씨, 오늘 우리 하숙집에서 송별회가 있는데 오실 거죠? 맥주라도 ❶ ______ 마십시다.
사다

정호: ❷ ______ 누가 어디에 가요?
송별회

존슨: 갑자기 내일 슈헤이 씨가 한국을 떠난대요. 고향에 무슨 일이 있나 봐요.

정호: 뭐라고요? 시험도 안 보고 ❸ ______ 지금까지 공부한 것이 아까워서 어떡해요.
돌아가다

존슨: 그러니까요. 아까 슈헤이 씨 방에 가 보니까 혼자 짐을 ❹ ______ 정신이 없었어요. 제가 가서 청소라도 도와줘야겠어요. 그럼 이따가 봐요.
정리하다

15과

일과 생활

01 이제 보내기만 하면 돼요

대화 어휘 그동안, 오디션, 그만두다, 노력하다, 앞두다, 응원하다, 포기하다

확장 어휘 가능성, 목표, 자부심, 최고, 기르다, 상상하다, 이루다, 존경하다

문법 -는 걸 보니

-기만 하면 되다

02 가게 일을 도와드리곤 했습니다

대화 어휘 경력, 구인 광고, 면접, 용돈, 관계없이, 내내

확장 어휘 경력자, 근무 조건, 등록금, 생활비, 시급, 일자리, 초보자, 구하다[1]

문법 -곤 하다

-건 -건

1. 이제 보내기만 하면 돼요

- 호우 씨의 꿈은 무엇입니까?
- 여러분은 꿈을 위해서 어떤 준비를 하고 있습니까?

노라: 호우 씨, 정말 감동적이에요. 이렇게 아름답게 춤추는 걸 보니 이번에는 꼭 합격하겠어요.

호우: 고마워요. 그동안 여러 번 오디션에서 떨어져서 그만두려고 했는데 포기할 수가 없었어요. 한 번 더 최선을 다해 보려고요.

노라: 정말 멋져요. 제가 응원할게요.

호우: 그런데 오디션을 앞두고 있어서 그런지 연습할 때마다 너무 긴장이 되네요.

노라: 열심히 노력했으니까 이번에는 좋은 결과가 있을 거예요. 참, 오디션을 볼 때 필요하다고 한 자기소개 동영상은 다 준비했어요?

호우: 네, 이제 보내기만 하면 돼요.

그동안 오디션 그만두다 포기하다 응원하다 앞두다 노력하다

존경하다

상상하다

최고

자부심

목표

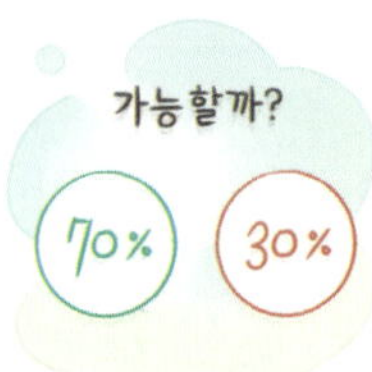

가능성

기르다

꿈을 이루다

• 다음을 연결하고 보기 와 같이 이야기하십시오.

① 무대 위에 서 있는 제 모습을 생각해요.	• 가능성이 있다
② 매일 단어를 외우고 일기도 쓰면서 한국어를 공부해요.	• 상상하다
③ 조금만 더 노력하면 가능할 것 같아요.	• 목표를 정하다
④ 드디어 뮤지컬 공연에서 주인공을 맡게 됐어요.	• 존경하다
⑤ 저는 세종대왕이 대단하고 훌륭한 분이라고 생각해요.	• 실력을 기르다
⑥ 저는 한국 대학교 경제학과에 지원하겠어요.	• 자부심을 느끼다
⑦ 열심히 노력하는 제가 자랑스럽다는 생각이 들었어요.	• 꿈을 이루다

보기

제 꿈은 뮤지컬 배우가 되는 거예요. 그래서 저는 날마다 무대 위에 선 제 모습을 상상해요. 매일 춤을 추고 노래를 부르면서 최선을 다해 노력하고 있어요.

1 -는/은/ㄴ 걸 보니

- 누리가 계속 전화를 안 받는 걸 보니 오늘 정말 바쁜가 봐요.
- 사장님 표정이 안 좋은 걸 보니 무슨 일이 생긴 것 같네요.
- 집에 불이 꺼져 있는 걸 보니 퇴근한 식구가 아무도 없나 봐요.
- 레오 씨가 오늘도 학교에 안 온 걸 보니 무슨 일이 있는 것 같아요.

가: 우리 뭐 먹을까? 어느 식당이 유명한지 잘 모르겠네.
나: 사람들이 길게 줄을 선 걸 보니 저 식당 음식이 맛있나 봐. 우리도 저기에 가자.

가: 제니 씨 집으로도 전화해 보셨나요?
나: 네, 전화를 안 받는 걸 보니 집에도 없는 것 같습니다.

- 그림을 보고 보기 와 같이 이야기하십시오.

보기

나츠미 씨가 청바지를 입고 배낭을 **메고 온 걸 보니** 오늘 퇴근 후에 어디로 놀러 가나 봐요.

2 -기만 하면 되다

- 명절 선물은 다 준비했으니까 이제 보내기만 하면 됩니다.
- 식사 준비가 다 끝났어요. 이제 드시기만 하면 돼요.
- 재료를 그릇에 다 담았는데요. 이제 섞기만 하면 되나요?
- 이삿짐 포장이 다 끝났습니다. 차로 옮기기만 하면 됩니다.

가: 찌개 끓일 재료는 다 준비해 놓았니?
나: 네, 재료를 썰어서 냄비에 담고 양념도 넣었어요. 이제 끓이기만 하면 돼요.

가: 이 에어컨은 어떻게 켜는 거야?
나: 옆에 하얀색 버튼이 보이지? 그걸 누르기만 하면 돼.

- 이번 주에는 할 일이 많습니다. 보기 와 같이 이야기하십시오.

	해야 할 일	남아 있는 일
보기	노트북 수리 받기	수리가 끝난 노트북을 찾는다.
1	인터넷으로 산 신발을 큰 사이즈로 교환하기	교환할 신발을 보낸다.
2	옷 정리하기	안 입는 옷을 상자에 넣는다.
3	가족들에게 보낼 크리스마스 선물 준비하기	우체국에 가서 준비한 선물을 부친다.
4	다음 주 중국 여행을 위해서 비자 받기	대사관에 가서 여권을 찾아온다.
5	고향 음식을 만들 재료 준비하기	사 놓은 재료로 음식을 만든다.

보기

가: 노트북은 다 고쳤어요?
나: 네, 수리가 끝났대요. 이제 **찾기만 하면 돼요**.

연습해 봅시다

● 보기 와 같이 이야기하십시오.

보기	1	2
콘서트 표를 정말 어렵게 예매했다. 드디어 나도 '남자친구들' 콘서트에 간다.	맡겨 놓은 핸드폰 수리가 다 끝났다. 날씨도 추운데 찾으러 가야 한다.	고향에 보낼 짐을 싸 놓았다. 갑자기 한국을 떠나게 됐다.

보기

가: '남자친구들' 콘서트 표를 사기가 힘들다고 하던데 예매는 했니?

나: 응, 예매했지. 이제 콘서트에 **가기만 하면 돼**.

가: 콘서트 이야기만 들어도 그렇게 **행복해 하는 걸 보니** 진짜 좋아하나 보네. 나도 가고 싶어지는데?

2. 가게 일을 도와드리곤 했습니다

- 두 사람은 무엇을 하고 있습니까?
- 여러분은 아르바이트를 한 적이 있습니까? 어떤 일을 했습니까?

정현: 안녕하세요? 어제 구인 광고를 보고 전화를 드렸던 김정현이라고 합니다. 아르바이트 면접을 보러 왔습니다.

사장: 반갑습니다. 대학생이라고 들었는데 아르바이트를 해 본 적이 있어요?

정현: 고등학생 때 용돈을 모으려고 부모님께서 하시는 가게 일을 도와드리곤 했습니다.

사장: 그랬군요. 평일에는 오전 내내 일을 해야 하는데 괜찮겠어요?

정현: 네. 그런데 제가 커피숍 일은 처음인데 경력에 관계없이 할 수 있나요?

사장: 네, 경력이 있건 없건 누구든지 할 수 있습니다. 내일 바로 일을 시작합시다.

구인 광고　면접　용돈　내내　경력　관계없이

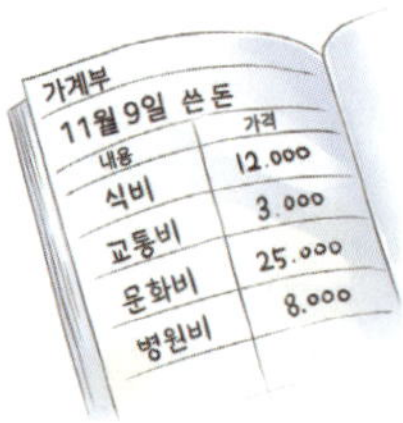

생활비

등록금

일자리를 구하다

경력자

초보자

'어서와 마트' 근무 조건	
기간	3월부터 8월까지(6개월)
요일	월, 수, 금
시간	오전 10시부터 오후 2시까지
시급	한 시간에 10,000원

근무 조건　　시급

• 구인 광고입니다. 빈칸을 채우고 보기 와 같이 이야기하십시오.

행복 편의점

아르바이트하실 분을
❶ (구합니다).

<❷ ( )>
· 기간: 3~6개월
· 요일: 주말
· 시간: 8:00~18:00
· ❸ ( ): 11,000원

전화: 010-1123-4567

누리 영어 학원

아이들을 사랑하는
영어 선생님을 모십니다.
영어를 가르친
경험이 있는 ❹ ( )
이면/면 더 좋습니다.

월, 수, 금 /오후 6~8시
1시간에 2만원
대학생 이상
이메일: englishedu@korea.com

하늘 식당

· 하는 일: 주문 받기, 설거지
· 시간: 오후 1시~5시
· 요일: 화, 목
· 월 60만원

식당 일이 처음인
❺ ( )도
괜찮습니다.

연락처: 02-3345-8998

보기

가: 대학교 등록금이 필요해서 아르바이트를 해야겠어.

나: 행복 편의점에서 일할 직원을 구하던데 한번 알아봐.

가: 시급이 얼마였어?

나: 한 시간에 11,000원이래.

1 -곤 하다

- 주말에 할 일이 없으면 혼자 영화를 보러 가곤 해요.
- 가족이 그리우면 어머니께서 보내 주신 편지를 읽곤 했어요.
- 초등학교 때 수업이 끝나면 친구들과 운동장에서 축구를 하곤 했어요.
- 작년까지는 점심을 먹은 후에 커피를 마시곤 했는데 지금은 마시지 않아요.

가: 우리 오늘 점심은 신촌역 앞에 있는 행복 식당에서 먹을까?
나: 좋아. 대학생 때 거기에서 자주 먹곤 했는데. 그때가 생각난다.

가: 이 바닷가에 자주 오셨나 봐요.
나: 네, 어렸을 때 가족들과 자주 놀러 오곤 했어요.

- 미정 씨의 고등학교 때 생활입니다. 보기 와 같이 이야기하십시오.

보기 자주 먹던 음식	떡볶이
① 친구들과 자주 하던 일	집 근처 공원에서 자전거 타기
② 스트레스가 쌓였을 때 하던 일	노래방에서 노래 부르기
③ 자주 듣던 음악	가수 '박진아'의 노래
④ 자주 쇼핑하던 곳	명동
⑤ 방학 때 자주 가던 곳	시골 할머니 댁

보기

친구: 미정 씨가 고등학생이었을 때의 이야기를 듣고 싶어요. 무슨 음식을 자주 먹었어요?

미정: 저는 수업이 끝나면 친구들과 떡볶이를 **먹곤 했어요**.

2 -건 -건

- 잘하건 못하건 끝까지 하는 게 중요하지요.
- 좋건 싫건 네가 해야 하는 일이야.
- 수영장을 이용할 때는 머리가 길건 짧건 수영 모자를 써야 합니다.
- 사람들이 다 왔건 안 왔건 시간이 됐으니까 출발합시다.

가: 저는 이번 달 모임에 가지 못할 것 같은데 회비를 안 내도 되겠지요?
나: 모임에 가건 안 가건 회비는 꼭 내야 한대요.

가: 너는 부모님께 자주 연락을 드리는 것 같아.
나: 응, 걱정하실까 봐 할 말이 있건 없건 전화를 꼭 드려.

• 퇴원하는 환자와 의사의 대화입니다. 보기 와 같이 이야기하십시오.

꼭 지켜 주세요!

보기 하루에 3번 약 먹기
1. 아침, 점심, 저녁을 꼭 챙겨 먹기
2. 채소, 콩 등 건강에 좋은 음식 먹기
3. 날마다 30분 이상 운동하기
4. 술 마시지 않기
5. 한 달에 2번 병원에 와서 검사 받기

보기 약 먹기 싫다.
- 아침을 먹을 시간이 없다.
- 채소를 안 좋아한다.
- 운동하기 싫다.
- 술을 마실 일이 생길 것 같다.
- 회사 일이 바쁘다.

보기

환자: 약을 하루에 3번 꼭 먹어야 하나요?
의사: 네, **좋건 싫건** 하루에 3번 꼭 약을 챙겨 드셔야 합니다.

연습해 봅시다

• 미선 씨와 부모님의 대화입니다. 보기 와 같이 이야기하십시오.

	어머니의 대학 생활	아버지의 대학 생활
보기	무슨 일이 있어도 날마다 학교에 갔다.	가고 싶지 않으면 자주 결석했다.
①	시험 기간이 아니어도 도서관에 가서 공부했다.	가고 싶을 때만 도서관에 갔다.
②	방학에는 돈이 필요하지 않아도 경험을 쌓기 위해서 아르바이트를 했다.	방학에는 친구들과 자주 여행을 다녔다.

보기

미　선: 두 분의 대학교 때 이야기를 듣고 싶어요. 대학교에 다닐 때 학교에 날마다 가셨어요?

어머니: 그럼, 비가 **오건** 눈이 **오건** 날마다 학교에 갔지.

아버지: 나는 가고 싶지 않으면 **결석하곤 했는데.**

복습

1 알맞은 단어를 골라서 (　　　) 안에 쓰십시오.

구인 광고	자부심	오디션	용돈	응원하다

나는 노래 실력 하나만은 내가 최고라는 ❶ (　　　　　　)을/를 가지고 있다. 어렸을 때부터 가수가 되는 것이 꿈이었고 부모님께서도 그런 나를 믿고 ❷ (　　　　　　)어/아/여 주신다. 그런데 ❸ (　　　　　　)을/를 준비하려면 돈이 많이 든다. 그래서 부모님이 ❹ (　　　　　　)을/를 주시기는 하지만 아르바이트를 하려고 한다. 우선 신문이나 잡지에 나온 ❺ (　　　　　　)을/를 찾아봤다.

관계없이	면접	시급	구하다	상상하다

일을 해 본 적이 없어서 걱정했는데 경력에 ❻ (　　　　　　) 일할 수 있는 곳도 많았다. 나는 일자리를 빨리 ❼ (　　　　　　)고 싶어서 일주일 내내 ❽ (　　　　　　)을/를 보러 다녔고 일은 힘들 것 같지만 ❾ (　　　　　　)을/를 많이 주는 곳을 한 군데 찾았다. 다음 주부터 일하기로 했는데 힘들어도 가수가 된 미래의 내 모습을 ❿ (　　　　　　)으면서/면서 열심히 할 거다.

2 다음 문법을 사용하여 대화를 완성하십시오.

-는 걸 보니	-기만 하면 되다	-곤 하다	-건 -건

나나: 영수 씨, 이거 제가 만든 빵인데 한 번 드셔 보세요.

영수: 음, 맛도 좋고 모양도 예쁘네요. 빵을 이렇게 맛있게 ❶ ____________ (잘 만들다) 배웠나 봐요.

나나: 배우기는요. 그냥 어렸을 때부터 빵을 좋아해서 주말마다 ❷ ____________ (만들어 먹다).

영수: 저도 빵을 한 번 만들어 본 적이 있는데 잘 안 되던데요. 밀가루와 설탕을 넣고 대충 ❸ ____________ (굽다) 는다고/ㄴ다고/다고 생각했는데 아니더군요.

나나: 몇 번 만들어 보면 그다지 어렵지 않아요. 그리고 직접 만들어서 먹으면 ❹ ____________ (맛이 있다) 더 신선한 빵을 먹을 수 있어서 좋은 것 같아요.

16과

고민과 조언

01 서로 불편해질까 봐 그냥 모르는 척했어

대화 어휘 사고방식, 상황, 괴로워하다, 까다롭다, 말없이, 몰래

확장 어휘 깔끔하다, 고집이 세다, 낯을 가리다, 상대방에게 맞추다, 솔직히 말하다, 잔소리가 많다, 해결책을 찾다

문법 -는 사이에
-는 척하다

02 한국어로 일기를 써 보지 그래?

대화 어휘 고민, 발음, 사실, 점수, 걱정스럽다, 자연스럽다, 쓸데없이, 틀림없이

확장 어휘 조언, 충고, 구하다^{2}, 따르다, 풀다^{2}, 해결하다

문법 -지 그래요?
-거든

1. 서로 불편해질까 봐 그냥 모르는 척했어

- 두 사람 사이에 무슨 문제가 있는 것 같습니까?
- 여러분은 친구와 같이 산 적이 있습니까? 무엇 때문에 불편했습니까?

켄타: 방 친구가 나하고 사고방식이 달라서 너무 힘들어.

주앙: 무슨 일인데?

켄타: 내가 지난 주말에 고향에 잠깐 다녀왔잖아. 그런데 내가 없는 사이에 방 친구가 나 몰래 내 물건들을 사용한 것 같아.

주앙: 그래? 혼자 괴로워하지 말고 친구한테 직접 물어 봐.

켄타: 서로 불편해질까 봐 그냥 모르는 척했어. 전에도 말없이 내 향수를 써서 이야기한 적이 있었는데 친구가 며칠 동안 나하고 말도 안 했거든. 내가 너무 까다로운 건가?

주앙: 아니야. 그런 상황이면 누구든지 기분이 나쁠 거야.

사고방식 몰래 괴로워하다 말없이 까다롭다 상황

어휘

잔소리가 많다

고집이 세다

낯을 가리다

깔끔하다

상대방에게 맞추다

솔직히 말하다

해결책을 찾다

● 윤아 씨는 룸메이트와 성격과 생활 방식이 잘 맞지 않습니다. 빈칸을 채우고 보기 와 같이 이야기하십시오.

윤아		룸메이트
보기 일찍 자고 일찍 일어난다.	→ ←	늦게 자고 늦게 일어난다.
① (깔끔하다).	→ ←	청소를 안 한다. 설거지를 바로 안 한다.
② ( ).	→ ←	낯선 손님을 자주 초대한다.
③ ( )어/아/여 주려고 한다.	→ ←	④ ( )어서/아서/여서 생활을 바꾸려고 하지 않는다.

보기

저와 룸메이트는 성격도 다르고 생활 방식도 다릅니다. 저는 일찍 자고 일찍 일어나는데 친구는 늦게 자고 늦게 일어납니다. 그동안 저는 친구에게 맞춰 주면서 혼자 괴로워했습니다. 그런데 너무 힘들어서 친구에게 솔직히 말하고 해결책을 찾아야겠습니다.

문법

1 -는/은/ㄴ 사이에

- 제가 잠깐 마트에 다녀오는 사이에 도둑이 집에 있던 돈을 가지고 갔어요.
- 제가 샤워를 하는 사이에 친구가 제 휴대 전화를 몰래 봤어요.
- 너무 피곤해서 저도 모르는 사이에 잠이 들었어요.
- 언니가 잠깐 화장실에 간 사이에 몰래 집에서 나왔어요.

가: 어떻게 강아지를 잃어버리셨어요?
나: 제가 공원에서 이웃을 만나서 잠깐 이야기하는 사이에 강아지가 없어졌어요.

가: 왜 이렇게 늦었어요?
나: 제가 깜빡 조는 사이에 내려야 할 정류장을 지나갔어요.

- 놀이공원에서 아이를 잃어버렸습니다. 보기 와 같이 이야기하십시오.

보기

직원: 어디에서 어떻게 아이를 잃어버리셨습니까?
엄마: 가게에서 물을 <u>**사는 사이에**</u> 아이가 없어졌어요.

2 -는/은/ㄴ 척하다

- 비밀을 알고 있으면서도 모르는 척했어요.
- 학교에 가기 싫어서 아픈 척했어요.
- 사람들이 아직 우리가 사귀는 것을 몰라서 그냥 친구인 척해요.
- 다이어트 중이어서 밥을 안 먹었지만 먹은 척했어요.

가: 왜 엄마한테 혼났어요?
나: 공부하는 척하면서 만화책을 봤거든요.

가: 아프면서 왜 괜찮은 척했어요?
나: 부모님이 걱정하실까 봐 괜찮은 척했어요.

- 친구들이 민수 씨와 가을 씨의 첫 데이트를 궁금해 합니다. 보기 와 같이 이야기하십시오.

보기 무서운 영화를 싫어한다.
- 무서운 영화를 잘 못 본다.
- 양식을 안 좋아한다.
- 돈이 별로 없는데 비싼 양식집에 갔다.
- 가을 씨가 만든 초콜릿이 맛이 없었다.
- 클래식 음악을 잘 모른다.

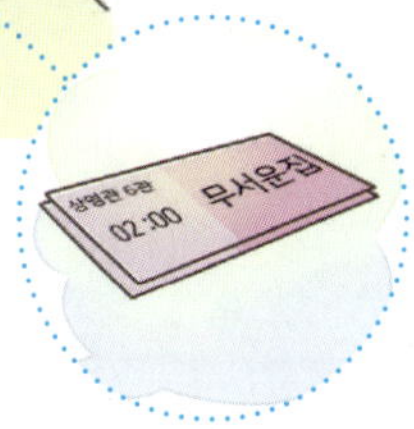

보기 오늘 가을 씨랑 무슨 영화를 봤어?

① 너, 무서운 영화를 잘 못 보잖아. 괜찮았어?

② 저녁은 뭘 먹었어?

③ 양식집은 비싸지 않았어?

④ 이건 웬 초콜릿이야?

⑤ 가을 씨는 취미가 뭐래?

보기

친구: 민수야, 오늘 가을 씨랑 무슨 영화를 봤어?

민수: '무서운 집'을 봤어. 가을 씨한테 영화표가 있었거든. 가을 씨랑 같이 영화를 보고 싶어서 무서운 영화를 싫어하는데 **좋아하는 척했어**.

연습해 봅시다

• 룸메이트 몰래 생일 파티를 준비했습니다. 보기 와 같이 이야기하십시오.

파티 준비	내가 몰래 한 일	그때 룸메이트가 한 일
보기 친구 초대	문자 메시지로 친구들을 초대했다.	드라마를 봤다.
① 음식	중국 음식을 배달시켰다.	음악을 들었다.
② 생일 카드	방에서 몰래 썼다.	샤워를 했다.

보기

나: 네가 드라마를 **보는 사이에** 문자 메시지로 친구들을 초대했는데 몰랐지?

가: 나도 알고 있었어. 드라마를 **보는 척하면서** 네가 문자 메시지 보내는 것을 다 봤거든.

2. 한국어로 일기를 써 보지 그래?

- 존은 무엇 때문에 걱정을 하고 있는 것 같습니까?
- 여러분은 걱정이 있을 때 보통 누구와 이야기합니까?

하늘: 존, 무슨 일 있니? 왜 그렇게 표정이 어두워?

존 : 시험을 못 봤어. 한국어 실력이 더 이상 늘지 않는 것 같아서 정말 걱정스러워.

하늘: 쓸데없이 걱정만 하지 말고 한국어로 일기를 써 보지 그래? 틀림없이 도움이 될 거야.

존 : 일기를 쓰면 좀 괜찮아질까? 사실 시험 점수가 너무 나빠서 한국어 공부를 그만둬야 하는지 요즘 고민 중이거든.

하늘: 포기하지 마. 넌 대화할 때는 문제가 없잖아. 발음도 자연스럽고. 선생님이 일기를 고쳐 주시거든 꼭 다시 한 번 써 봐.

걱정스럽다 쓸데없이 틀림없이 사실 점수 고민 발음 자연스럽다

어휘

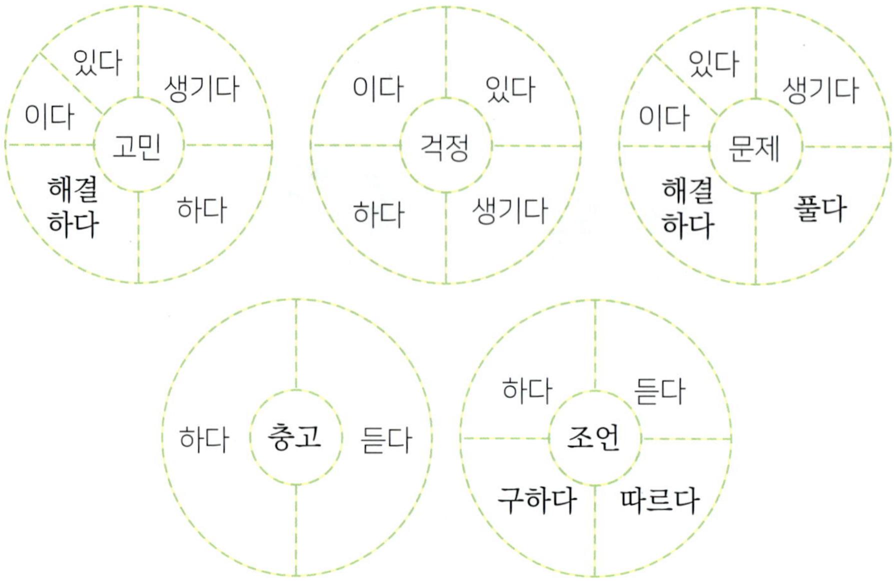

• 빈 칸을 채우고 보기 와 같이 이야기하십시오.

고민	요즘 그 문제로 ❶ (고민하)고 있어요. 발음이 좋아지지 않아서 고민이에요. 저는 요즘 한 가지 고민이 ❷ (　　　　　　　　).
걱정	저는 고향에 혼자 계시는 어머니가 늘 ❸ (　　　　　　　　). 우리 부모님은 항상 저를 ❹ (　　　　　　　　). 요즘 무슨 걱정이 있어요? 표정이 어두워 보여요.
문제	우리 회사 공장에 문제가 생겼어요. 제품에 생긴 문제를 ❺ (　　　　　　　　). 시험 문제를 아주 빨리 ❻ (　　　　　　　　).
충고	선배가 저에게 충고했어요. 선배한테서 충고를 ❼ (　　　　　　　　).
조언	전문가에게 조언을 구했어요. 전문가에게서 조언을 ❽ (　　　　　　　　). 전문가의 조언을 ❾ (　　　　　　　　)기로 했어요.

보기

대학원에 가서 계속 공부를 해야 할지 회사에 들어가서 일을 해야 할지 잘 모르겠어요. 요즘 저는 이 문제로 계속 고민하고 있어요.

1 -지 그래요?

- 안느 씨, 그렇게 아프면 약이라도 먹지 그래요?
- 태균 씨, 조금 쉬었다가 하지 그래요?
- 지누 씨, 부모님께 말씀드리지 그래요?
- 이란 씨, 그 사람이 그렇게 싫으면 만나지 말지 그래요?

가: 동아리 모임 장소를 정해야 하는데 쉽지 않네요.
나: 교회 앞에 새로 생긴 '미소'에서 하지 그래요? 넓은 방이 있어요.

가: 너무 졸려요. 회의를 해야 하는데.
나: 그럼 커피라도 한 잔 마시지 그래요?

- 친구들의 걱정과 고민입니다. 보기 와 같이 이야기하십시오.

보기

친구: 추석 연휴를 혼자 보내야 하는데 뭘 하면 좋을까요?

누리: 경복궁에 **가 보지 그래요**? 명절에는 행사가 많대요.

문법

2 -거든

- 동아리 행사가 끝나거든 모두 모임 장소로 오세요.
- 아니타 씨, 주말에 시간이 나거든 같이 영화라도 봅시다.
- 이수야, 친구들을 만나거든 대신 인사 좀 전해 줘.
- 김 과장님, 메일 내용을 확인하시거든 연락 좀 주세요.

가: 엄마, 너무 걱정하지 마세요. 가서 열심히 할게요.
나: 그래, 공항에 도착하거든 바로 전화부터 해라.

가: 미선아, 지금 나갈 거야?
나: 응, 제임스가 나를 찾거든 도서관에 갔다고 말해 줘.

- 출장 가는 사장님이 새로 온 비서에게 말합니다. 보기 와 같이 이야기하십시오.

사장님 말씀

보기 나를 찾는 전화가 온다.
1. 내일 택배가 온다.
2. 나를 찾아오는 사람이 있다.
3. 컴퓨터에 문제가 생긴다.
4. 오전 회의가 끝난다.
5. 모르는 게 있다.

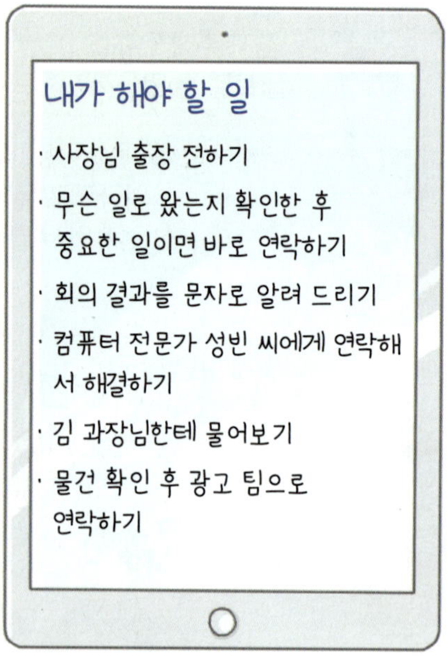

보기

나를 찾는 전화가 **오거든** 출장을 가서 다음 주에 온다고 알려 주세요.

연습해 봅시다

● 보기 와 같이 이야기하십시오.

보기

가: 다음 주 시험 때문에 요즘 잠을 잘 못 자.

나: 스트레스를 너무 많이 받아서 못 자는 거 아니니?

가: 응, 그런 것 같아. 시험공부를 하는 게 너무 힘들어.

나: 그렇게 힘들거든 몇 시간만 쉬지 그래? 밖에 나가서 쇼핑이라도 하고 오면 스트레스가 풀릴 거야.

복습

1 알맞은 단어를 골라서 (   ) 안에 쓰십시오.

사실　　조언　　괴로워하다　　솔직히 말하다　　포기하다
해결하다　　몰래　　틀림없이

제 꿈은 연극배우가 되는 거예요. 그래서 저는 지금 공부하고 있는 경영학을 ❶ (   )고 연극영화학과에 다시 지원하려고 해요. 부모님께 말씀드리면 ❷ (   ) 걱정하실 거예요. 그렇지만 제 꿈과 미래에 대한 이야기를 들으시면 저를 도와주실 거라고 생각해요.
❸ (   ) 저는 부모님과 대화를 많이 하는 편은 아니에요. 하지만 중요한 문제를 결정하거나 ❹ (   )어야/아야/여야 할 일이 있을 때 저를 도와주고 필요한 ❺ (   )을/를 해 주는 사람은 부모님밖에 없는 것 같아요.
저는 혼자 고민하지 않고 부모님께 ❻ (   )을/ㄹ 거예요. 부모님 ❼ (   ) 문제를 해결하려고 하다가 다시 포기하거나 혼자 ❽ (   )으면서/면서 쓸데없이 시간을 버리고 싶지는 않거든요.

2 다음 문법을 사용하여 대화를 완성하십시오.

-는 사이에　　-는 척하다　　-지 그래요?　　-거든

유 니: 어제 수업이 끝나고 집에 갈 때 어떤 할머니가 저한테 한국 병원에 가는 길을 물어보셨어요.

에이미: 한국 병원이면 아주 가까운데 잘 가르쳐 드렸어요?

유 니: 아니요. 학교에서 길 안내하는 걸 다 배웠는데 생각이 안 나서 한국말을 ❶ ____________ (모르다). 제가 대답을 못하고 다른 곳을 ❷ ____________ (쳐다보다) 할머니는 가셨고요. 제가 너무 바보 같았어요.

에이미: 괜찮아요. 다음에 또 누가 길을 ❸ ____________ (물어보다) 손으로 대충 위치만 가르쳐 주세요. 어느 쪽인지만 알아도 찾아갈 수 있으니까요.

유 니: 네, 요즘 한국말 실력이 늘지 않아서 정말 걱정이에요. 한국 친구가 없어서 연습해 볼 시간이 없으니까 점점 더 말을 안 하는 것 같아요.

에이미: 학교에 언어 교환 프로그램이 있던데 ❹ ____________ (신청해 보다)

17과

부탁과 거절

01 근무 조건도 좋고 해서 지원해 보려고 합니다

대화 어휘 번역, 복사기, 추천서, 통역, 갑작스럽다, 귀하다, 수입하다

확장 어휘 다행스럽다, 변덕스럽다, 사랑스럽다, 조심스럽다, 후회스럽다

문법 -을지 모르겠다

-고 해서

02 그럼 처음부터 솔직하게 말하지

대화 어휘 갚다, 꾸다, 섭섭하다, 솔직하다, 실망하다, 후회하다

확장 어휘 거절하다, 곤란하다, 거절을 당하다, 돌려서 말하다, 직접적으로 말하다

문법 -지

-을 텐데요

1. 근무 조건도 좋고 해서 지원해 보려고 합니다

MP3 / 33

- 학생이 무슨 일로 교수님을 찾아온 것 같습니까?
- 여러분은 다른 사람에게 어떤 부탁을 해 봤습니까?

리나: 교수님, 안녕하세요? 이렇게 갑작스럽게 찾아와서 죄송합니다.

교수: 리나 씨, 정말 오래간만이네요. 그런데 무슨 일로 왔어요?

리나: 추천서를 부탁드리려고 왔습니다. 복사기를 수입하는 한국 회사인데 통역과 번역을 할 직원을 구한다고 해서 도전해 보려고요.

교수: 한국에서 일을 하려고요?

리나: 네, 제가 잘할 수 있을지 모르겠지만 근무 조건도 좋고 해서 지원해 보려고 합니다.

교수: 리나 씨는 잘할 거예요. 추천서는 다음 주에 찾으러 오세요.

리나: 네, 교수님. 귀한 시간을 내 주셔서 감사합니다.

갑작스럽다　추천서　복사기　수입하다　통역　번역　귀하다

어휘

조심스럽다	잘못 말하면 오해를 받을 수 있는 상황이다. 그래서 말하기가 조심스럽다.
후회스럽다	한 번의 실수로 모든 것을 잃었다. 지금도 그날의 일이 후회스럽다.
사랑스럽다	아기가 웃는 모습을 보면 너무 귀엽고 예뻐서 안아 주고 싶다. 아기의 웃는 모습이 정말 사랑스럽다.
변덕스럽다	친구가 약속 장소나 시간을 자꾸 바꾼다. 친구의 변덕스러운 성격 때문에 피곤하다.
다행스럽다	교통사고가 났는데 아무도 다치지 않았다. 정말 다행스러운 일이다.

- 빈칸을 채우고 보기 와 같이 이야기하십시오.

하루 종일 날씨가
① (변덕스러웠다).
이런 날씨에 아무 사고 없이
산에서 내려온 것은
정말 ② (   )
는/은/ㄴ 일이다.

아빠는 아기를 아주
③ (   )게 안았다.
아기의 잠든 얼굴이
너무너무
④ (   ).

친구에게 내 차를
빌려 줬는데 사고가 났다.
차를 빌려 준 것이 정말
⑤ (   ).

보기

지난 주말에 저는 친구들과 같이 등산을 했습니다. 출발할 때는 날씨가 맑았는데 갑자기 눈이 내리기 시작했습니다. 우리는 서둘러 내려왔는데 다 내려오니까 다시 날씨가 맑았습니다. 변덕스러운 날씨 때문에 등산은 재미없게 끝났지만 친구들이 모두 안전하게 내려온 것은 참 다행스러운 일이었습니다.

문법

1 -을지/ㄹ지 모르겠다

- 동생이 이 선물을 좋아할지 모르겠어요.
- 내일 등산을 가려고 하는데 날씨가 좋을지 모르겠어요.
- 경험이 없어서 제가 그 일을 잘할 수 있을지 모르겠어요.
- 제주도에 비가 많이 왔다고 하는데 친구들이 여행을 잘했을지 모르겠어요.

가: 영수 씨, 우리 1시간 일찍 출발했으니까 회의 시간에 늦지는 않겠죠?
나: 글쎄요. 길이 많이 막혀서 제시간에 도착할지 모르겠네요.

가: 마이 씨, 요즘 이 소설이 인기가 많대요. 한번 읽어 보세요.
나: 어려운 단어가 많아서 제가 읽을 수 있을지 모르겠어요.

- 다른 동아리 친구가 행사 준비에 대해 궁금해 합니다. 보기 와 같이 이야기 하십시오.

보기

친구: 너희 동아리는 이번에 무슨 공연을 해?
노라: 댄스 공연을 하는데 춤을 잘 출 수 **있을지 모르겠어**.

2 -고 해서

- 어제는 비도 오고 해서 하루 종일 집에만 있었어요.
- 오늘은 할 일도 없고 해서 오랜만에 청소를 했어요.
- 저는 물건값도 싸고 해서 동네 마트에 자주 가요.
- 해외여행은 경비도 많이 들고 해서 국내 여행을 알아보고 있어요.

가: 왜 '우정 커피숍'에 자주 가요?
나: 분위기도 좋고 해서 자주 가요.

가: 회사를 그만두셨다면서요?
나: 네, 일도 너무 힘들고 해서 회사를 옮기려고요.

- 친구들이 지난 주말 이야기를 합니다. 보기 와 같이 이야기하십시오.

보기	1	2	3	4	5

동창회에 안 갔다.	집에만 있었다.	시내에 나갔다.	머리를 잘랐다.	백화점에 갔다.	약속을 취소했다.
머리가 아팠다.	돈이 없었다.	살 것이 있었다.	날씨가 더웠다.	백화점에서 세일을 했다.	배가 아팠다.
숙제가 많았다.	기분이 안 좋았다.	병원에 가야 했다.	답답했다.	입을 옷이 없었다.	집안일이 많았다.
술 마시기 싫었다.	몸이 안 좋았다.	약속이 있었다.	스타일을 바꾸고 싶었다.	심심했다.	피곤했다.

보기

윤아: 하늘 씨, 주말에 뭘 했어요?
하늘: 동창회가 있었는데 머리도 **아프고 해서** 안 갔어요.

연습해 봅시다

● 보기 와 같이 이야기하십시오.

	계획		이유	걱정
보기	오늘	극장	· 특별히 할 일이 없다. · 영화를 본 지 오래됐다.	예매를 안 했다.
①	내일	동네 도서관	· 빌려야 할 책이 있다. · 보고 싶은 잡지가 있다.	도서관이 너무 작다.
②	주말	놀이공원	· 집에 있기 답답하다. · 스트레스가 쌓였다.	주말에는 사람이 많다.

보기

가: 오늘 뭘 할 거야?

나: 특별히 할 일도 **없고 해서** 영화를 볼까 해. 그런데 예매를 안 해서 표가 **있을지 모르겠어**.

가: 그럼 인터넷에서 먼저 확인해 봐.

MP3 / 34

2. 그럼 처음부터 솔직하게 말하지

- 남자는 어떤 부탁을 하고 있는 것 같습니까?
- 여러분은 들어주기 어려운 부탁을 받은 적이 있습니까?

하늘: 무슨 고민이라도 있어? 표정이 안 좋아 보이는데.

윤아: 응. 어제 학교 친구에게서 들어주기 어려운 부탁을 받았어. 다음 달까지 갚을 테니까 돈을 좀 빌려 달래.

하늘: 그래서 뭐라고 했어?

윤아: 좀 생각해 보겠다고 했지만 안 될 것 같아. 지난번에 다른 친구에게 돈을 꿔 주고 받지 못한 일이 있었어. 그 후로 그 친구와 사이가 나빠져서 정말 후회했거든.

하늘: 그럼 처음부터 솔직하게 말하지. 친구가 기대하고 있을 거야.

윤아: 친한 친구라서 실망할까 봐 바로 말하지 못했는데 어떡하지? 많이 섭섭해 할 텐데.

갚다 꾸다 후회하다 솔직하다 실망하다 섭섭하다

부탁을 하다　부탁을 받다　부탁을 들어주다　거절을 당하다　부탁을 거절하다

직접적으로 말하다　돌려서 말하다　곤란하다

- 빈칸을 채우고 보기 와 같이 이야기하십시오.

어제 마리아에게서 들어주기 ❶ (곤란한)~~는/은/ㄴ~~ 부탁을 받았다. 마리아는 일주일 동안 내 방에서 같이 지내고 싶다고 했다. 나는 고향 친구가 놀러 오기로 해서 그 부탁을 ❷ (　　　　　　). 그런데 ❸ (　　　　　　)으면/면 마리아의 기분이 상할 것 같았다. 그래서 "나도 그러고 싶지만 이번 주에 고향 친구가 오기로 했어. 방이 좁아서 네가 불편할 것 같은데 어떡하지?" 하고 ❹ (　　　　　　). 마리아는 웃으면서 괜찮다고 말했다.

보기

가: 부탁이 있어. 다음 주에 고향에 돌아가는데 일주일만 네 방에서 같이 지낼 수 있을까?

나: 나도 그러고 싶지만 이번 주에 고향에서 친구가 오기로 했어. 방이 좁아서 네가 불편할 것 같은데 어떡하지?

가: 괜찮아. 그럼 다른 방법을 찾아볼게. 고마워.

1) 친한 선배가 급한 일이 생겨서 일주일 동안 아르바이트를 대신 해 달라고 부탁한다.

2) 친구가 여자 친구와 놀이공원에 놀러 가는데 내가 새로 산 카메라를 빌려 달라고 한다.

1 -지

- 내가 전에 이야기했을 때 병원에 가지.
- 약속 시간에 늦을 것 같으면 미리 전화를 하지.
- 그렇게 맛있는 과자였으면 내 것도 남겨 놓지.
- 현아한테 그 이야기를 하지 말지.

가: 어제 '너와 함께'라는 영화를 봤는데 진짜 재미있었어.
나: 보고 싶었던 영화인데 나도 좀 데리고 가지.

가: 점심을 급하게 먹었더니 아직도 소화가 안되고 속이 답답하네.
나: 아무리 급해도 천천히 좀 먹지.

- 민철 씨의 하루입니다. 보기 와 같이 이야기하십시오.

보기

1

2

3
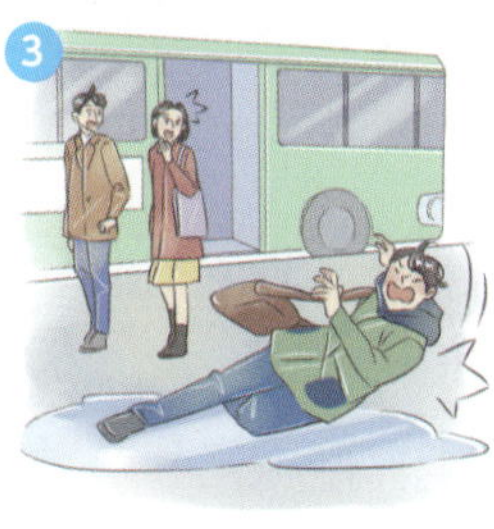

4

5

보기

민철: 어제 여자 친구 생일이었는데 내가 실수를 많이 해서 여자 친구가 화가 났어.
친구: 왜? 무슨 일이 있었는데?
민철: 1시에 만나기로 했는데 어제 늦게 자서 12시 반에 일어났거든.
친구: 좀 일찍 **자지**.

2 -을/ㄹ 텐데요

- 승환 씨는 독서를 좋아하니까 책을 선물하면 좋아할 텐데요.
- 영수가 아침부터 아무것도 안 먹어서 배가 많이 고플 텐데.
- 이렇게 눈이 오는데 앤디 씨가 왜 집에 안 돌아오지? 밖은 많이 추울 텐데.
- 무슨 음식을 준비하면 좋을까요? 주디 씨는 매운 음식을 못 먹을 텐데요.

가: 미영 씨에게도 내일 같이 등산을 하자고 말해 볼까요?
나: 미영 씨는 보통 주말에 부모님 댁에 가니까 시간이 안 될 텐데요.

가: 이 일도 다 하고 가야겠다.
나: 너 서울역에서 2시 기차를 타야 하잖아. 지금 출발하지 않으면 늦을 텐데.

- 사진 동아리의 여행 계획에 대해서 이야기합니다. 보기 와 같이 이야기하십시오.

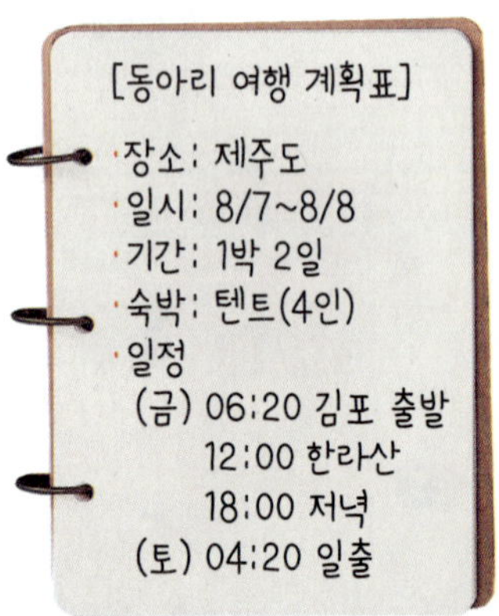

보기

회장 : 이번 동아리 여행 계획에 대해서 이야기하겠습니다. 8월 7일부터 8일까지 제주도로 1박 2일 동안 다녀오려고 하는데 어떠세요?

회원1: 좀 더 길게 갔다 오면 어떨까요? 1박 2일 여행이면 짧은 기간이어서 **힘들 텐데요**.

연습해 봅시다

- 보기 와 같이 이야기하십시오.

보기	내일 중요한 시험이 있는데 공부를 안 해서 걱정이다. 나는 시험이 아주 어렵다는 이야기를 들었다.
1	어제 친구가 약속 시간에 늦어서 내가 크게 화를 냈다. 친구는 다음 주에 유학을 갈 예정이라서 화를 낸 것이 후회가 된다.
2	나는 오늘 집에서 나올 때 휴대 전화를 놓고 나왔다. 오늘 저녁에 약속이 있어서 집에 늦게 가는데 어머니께 이야기를 못 드렸다.

보기

가: 무슨 걱정이라도 있어? 얼굴이 안 좋아 보여.

나: 응, 내일 중요한 시험이 있는데 공부를 안 했어. 시험이 정말 **어려울 텐데**.

가: 평소에 공부를 좀 **하지**. 지금이라도 늦지 않았으니까 빨리 공부해.

복습

1 알맞은 단어를 골라서 (　　) 안에 쓰십시오.

통역　　거절하다　　곤란하다　　귀하다　　수입하다　　조심스럽다

어제 무역 회사에 다니는 대학교 선배에게서 ❶ (　　　　　　)는/은/ㄴ 부탁을 받았다. 선배는 이번에 일본에서 물건을 ❷ (　　　　　　)는/은/ㄴ 일을 맡게 되었는데 다음 주에 일본 회사에서 ❸ (　　　　　　)는/은/ㄴ 손님이 한국에 온다고 했다. 선배는 나에게 ❹ (　　　　　　)을/를 해 줄 수 있냐고 물었다. 나는 생각도 못한 일이었기 때문에 너무 당황스러웠다. 그리고 그 선배와는 그다지 친하지 않아서 안 된다고 ❺ (　　　　　　)기가 조금 ❻ (　　　　　　).

섭섭하다　　솔직하다　　후회하다　　돌려서 말하다

나는 다음 주까지 중요한 리포트를 써야 해서 시간이 없을 것 같다고 ❼ (　　　　　　). 그리고 그렇게 중요한 자리에서 이야기할 만큼 일본어를 잘하지 못한다고 ❽ (　　　　　　)게 말했다. 선배는 내 대답을 듣고 조금 ❾ (　　　　　　)어했다/아했다/여했다. 하지만 나는 불가능한 일은 할 수 없다고 말하는 게 더 낫다고 생각했기 때문에 그렇게 대답한 것을 ❿ (　　　　　　)지 않는다.

2 다음 문법을 사용하여 대화를 완성하십시오.

-고 해서　　-을지 모르겠다　　-지　　-을 텐데요

영지: 여보세요? 영지야, 나 미정이야. 주말 잘 보냈어?

영지: 미정아, 안녕? 나는 ❶ ＿＿＿＿＿＿ 집에만 있었어.
약속이 없다

미정: 그럼 ❷ ＿＿＿＿＿＿. 현수하고 미선이하고 다 같이 집 근처 공원에 놀러 갔는데.
나한테 연락하다

영지: 그래? 미리 연락할걸. 그런데 무슨 일로 전화했어?

미정: 이번 주 목요일에 고등학교 동창회가 있잖아. 네가 그날 올 수 있는지 확인하려고 전화했어.

영지: 맞다, 이번 주에 동창회가 있었지. 그런데 내가 그날 회사에서 중요한 회의가 있어서 ❸ ＿＿＿＿＿＿.
갈 수 있다

미정: 그래? 이번에는 오랜만에 오는 친구들이 많아서 너도 오면 참 ❹ ＿＿＿＿＿＿.
좋다

영지: 나도 가고 싶어. 회사 일이 바쁘지 않으면 꼭 갈게.

18과

모임

01 쇼핑하러 갔다가 그 식당에 들른 적이 있어요

대화 어휘 맛집, 별미, 양, 겹치다, 들르다, 꽤

확장 어휘 번개 모임, 술자리, 온라인 동호회, 유지, 정기 모임, __차, 친분

문법 -는다고 해서[1]

-었다가[2]

02 지난주에 모였다면 시간이 부족하지 않았을 거예요

대화 어휘 과제, 별일, 자료, 자신, 부족하다, 불가능하다, 이대로, 적어도

확장 어휘 부자연스럽다, 부정확하다, 부주의하다, 불친절하다, 불합격하다, 불확실하다

문법 -었다면

-을 수도 있다

MP3 / 35

1. 쇼핑하러 갔다가 그 식당에 들른 적이 있어요

- 유키 씨와 반 친구들은 무엇을 하려고 합니까?
- 여러분은 어떤 모임을 한 적이 있습니까? 보통 어디에서 모임을 합니까?

유키: 이번 반 모임은 어디에서 할까요?

에릭: 이번에는 이태원에 있는 맛집에 한번 가 볼까요?

유키: 저는 좋아요. 그렇지 않아도 이태원에 '타이 여행'이라는 유명한 태국 음식점이 있다고 해서 가 보려던 참이었어요.

주앙: 아, 거기 맛있어요. 전에 이태원에 쇼핑하러 갔다가 그 식당에 들른 적이 있었는데 '카레 해산물 볶음'이 진짜 별미였어요.

유키: 제가 잡지에서 봤는데 음식 값도 괜찮고 양도 꽤 많던데요.

에릭: 좋아요. 그럼 장소는 이태원 '타이 여행'으로 하고 시간은 이번 토요일 6시로 할까요? 혹시 약속이 겹치는 사람이 있어요?

맛집 들르다 별미 양 꽤 겹치다

온라인 동호회	인터넷에서 등산을 좋아하는 사람들의 모임을 만들었다. 온라인 등산 동호회를 만들었다.
정기 모임	매달 마지막 토요일에 회원들의 모임을 한다. 한 달에 한 번 정기 모임을 한다.
번개 모임	온라인 동호회 회원 몇 명을 오늘 갑자기 만나기로 했다. 번개 모임을 하기로 했다.
술자리	연말이어서 술을 마시면서 노는 자리가 많아졌다. 술자리가 많아졌다.
친분	정민 씨와는 개인적으로 가깝고 친한 사이이다. 정민 씨와 친분이 있다.
유지	사람들과 지금의 좋은 관계를 계속 지키고 싶다. 좋은 관계를 유지하고 싶다.
_차	식당에서 식사한 후에 노래방에 갔다. 2차는 노래방으로 갔다.

• 온라인 동호회 모임 안내입니다. 빈칸을 채우고 여러분이 들고 싶은 동아리에 대해서 보기 와 같이 이야기하십시오.

▶외국인 친구 사귀기 ①(온라인) 동호회◀

www.mff.com

∧ 이전글 ∨ 다음글 목록

②(　　　　)모임 안내

· **모임의 목적:** 언어 교환, 문화 교류
· **모임 일시:** 매주 금요일 오후 6시 30분
장소: 강남역 5번 출구 카페 '좋은 친구'
(모임 후 ③(　　　　　　)으로/로 간단한 ④(　　　　　　) 가능)
회비: 2만원
※ 회원들과의 ⑤(　　　　　　)⑥(　　　　　　)을/를 위해서 모임에 많이 와 주세요.

보기

저는 요즘 외국어를 배우고 있지만 친구가 많지 않아서 연습을 잘 못 해요. 그래서 언어 교환 온라인 동호회에 가입하고 싶어요. 인터넷에서 언어 교환과 문화 교류를 하면서 외국인 친구를 사귀는 모임을 찾았는데 매주 정기 모임이 있어서 회원들도 직접 만날 수 있고 좋을 것 같아요.

문법

1 -는다고/ㄴ다고/다고 해서[1]

- 성적이 좋으면 장학금을 준다고 해서 열심히 공부하고 있어요.
- 생강차가 감기에 좋다고 해서 생강차를 마시고 있어요.
- 제주도가 유명한 관광지라고 해서 한번 가 보려고 해요.
- 건강에 좋은 음식이라고 해서 먹었는데 건강이 나빠졌어요.

가: 이번 휴가 때는 어디로 여행을 갈 거예요?
나: 경주에 역사 유적이 많다고 해서 경주에 갈까 해요.

가: 얼굴이 왜 이렇게 빨갛게 부었어요?
나: 이 화장품을 바르면 피부가 좋아진다고 해서 발랐는데 이렇게 됐어요.

- 흐엉 씨는 신문과 잡지에서 본 건강 정보를 믿습니다. 보기 와 같이 이야기 하십시오.

흐엉 씨는 요즘

보기 아침마다 당근 주스를 마신다.
1. 매일 30분씩 걷는다.
2. 물을 많이 마신다.
3. 저녁을 일찍 먹는다.
4. 11시 전에 잔다.
5. 주말마다 춤을 배운다.

보기

친구: 흐엉 씨, 날마다 당근 주스를 마셔요?
흐엉: 네, 당근이 변비에 **좋다고 해서** 아침마다 당근 주스를 마셔요.

2 -었다가/았다가/였다가²

- 백화점에 갔다가 초등학교 동창을 만났어요.
- 주말에 학교에 왔다가 영화 촬영하는 것을 봤어요.
- 책을 사러 서점에 갔다가 볼펜도 샀어요.
- 친구 사무실에 들렀다가 그 근처에서 점심을 먹었어요.

가: 어떻게 리나 씨랑 같이 와요? 같은 하숙집에 살아요?
나: 아니요, 편의점에 들렀다가 리나 씨를 만났어요.

가: 왜 이렇게 빵을 많이 샀어요?
나: 고기를 사러 마트에 갔다가 세일을 해서 많이 샀어요.

- 리나 씨 집에 재미있는 사진과 물건들이 있습니다. 보기 와 같이 이야기하십시오.

보기

친구: 남편 분은 어떻게 만났어요?
리나: 파리에 여행을 <u>**갔다가**</u> 거기에서 만났어요.

연습해 봅시다

- 보기 와 같이 이야기하십시오.

만난 사람	들은 이야기	간 곳
보기 남자 친구	제주도가 한국에서 제일 유명한 관광지이다.	제주도
① 이사랑	악기를 연주하면 스트레스를 풀 수 있다.	기타 학원
② 김연우	언어 교환을 하면 한국말이 빨리 는다.	언어 교환 모임

보기

가: 남자 친구를 어떻게 만났어요?

나: 제주도가 한국에서 제일 유명한 **관광지라고 해서** 제주도에 **갔다가** 거기에서 남자 친구를 만났어요.

MP3 / 36

2. 지난주에 모였다면 시간이 부족하지 않았을 거예요

- 위 그림에서 세 사람은 무엇을 준비하고 있습니까?
- 친구들과 같이 해야 할 일이 있을 때 어떤 방법으로 각자 할 일을 정합니까?

누리: 30일까지 과제 발표 준비를 다 할 수 있을까요?

피터: 지난주에 한 번 모였다면 시간이 이렇게 부족하지는 않았을 거예요.

제니: 준비를 다 하려면 다음 주에 적어도 두 번은 만나야 될 것 같아요.

누리: 우리 이대로 다시 만나지 말고 각자 자료 준비를 좀 하고 만나요. 월요일하고 목요일은 어때요?

제니: 저는 다음 주에 별일 없어요. 조사한 내용이 겹칠 수도 있으니까 월요일에 모여서 확인하면 되겠네요.

피터: 전 아르바이트 때문에 월요일은 불가능해요. 자신이 있는 건 아니지만 괜찮다면 하루 빠지는 대신에 제가 발표를 맡을게요.

과제 부족하다 적어도 이대로 자료 별일 불가능하다 자신

편하다	↔	불편하다
가능하다		불가능하다
친절하다		불친절하다
합격하다		불합격하다
확실하다		불확실하다
자연스럽다		부자연스럽다
정확하다		부정확하다
주의하다		부주의하다

• 빈 칸을 채우고 보기 와 같이 이야기하십시오.

1. 행복 식당은 종업원들은 친절한데 사장님이 (불친절해서)~~어서/아서/여서~~ 가기 싫어요.
2. 어제 여권 사진을 찍었는데 표정이 너무 (   ). 다시 찍고 싶어.
3. 저는 아직 운전면허증이 없어요. 운전면허 시험에 두 번이나 (   )거든요.
4. 우리 회사는 고등학교를 졸업한 사람만 지원이 가능해요. 현재 고등학교 3학년인 학생은 지원이(   ).
5. 운전기사의 (   )는/은/ㄴ 운전으로 많은 사람들이 다치는 사고가 일어났습니다.
6. 발표자의 발음이 너무 (   )어서/아서/여서 알아들을 수가 없어요.

보기

가: 에릭 씨, 앞 건물에 새로 생긴 식당에 가 봤지요? 어때요?

나: 음식은 맛있어요. 그런데 추천하고 싶지는 않아요. 종업원들은 친절한데 사장님이 너무 불친절해서 다시 가고 싶지 않거든요.

1 -었다면/았다면/였다면

- 존이 도와주지 않았다면 이 일을 다 끝내지 못했을 거예요.
- 비가 오지 않았다면 지난 일요일에 놀이공원에 갔겠지요.
- 내 키가 조금만 더 컸다면 나도 모델이 될 수 있었겠지?
- 제가 그 자리에 있었다면 하지 말라고 이야기했을 거예요.

가: 이튼 씨, 이 많은 일을 어떻게 다 끝냈어요?
나: 하늘 씨가 도와주지 않았다면 못 끝냈을 거예요.

가: 오늘 경기 결과가 대단한데요. 한 말씀 부탁드립니다.
나: 저 혼자 했다면 이런 결과는 없었을 겁니다. 도와주신 분들께 감사드립니다.

- 성공한 사업가의 인터뷰 기사입니다. 보기 와 같이 이야기하십시오.

보기 40년 전에 한국어를 공부했다. 그때 한국에 왔다.

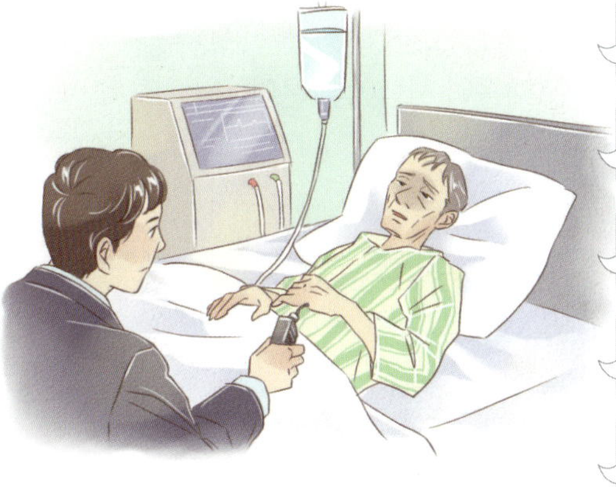

1. 늘 돈 벌 생각만 했다.
2. 건강을 생각하지 않고 일만 했다.
3. 가족과 함께 많은 시간을 보내지 못했다.
4. 성공만 생각하면서 일했다.
5. 아내의 말을 듣지 않았다.

보기

제가 40년 전에 한국어를 **공부하지 않았다면** 아마 한국에 오지 않았을 겁니다. 그때 제가 한국에 **오지 않았다면** 여기에서 사업을 하고 이렇게 성공하지도 못했을 거고요. 하지만 후회되는 일도 많습니다.

2 -을/ㄹ 수도 있다

- 금요일로 약속을 정하면 노리코 씨가 못 올 수도 있잖아요.
- 장마철이라서 비가 많이 내릴 수도 있으니까 날짜는 다시 잡읍시다.
- 레오 씨, 수업이 늦게 끝날 수도 있으니까 우리 2시에 만나요.
- 영수 씨, 회의가 끝나면 부장님이 회식을 하자고 하실 수도 있어요.

가: 에릭 씨, 7시쯤 회사 앞에서 기다릴까요?
나: 좀 늦을 수도 있으니까 제가 다시 연락드릴게요.

가: 패티 씨, 제가 여기에 있는 자료들만 찾아 가지고 오면 되지요?
나: 네, 잊어버릴 수도 있으니까 메모해 가지고 가세요.

- 며칠 후에 시험을 보는 누리와 제니입니다. 보기 와 같이 이야기하십시오.

친구: 왜 그렇게 스트레스를 받으면서 공부만 하니?

누리

보기 공부 안 한 내용이 시험에 나온다.
① 시험이 어렵다.
② 나만 불합격한다.

친구: 이렇게 놀기만 해도 돼?

제니

③ 공부한 것만 시험에 나온다.
④ 시험 문제가 쉽다.
⑤ 생각보다 시험을 잘 본다.

보기

친구: 왜 그렇게 스트레스를 받으면서 공부만 하니?
누리: 내가 공부 안 한 내용이 시험에 **나올 수도 있잖아**. 너무 걱정이 돼.

연습해 봅시다

- 보기 와 같이 이야기하십시오.

보기	1	2
나는 지난번 시험을 못 봐서 마음이 불안하다. 친구는 이번 시험이 생각보다 쉬울 거라고 말한다.	나는 어제 우산을 잃어버려서 가져오지 못했다. 그런데 비가 올 것 같다. 친구는 집에 도착할 때까지 비가 안 올 거라고 말한다.	나는 오늘 회의에 늦을까 봐 지하철을 탔다. 그래서 늦지 않았다. 회사 동료는 버스나 택시는 길이 막혀서 시간이 더 많이 걸렸을 거라고 말한다.

보기

가: 너 무슨 걱정 있니?
나: 응, 시험 때문에. 내가 지난번 시험을 좀 잘 **봤다면** 이렇게 불안하지는 않았을 거야.
가: 너무 걱정하지 마. 지난번 시험이 어려웠으니까 이번 시험은 **쉬울 수도 있잖아.**

복습

1 알맞은 단어를 골라서 (　　) 안에 쓰십시오.

과제　　정기 모임　　친분　　불확실하다

민수: 여보세요? 카이야, 오늘 저녁에 우리 온라인 동호회 ❶ (　　　　　)이/가 있는데 같이 갈래? 회원들이 서로 ❷ (　　　　　)이/가 있는 외국인 친구를 소개해 주기로 했거든.

카이: 가고 싶기는 한데 ❸ (　　　　　)을/를 못 끝냈어. 내일까지 내야 하는데 오늘 시간이 얼마나 더 걸릴지 ❹ (　　　　　)어서/아서/여서 대답을 못하겠어.

민수: 아직 못 한 게 많아?

겹치다　　들르다　　부자연스럽다　　부족하다　　적어도

카이: 쓰기는 다 썼는데 여기저기 표현이 ❺ (　　　　　)어서/아서/여서 고치려면 ❻ (　　　　　) 하루는 걸릴 것 같아.

민수: 혼자 하면 시간이 ❼ (　　　　　)는/은/을 것 같은데 내가 좀 도와줄까? 그럼 빨리 끝내고 동호회 모임에도 같이 갈 수 있을 거야. 내가 아침을 빨리 먹고 너희 기숙사에 잠깐 ❽ (　　　　　)을게/ㄹ게.

카이: 잠깐만, 아침에는 내 수업이랑 ❾ (　　　　　)어서/아서/여서 안 되는데 12시쯤 와 줄 수 있어?

2 다음 문법을 사용하여 문장을 완성하십시오.

-는다고 해서　　-었다가　　-었다면　　-을 수도 있다

지우: 이거 받으세요. 집에 오는 길에 백화점에 ❶ ________ 세일을 해서 샀어요.
(들르다)

엠마: 세일이라니요? 갑자기 무슨 세일을 해요?

지우: 정기 세일 기간은 아닌데 이번 주에 고객 감사 특별 세일을 한대요.

엠마: 정말요? 이번 주에 이렇게 ❷ ________ 지난주에 겨울 코트를 사지 않았을 거예요. 가격도 되게 비쌌는데요.
(세일을 할 줄 알다)

지우: 환불받으세요. 산 지 며칠 안 됐으니까 환불이 가능할 거예요.

엠마: 그러면 다행인데요. 참, 그런데 이건 뭐예요?

지우: 요즘 한국 화장품이 외국인들한테 ❸ ________ 사 봤어요. 엠마 씨 피부에 ❹ ________으니까/니까 손에 먼저 발라 보고 사용하세요.
(❸ 인기가 많다 / ❹ 안 맞다)

19과

놀이 문화

01 어렸을 때는 많이 했었는데 요즘은 잘 안 해요

대화 어휘 고궁, 덕수궁, 민속놀이, 윷놀이, 인원수, 맞다

확장 어휘 연날리기, 제기차기, 편, 날리다, 비기다, 이기다, 지다, 차다

문법 을 가지고

-었었다

02 같이 영화나 한 편 볼까요?

대화 어휘 삼삼오오, 신세대, 여가, 역할, 요새, 뛰어놀다, 빠지다[2], 확실히

확장 어휘 다다익선, 동문서답, 십중팔구, 이심전심, 일석이조, 횡설수설

문법 이나[4]

-을수록

MP3 / 37

1. 어렸을 때는 많이 했었는데 요즘은 잘 안 해요

- 아이들이 무엇을 하고 있습니까?
- 여러분 나라에는 어떤 전통 놀이가 있습니까? 요즘도 많이 합니까?

유키: 흐엉 씨, 설 연휴에 뭘 할 거예요? 아직 계획이 없으면 저하고 같이 덕수궁에 갈래요?

흐엉: 좋아요, 그렇지 않아도 연휴에 심심할 것 같았는데 잘됐어요.

유키: 설을 맞아서 고궁마다 여러 행사를 하는데 덕수궁에 가면 민속놀이를 할 수 있대요. 한국의 민속놀이를 해 본 적이 있어요?

흐엉: 아니요, 본 적도 없어요. 제 고향에서도 어렸을 때는 민속놀이를 많이 했었는데 요즘은 잘 안 해요.

유키: 저는 전에 한국 친구 집에 갔다가 '윷놀이'를 해 봤어요. 윷놀이는 윷을 가지고 하는 놀이인데 인원수가 많아도 모두 같이 할 수 있어요.

덕수궁　맞다　고궁　민속놀이　윷놀이　인원수

어휘

윷놀이

제기차기

연날리기

던지다

차다

날리다

이기다 지다

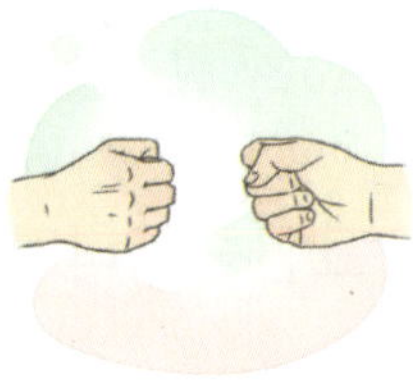

비기다

편을 나누다

- 친구들이 민속놀이를 합니다. 빈칸을 채우고 보기 와 같이 이야기하십시오.

보기

가: 지금 무슨 놀이를 해요?

나: ① (윷놀이를)을/를 해요.

가: ② (   )을/를 어떻게 나눴어요?

나: 빨간 편과 파란 편으로 나눴어요.

가: 누가 윷을 던졌어요?

나: 리타오 씨가 던졌어요.

가: 에릭 씨 편이 ③ (   )?

나: 아니요, 에릭 씨 편이 ④ (   ).

1 을/를 가지고

- 버리는 종이를 가지고 옷을 만들었어요.
- 100원을 가지고 뭘 살 수 있겠어요?
- 아키 씨 정도의 한국말 실력을 가지고 할 수 있는 일은 많지 않아요.
- 작은 실수를 가지고 너무 걱정하지 마세요.

가: 한국말을 잘하니까 한국 회사에 지원해 보세요.
나: 이 정도 실력을 가지고 한국 회사에서 일할 수 있을까요?

가: 이걸 모두 재활용품으로 만들었대요.
나: 버리는 물건을 가지고 이렇게 멋진 악기를 만들다니 대단하네요.

- 영빈 씨는 앞으로 무엇을 할지 고민중입니다. 보기 와 같이 이야기하십시오.

보기 반찬 가게를 해라.

통역 일을 해 봐라.

모은 돈으로 유학을 가라.

온라인 사업을 해라.

배우가 되어라.

모델이 되어라.

이영빈
키: 175cm

보기

친구: 영빈 씨는 요리를 잘하니까 반찬 가게를 해 보세요.
영빈: 이 정도 **요리 실력을 가지고** 가게를 할 수 있을까요?

2 -었었다/았었다/였었다

- 작년 여름에 제주도에 갔었어요.
- 한국에 오기 전에는 한국말로 인사도 못 했었어요.
- 어렸을 때는 제가 친구들보다 키가 컸었는데 지금은 제일 작아요.
- 지난주가 휴가였었는데 아파서 여행을 못 갔어요.

가: 이번 주말에 여자 친구와 놀이공원에 가려고 해요.
나: 저도 지난 주말에 갔었는데 날씨가 좋아서 놀기 좋았어요.

가: 매운 음식을 잘 드시네요.
나: 처음 한국에 왔을 때는 잘 못 먹었었는데 지금은 아주 좋아해요.

- 배우 미란다 씨가 기자와 인터뷰를 합니다. 보기 와 같이 이야기하십시오.

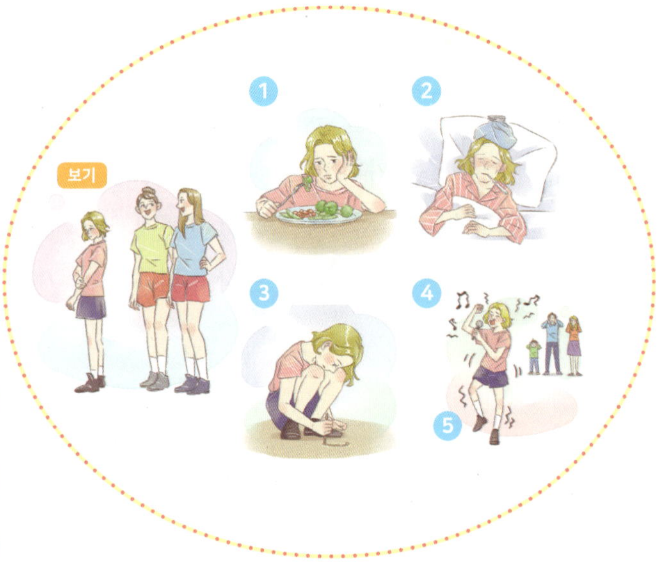

보기

기 자: 미란다 씨, 지금은 유명한 배우이신데 어렸을 때는 어떠셨습니까?
미란다: 지금은 키가 크지만 어렸을 때는 아주 **작았었어요**.

연습해 봅시다

● 보기 와 같이 이야기하십시오.

보기		회사원 마이클 씨는 컴퓨터가 너무 느려져서 서비스 센터에 갔다.
1		대학에 가고 싶은 고등학생 한나 씨는 입학할 때는 장학금을 받았지만 성적이 점점 떨어져서 고민이다.
2		혼자 사시는 이혜순 할머니는 한 달에 20만원으로 생활하신다. 가족과 같이 살 때는 생활이 어렵지 않았다.

보기

가: 손님, **이 컴퓨터를 가지고** 그동안 어떻게 일을 하셨습니까?

나: 저도 답답했습니다. 처음에는 **빨랐었는데** 이렇게 느려졌습니다.

가: 걱정하지 마십시오. 수리하면 빨라질 겁니다.

2. 같이 영화나 한 편 볼까요?

- 윤아 씨는 지금 무엇을 하고 있습니까?
- 여러분은 시간이 있을 때 보통 무엇을 합니까?

존 : 어렸을 때는 시간만 있으면 친구들하고 뛰어놀곤 했는데 갈수록 혼자 보내는 시간이 많아지네요.

윤아: 확실히 여가 시간을 혼자 즐기는 사람들이 많아졌어요. 스마트폰만 있으면 얼마든지 재미있는 시간을 보낼 수 있으니까요.

존 : 맞아요. 요새는 삼삼오오 모여서 노는 아이들도 보기 힘들어요. 스마트폰으로 즐기는 문화가 신세대를 대표하는 여가 문화가 됐어요.

윤아: 그렇죠? 게임에 빠지거나 스마트폰이 없으면 못 산다고 생각하는 친구도 많아요. 스마트폰이 가족이나 친구 역할도 대신해 주는 것 같아요.

존 : 그럼 우리 오늘은 스마트폰만 보지 말고 같이 영화나 한 편 볼까요?

뛰어놀다　확실히　여가　요새　삼삼오오　신세대　빠지다[2]　역할

다다익선	더 많으면 더 좋다.
동문서답	질문에 맞지 않는 이상한 대답을 한다.
삼삼오오	사람이 3~4명이나 5~6명 모여 있는 모습.
십중팔구	열에 여덟이나 아홉. 거의 대부분 그렇다.
이심전심	말하지 않아도 마음에서 마음으로 뜻이 전해진다.
일석이조	한 개의 돌을 던져 두 마리의 새를 잡는다.
횡설수설	아무 말이나 이렇게 했다가 저렇게 한다.

• 다음을 연결하고 보기 와 같이 이야기하십시오.

① 아이들이 여기저기 모여서 놀고 있어요.	십중팔구
② 발표할 때 너무 긴장해서 아무 말이나 하다가 내려왔어요.	다다익선
③ 영수 씨와 저는 말을 하지 않아도 서로의 마음을 잘 아는 사이예요.	동문서답
④ 스키장에서 아르바이트를 하면 진짜 좋아요. 스키도 타고 돈도 버니까요.	삼삼오오
⑤ 반 친구가 어느 나라에서 왔냐고 물었는데 20살이라고 대답했어요.	이심전심
⑥ 어머니, 당연히 삼만 원보다는 오만 원이 좋지요.	일석이조
⑦ 우디 씨는 오늘도 늦네요. 게임 때문에 못 일어났을 가능성이 커요.	횡설수설

보기

어제 집 앞 공원에 나온 아이들이 삼삼오오 모여서 노는 모습을 보면서 어렸을 때 친구들과 재미있게 보냈던 시간들을 생각했어요.

1 이나/나[4]

- 나는 집에 가서 숙제나 해야겠다.
- 안느 씨, 할 일도 없는데 우리 나가서 산책이나 할까요?
- 돈도 없는데 라면이나 먹어야겠어요.
- 도서관에 자리가 없네. 학생 휴게실에나 가 볼까?

가: 주디야, 시험도 끝났는데 넌 오늘 뭐 할 거야?
나: 집에 가서 잠이나 자려고. 시험 때문에 긴장해서 그런지 너무 피곤해.

가: 비가 계속 오네. 오늘은 진짜 놀이공원에 가고 싶었는데.
나: 그럼 우리 오늘은 극장에 가서 영화나 볼까?

- 친구들과 대화합니다. 보기 와 같이 이야기하십시오.

보기

유리: 비가 많이 와서 오늘 삼겹살 파티는 취소해야겠어.

유키: 그럼 뭘 하지? 바빠서 못 봤던 **드라마나** 볼까?

2 -을수록/ㄹ수록

- 한국말은 배울수록 재미있어요.
- 돈이 많을수록 걱정도 많아지는 것 같아요.
- 잠은 많이 잘수록 더 자고 싶어지는 것 같아요.
- 이 노래는 들으면 들을수록 좋은데요?

가: 패티 씨, 기분은 어때요? 좀 괜찮아졌어요?
나: 아니요. 생각할수록 화가 나요.

가: 레오 씨, 한국어 공부가 쉽지 않지요?
나: 네, 정말 배울수록 어려워지는 것 같아요.

• 보기 와 같이 질문을 만드십시오.

보기	게임, 쇼핑
1	돈, 친구
2	스트레스, 여드름
3	걸레, 수건
4	좋아하는 가수, 배우
5	아이스크림, 초콜릿

보기

가: 하면 **할수록** 더 하고 싶어지는 것은 무엇일까요?
나: 게임이에요.

연습해 봅시다

● 보기 와 같이 이야기하십시오.

보기	시간은 가는데 공부 때문에 받는 스트레스만 점점 더 쌓인다.
1	선배한테서 이유 없이 기분 나쁜 소리를 들었다. 다시 생각해 보니까 점점 화가 난다.
2	한국어를 공부한 지 1년이 됐는데 점점 더 어려워진다. 포기하고 싶다.

보기

가: 시간이 **갈수록** 공부 때문에 받는 스트레스만 점점 쌓이는 것 같아.

나: 너 많이 힘들구나. 우리 오늘 **노래방에나** 갈까? 가서 신나게 노래를 부르고 오면 기분이 좀 나아질 거야.

복습

1 알맞은 단어를 골라서 (   ) 안에 쓰십시오.

민속놀이	편	날리다	이기다	지다

누리: 주말에 덕수궁에서 하는 전통 놀이 체험 프로그램을 신청해 볼까?
제니: 그래? 지난 명절에 윷놀이 같은 실내에서 하는 ❶ (   )은/는 해 봤는데. 그건 어떤 프로그램이야?
누리: 한국의 전통 놀이를 게임으로 체험하는 프로그램이래. ❷ (   )을/를 나눠서 연날리기, 제기차기, 윷놀이를 하는데 ❸ (   )는/은/ㄴ 편한테 선물도 주나 봐. 너도 신청할래?
제니: 그래, 좋아. 나는 연을 ❹ (   )어서/아서/여서 어떻게 이기고 ❺ (   )는/은/ㄴ 게임을 하는지 궁금했거든. 꼭 해 보고 싶어.

고궁	요새	일석이조	확실히

제니: 한국에서는 경복궁이나 덕수궁 같은 ❻ (   )에 갈 때 한복을 입고 가면 무료로 들어갈 수 있다는 말을 들은 적이 있어. 그게 정말이야?
누리: 맞아. 우리도 한복을 빌려 입고 가 보자. ❼ (   ) 고궁이나 한옥 마을에 가면 한복을 입은 사람들이 많이 보이잖아. 고궁과 한복은 ❽ (   ) 잘 어울리는 것 같아. 한복을 입으면 특별해 보이기도 하고 무료로 구경도 할 수 있고. 이게 바로 ❾ (   )이네/네.

2 다음 문법을 사용하여 대화를 완성하십시오.

을 가지고	-었었다	이나	-을수록

선생님: 여러분은 윷놀이를 해 본 적이 있으세요? 한국의 대표적인 민속놀이인 윷놀이는 4개의 ❶ ______________ 하는 게임이랍니다.
(윷)

안 느: 제가 조사를 좀 해 봤는데요. 옛날에는 콩이나 돌 같은 작은 물건을 윷으로 ❷ ______________ 었대요/았대요/였대요.
(사용하기도 하다)

선생님: 맞아요. 나무로 만든 윷이 없어도 얼마든지 윷놀이를 할 수 있어요. 요즘은 윷을 사서 쓰니까 옛날과 같은 다양한 모양의 윷은 보기가 어렵지요.
❸ ______________ 찾아보기 힘들어지는 전통 놀이나 문화가 많아요.
(시간이 가다)

안 느: 선생님, 공부도 다 했는데 오늘은 ❹ ______________ 한번 해 볼까요?
(윷놀이)

재미도 있고 배운 내용이니까 의미도 있잖아요.
선생님: 좋아요. 그럼 우리 주변에 있는 물건으로 윷부터 만들어 볼까요?

20과

생활 정보

01 자주 이용하시는 모양이네요

대화 어휘 기능, 막차, 메모리, 앱, 전국, 필수, 놓치다, 다양하다, 살펴보다

확장 어휘 링거, 매니큐어, 멀티탭, 밴드, 블루투스, 쇼핑백, 아이쇼핑, 알레르기, 엠티, 오토바이, 오픈카, 추리닝, 카센터, 캠퍼스, 커닝, 콘센트, 파이팅, 플러그, 핸들, 휠체어

문법 -어 버리다
-는 모양이다

02 미리 알았다면 싸게 구할 수 있었을 텐데요

대화 어휘 덕분, 물가, 고생하다, 주고받다, 아끼다, 유익하다, 활용하다

확장 어휘 보험, 성적 증명서, 실생활 정보, 외국인 등록증, 입학 정보, 재학 증명서, 졸업 증명서, 지원서, 개통하다

문법 -었을 텐데요
만 하다

MP3 / 39

1. 자주 이용하시는 모양이네요

- 에릭 씨는 지금 무엇에 대해서 이야기하고 있습니까?
- 여러분은 휴대폰을 이용해서 어떤 정보를 찾아봅니까?

코넨: 막차가 올 시간이 지난 것 같은데 안 오네요. 1004번을 타야 하는데 버스를 놓쳤나 봐요.

에릭: 제가 확인해 볼게요. 코넨 씨는 '전국 버스 앱'을 안 쓰세요?

코넨: 네, 저는 보통 지하철만 타서요. 아주 가끔 버스를 이용하는데 휴대폰 메모리가 부족해서 얼마 전에 지워 버렸어요.

에릭: 그래요? 이건 진짜 편한데. 살펴보면 재미있는 기능도 많고 다양한 정보도 얻을 수 있거든요.

코넨: 에릭 씨는 '전국 버스 앱'을 자주 이용하시는 모양이네요.

에릭: 네, 저는 이 앱이 한국에서 버스를 이용하는 사람한테는 필수라고 생각해요. 아, 1004번 막차가 3분 후에 도착하네요.

막차　놓치다　전국　앱　메모리　살펴보다　기능　다양하다　필수

스마트폰	메모리, 앱, 블루투스, 배터리, 콘센트, 플러그, 멀티탭
학교생활	엠티, 파이팅, 커닝, 캠퍼스
쇼핑	추리닝, 매니큐어, 스타일, 아이쇼핑, 서비스, 쇼핑백
자동차	핸들, 오토바이, 렌터카, 오픈카, 카센터
의료	알레르기, 링거, 깁스, 휠체어, 밴드

- 보기 와 같이 빈칸에 알맞은 단어를 넣으십시오.

		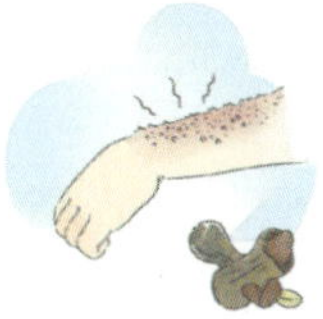	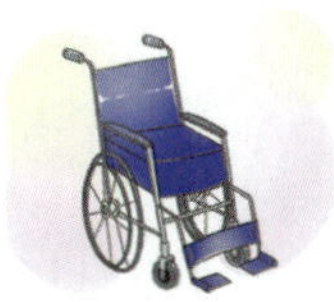	
보기 밴드	①	②	③	④
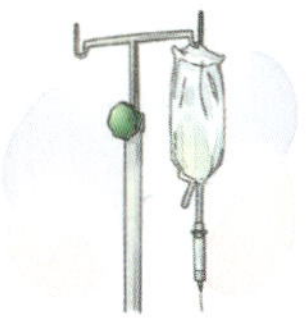		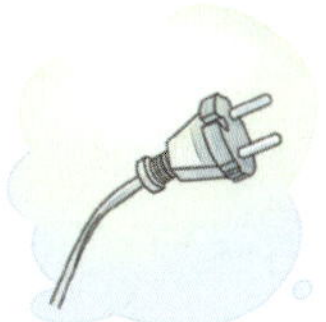		
⑤	⑥	⑦	⑧	⑨
	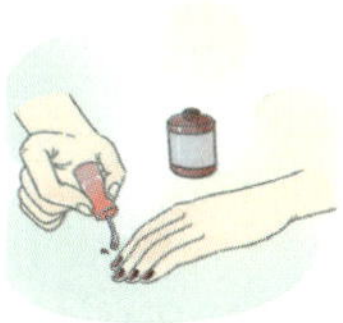			
⑩	⑪	⑫	⑬	⑭

1 -어/아/여 버리다

- 스타일을 바꾸고 싶어서 머리를 짧게 잘라 버렸어요.
- 너무 목이 말라서 동생의 물까지 제가 다 마셔 버렸어요.
- 깜박하고 신청을 못 했는데 신청 기간이 벌써 끝나 버렸대요.
- 비가 너무 많이 와서 학생들이 기다렸던 행사가 취소돼 버렸어요.

가: 어제 미선 씨하고 영화를 본다고 했잖아요. 재미있었어요?

나: 아니요, 미선 씨가 갑자기 집에 가 버려서 영화를 못 봤어요.

가: 제가 너무 화가 나서 마리아 씨한테 심한 말을 해 버렸는데 어떡하지요?

나: 직접 만나서 진심으로 사과해 보세요.

- 보기 와 같이 이야기하십시오.

보기

유미: 이제 남자 친구하고 만나지 않기로 했어요. 그래서 남자 친구가 준 향수를 친구한테 **쥐 버렸어요**.

2 -는/은/을 모양이다

- 실력이 점점 좋아지는 걸 보면 요즘 연습을 열심히 하는 모양이에요.
- 호명 씨 표정이 밝은 걸 보니 기분이 좋은 모양이에요.
- 경찰차가 앞에 있는 걸 보니 사고가 난 모양이에요.
- 하늘이 갑자기 흐려지는데요? 비가 올 모양이에요.

가: 출발할 시간이 다 됐는데 왜 안 올까요? 연락해 보세요.
나: 에디 씨가 좀 늦을 모양이에요.

가: 날이 이렇게 추운데 사람들이 빵집 앞에 줄을 서서 기다리고 있어.
나: 이 집 빵이 맛있는 모양이네. 우리도 먹어 볼까?

• 사람들이 모여 있습니다. 보기 와 같이 이야기하십시오.

보기

횡단보도를 건너다가 사고가 **난 모양이에요**.

연습해 봅시다

• 졸업한 학생들이 학교를 방문했습니다. 보기 와 같이 이야기하십시오.

보기	학생 식당 메뉴 중에 내가 좋아했던 국수가 없어졌다.
①	학교 건물 뒤에 있던 큰 나무들을 다 잘랐다.
②	학교 앞에 있던 작은 식당들이 커피숍으로 바뀌었다.

보기

가: 식당 메뉴 중에 내가 제일 좋아했던 국수가 **없어져 버렸네**. 오늘 학교에서 꼭 먹고 가려고 했는데.

나: 요즘 학생들은 국수를 안 **먹는 모양이야**.

2. 미리 알았다면 싸게 구할 수 있었을 텐데요

- 이 사이트에 들어가면 무엇을 알 수 있습니까?
- 여러분은 유학 생활에 도움이 되는 정보를 어디에서 찾습니까?

유키: 이제는 한국 생활에 좀 익숙해지셨어요?

탄람: 아니요, 아직 정신이 없어요. 고향보다 물가가 비싼 편이어서 돈도 아껴야 하는데 어떻게 해야 할지 모르겠어요.

유키: 저도 처음에는 모르는 게 많아서 고생했어요. 그래도 유학생 사이트 덕분에 유익한 정보를 많이 얻었어요.

탄람: 그런 사이트가 있어요?

유키: 네, 한국 생활에 대한 정보를 주고받는 곳인데 잘 활용하면 큰 도움이 돼요. 저는 거기에서 이 교실만 한 방을 아주 싸게 구했는데 깨끗하고 좋아요.

탄람: 저는 얼마 전에 가전제품을 새로 샀는데 꽤 비쌌어요. 이 사이트를 미리 알았다면 좀 더 싸게 구할 수 있었을 텐데요.

물가 아끼다 고생하다 덕분 유익하다 주고받다 활용하다

실생활 정보		
	보험에 들다	외국인 등록증을 신청하다

	휴대 전화를 개통하다	인터넷을 연결하다
입학 정보		
	지원서	재학 증명서

	성적 증명서	졸업 증명서

- 빈칸을 채우고 다음 표에 맞는 내용을 찾아서 이야기하십시오.

· ❶ (재학 증명서나)~~이나/나~~ ❷ (   ), 성적 증명서 등 필요한 서류를 준비합니다.
· 유학 비자를 받습니다.
· 은행에서 통장을 만듭니다.
· 도착한 후 90일 안에 ❸ (   )을/를 신청합니다.
· 다른 사람들과 연락하기 위해서 ❹ (   ).
· 사고가 났을 때 도움을 받기 위해서 ❺ (   ).
· 살 집에서 사용하기 위해서 인터넷을 연결합니다.
· 유학을 갈 학교에 보낼 ❻ (   )을/를 씁니다.
· 하숙집, 원룸 등 살 집을 구하고 계약합니다.

유학을 가기 전에 준비해야 할 일	유학을 간 나라에서 해야 할 일
· 하숙집, 원룸 등 살 집을 구합니다.	

1 -었을/았을/였을 텐데요

- 민수는 오늘 회사에서 회식이 있다고 했으니까 저녁을 먹었을 텐데요.
- 혜영 씨는 아까 수업이 끝났다고 했으니까 벌써 집에 도착했을 텐데요.
- 미리 예약을 했다면 이렇게 기다리지 않았을 텐데.
- 주말인데다가 날씨가 좋아서 놀이공원에 사람이 많았을 텐데요.

가: 우산이 없으면 미리 연락을 하지. 그랬으면 데리러 갔을 텐데.
나: 가까운 거리니까 괜찮을 거라고 생각했어.

가: 어제 콘서트 재미있었어요? 못 가서 너무 아쉬웠어요.
나: 네, 정말 좋았어요. 같이 갔으면 좋았을 텐데요.

- 경기에서 진 야구 선수들의 대화입니다. 보기 와 같이 이야기하십시오.

보기 다른 곳을 보고 있어서 공을 잡지 못했어.

1 공을 빠르게 못 던져서 다른 팀 선수가 홈런을 쳤어.

2 뛰다가 넘어져서 점수를 얻지 못했어.

3 마지막에 날아오는 공을 못 쳐서 졌어.

4 연습을 열심히 하지 않아서 실수했어.

5 팔을 다쳐서 오늘 경기에 나가지 못했어.

보기

선수1: 오늘 경기는 모두 열심히 했는데 결국 지고 말았어요.
선수2: 미안해요. 제가 다른 곳을 보고 있지 않았다면 공을 잡을 수 **있었을 텐데요**.

2 만 하다

- 우리 형은 키가 저만 해요.
- 이번에 새로 산 노트북은 이 공책만 한데 기능이 아주 많아요.
- 미영이 동생은 배우인데 얼굴이 주먹만 해요.
- 지나의 목소리가 모깃소리만 해서 발표 내용이 잘 들리지 않았어요.

가: 제임스 씨 고향은 얼마나 커요?
나: 우리 고향은 서울만 한 것 같아요. 그렇게 크지 않아요.

가: 새로 이사 간 곳은 어때?
나: 위치는 나쁘지 않은데 방이 손바닥만 해.

- 영민 씨가 새 회사에 대해서 이야기합니다. 보기 와 같이 이야기하십시오.

보기

가: 영민 씨, 이번에 새로 들어간 회사는 근무 조건이 어때요?
나: 다른 것은 다 좋은데 회사 월급이 **쥐꼬리만 해요**.

연습해 봅시다

● 보기 와 같이 이야기하십시오.

보기	지난 주말에 미선이의 집들이에 갔는데 미선이의 방 크기가 우리 거실 크기와 비슷했다. 친구는 회사 일 때문에 집들이에 오지 못해서 집들이에 대해 물었다.
①	친구가 새 노트북을 샀는데 내가 지난달에 산 노트북의 반 정도의 크기이다. 나는 조금 더 기다리지 않은 것을 후회하고 있다.
②	좋아하는 가수 '민아'의 콘서트에 다녀왔다. 아주 가까이에서 그 가수의 얼굴을 봤는데 정말 작았다. 친구는 그 이야기를 듣고 정말 가고 싶었다고 말했다.

보기

가: 미선이 집들이에는 잘 다녀왔어?

나: 응, 재미있었어. 그런데 집이 아주 넓고 좋았어. 미선이 방이 우리 집 거실만 했어.

가: 그래? 나도 정말 가고 싶었어. 회사 일이 빨리 끝났으면 갔을 텐데.

복습

1 알맞은 단어를 골라서 (　　) 안에 쓰십시오.

필수　고생하다　다양하다　아끼다

나는 한국에서 생활하고 있는 유학생에게 '한국 유학 정보 앱'이 ❶ (　　　　　　) 이라고/라고 생각한다. 이 앱에는 ❷ (　　　　　　)는/은/ㄴ 기능이 있어서 쇼핑이나 교통, 한국어 번역, 길 찾기 등이 필요할 때 언제든지 이용할 수 있다. 특히 쇼핑을 할 때 앱에 있는 할인 정보를 이용하면 싼 값에 물건도 사고 생활비도 ❸ (　　　　　　) 을/ㄹ 수 있다. 또 한국어를 잘 몰라도 ❹ (　　　　　　)지 않고 편하게 이 앱에서 직접 물건을 주문할 수도 있다.

활용하다　유익하다　살펴보다　주고받다

외국인 유학생들에게 주는 ❺ (　　　　　　)는/은/ㄴ 정보가 많아서 나와 학교 친구들은 모두 이 앱을 이용한다. 여가 시간을 ❻ (　　　　　　)을/ㄹ 수 있게 도와주는 동영상 자료가 많아서 나도 이 앱을 보면서 요가도 배우고 취미 활동도 즐긴다. 한국에서 생활하는 유학생들과 정보를 ❼ (　　　　　　)으면서/면서 친구가 될 수도 있다. ❽ (　　　　　　)을수록/ㄹ수록 정말 좋은 기능이 많은 앱이다. 아직 이 앱을 모르는 친구들에게 꼭 소개해 주고 싶다.

2 다음 문법을 사용하여 대화를 완성하십시오.

-어 버리다　-는 모양이다　-었을 텐데요　만 하다

에나: 조금 전에 접을 수 있는 최신 노트북을 사러 학생회관에 갔는데 노트북이 이미 다 팔렸다는 거예요. 그래서 결국 못 샀어요.

윤아: 저도 오전에 그 노트북을 구경했어요. 반으로 접으니까 노트북이 ❶ ＿＿＿＿＿＿ (공책) 던데요. 크기가 작아서 정말 깜짝 놀랐어요.

에나: 크기도 작고 가볍기도 해서 요즘 인기가 정말 ❷ ＿＿＿＿＿＿ (많다).

윤아: 예약 판매할 때 신청했으면 이번에 노트북을 ❸ ＿＿＿＿＿＿ (살 수 있다). 다음 달까지 기다려야겠네요.

에나: 너무 가지고 싶어서 노트북 값을 그냥 다 ❹ ＿＿＿＿＿＿ (계산하다) 고 왔어요. 정말 기대가 돼요.

부록

연습 문제
모범 답안(교재)
연습 문제 답안
색인(어휘·문법)

연습 문제

<1> 신청서를 확인하는 대로 연락을 드리겠습니다

어휘

1. 알맞은 단어를 골라서 (　　　) 안에 쓰십시오.

교육　　봉사　　다행이다　　문의하다　　알아듣다　　자세하다　　대강

1) TV에 광고가 나간 후 회사에 제품을 (　　　　　　)는/은/ㄴ 전화가 많이 왔다.
2) 나는 시간이 없어서 책상을 (　　　　　　) 정리하고 회사에서 나왔다.
3) 요즘 아이들은 어렸을 때부터 영어라든가 중국어 같은 외국어 (　　　　　　)을/를 많이 받는다.
4) 선생님은 학생들이 모르는 문제를 물어보면 (　　　　　　)게 설명을 해 주신다.
5) 그렇게 큰 사고였는데도 많이 다치지 않아서 정말 (　　　　　　).
6) 나는 일주일에 한 번 몸이 불편하신 노인들을 도와 드리는 (　　　　　　) 활동을 한다.
7) 드라마에 나오는 배우의 목소리가 너무 작아서 대사를 (　　　　　　)을/ㄹ 수 없었어요.

문법1 -는다고/ㄴ다고/다고 하던데

1. 다음을 연결하고 보기 와 같이 쓰십시오.

보기 리에 씨가 유학을 떠나요.	방학 동안 뭘 할 거예요?
1) 설악산의 단풍이 아름다워요.	작은 선물이라도 준비할까요?
2) 학교 앞 극장은 표가 매진됐어요.	한번 가 봅시다.
3) 학교 앞 사거리는 복잡해요.	다른 극장으로 가세요.
4) 정희 씨가 병원에 입원했어요.	같이 병문안을 갑시다.
5) 다음 주부터 방학이에요.	다른 길로 갈까요?

보기 리에 씨가 유학을 떠난다고 하던데 작은 선물이라도 준비할까요?

1) ______________________________
2) ______________________________
3) ______________________________
4) ______________________________
5) ______________________________

2. 보기 와 같이 대화를 완성하십시오.

보기 **가:** 우산을 안 가져가도 되겠지요?
나: 오늘 오후에 비가 온다고 하던데 우산을 가지고 가세요.

1) **가:** 이번 방학에 여행을 가려고 하는데 어디가 좋을까요?
나: ______________________________ 부산으로 가세요.

2) **가:** 오늘 저녁은 어디에서 먹을까?
나: ______________________________ 거기에 가 볼까?

3) **가:** 앨리 씨 생일이 모레인데 무슨 선물을 주면 좋을까요?
나: ______________________________ 크림을 선물하세요.

4) **가:** 요즘 피부가 안 좋아졌어요. 좋은 방법이 있을까요?
나: ______________________________

5) **가:** 너무 심심해요. 뭐 재미있는 거 없을까요?
나: ______________________________

문법2 -는 대로

1. 보기 와 같이 쓰십시오.

보기 비가 그쳐요. / 출발합시다.
→ 비가 그치는 대로 출발합시다.

1) 준비가 끝나요. / 연락해 주세요.
→ ______________________________

2) 월급을 받아요. / 노트북을 살 거예요.
→ ______________________________

3) 여행에서 돌아와요. / 은영 씨를 만나러 갈게요.
→ ______________________________

4) 청소를 끝내요. / 요리를 시작합시다.

→ ______

5) 시키신 일을 다 해요. / 과장님께 말씀을 드리겠습니다.

→ ______

2. 보기 와 같이 대화를 완성하십시오.

> 보기 **가:** 언제 전화해 줄 거예요?
> **나:** 회의가 끝나는 대로 전화를 하겠습니다.

1) **가:** 식사 후에 출발할까요?

나: 그럽시다. ______ 출발합시다.

2) **가:** 제가 보낸 책은 받으셨어요?

나: 아니요, ______ 연락을 드릴게요.

3) **가:** 수진 씨, 오늘 우리 탁구 동호회 모임이 있는 거 알지요? 퇴근하고 빨리 오세요.

나: 네, ______ 빨리 갈게요.

4) **가:** 미란 씨, 집들이는 언제 할 거예요?

나: 이삿짐을 ______

5) **가:** 예진 씨, 제 차를 타고 같이 가요. 제가 예진 씨를 태우러 집 앞으로 갈게요.

나: 고마워요. ______. 바로 나갈게요.

11과 <2> 힘들기는 하지만 외국인들에게 추천하고 싶어요

어휘

1. 알맞은 단어를 골라서 (　　　) 안에 쓰십시오.

기회	일상생활	템플 스테이	휴식	믿다	체험하다	추천하다

1) 날마다 같은 일을 하는 (　　　　　　)이/가 지루할 때가 있다.
2) 학교 근처에 맛있는 식당이 있으면 좀 (　　　　　　)어/아/여 주세요.
3) 저도 (　　　　　　)이/가 된다면 다른 나라로 유학을 가고 싶습니다.
4) 나는 영수 씨가 어제 나와 했던 약속을 지킬 거라고 (　　　　　　).
5) 국립 박물관에는 한국의 전통문화를 직접 (　　　　　　)는/은/을 수 있는 프로그램이 많다.
6) 미영 씨에게는 (　　　　　　)이/가 필요하니까 앞으로 며칠 동안은 무리하지 말고 푹 쉬세요.
7) 한국 문화를 배우기 위해 (　　　　　　)을/를 하는 외국인 관광객들이 늘고 있다고 한다.

문법1 -기는 하다

1. 다음을 연결하고 보기 와 같이 쓰십시오.

보기 가방이 예뻐요.	• ┈┈ •	노래를 잘 못 불러요.
1) 가수 선민이 춤을 잘 춰요.	•	• 맛있어서 자주 가요.
2) 한국 생활이 힘들어요.	•	• 좋아하지 않아요.
3) 하나 식당이 멀어요.	•	• 너무 비싸서 살 수 없어요.
4) 김치를 먹어요.	•	• 급한 일이 생겨서 못 갔어요.
5) 어제 파티에 가고 싶었어요.	•	• 재미있어요.

(보기: 가방이 예뻐요. — 너무 비싸서 살 수 없어요.)

보기 가방이 예쁘기는 하지만 너무 비싸서 살 수 없어요.

1) ______________________________
2) ______________________________
3) ______________________________
4) ______________________________
5) ______________________________

2. 보기 와 같이 대화를 완성하십시오.

> 보기 **가:** 떡볶이가 맵지 않아요?
> **나:** 맵기는 하네요. 그래도 자꾸 먹게 되는데요.

1) **가:** 어제 산 구두를 왜 안 신었어요? 아주 예뻤는데요.

나: ______________________________ 오늘 입은 옷하고 안 어울려요.

2) **가:** 대학교 때 전공으로 영문학을 공부했지요? 영어를 잘하시겠어요.

나: ______________________________ 잘 못해요.

3) **가:** 어제 갔던 파티는 어땠어? 음식 종류가 많았다고 들었어.

나: ______________________________. 그런데 맛있는 음식은 없었어.

4) **가:** 왜 당근을 다 빼고 먹니? 당근이 얼마나 건강에 좋은 음식인데.

나: ______________________________ 맛이 없어서 못 먹겠어요.

5) **가:** 지난주에 고등학교 동창의 피아노 연주회에 갔다면서? 어땠어?

나: ______________________________ 졸아서 음악을 제대로 듣지 못했어.

문법2 -다니

1. 보기 와 같이 쓰십시오.

> 보기 가현 씨가 가영 씨 언니이다. / 그게 정말이에요?
> → 가현 씨가 가영 씨 언니라니 그게 정말이에요?

1) 4월에 눈이 내린다. / 그게 사실이에요?

→ ______________________________

2) 갈비 5인분을 혼자 다 먹는다. / 믿을 수 없어요.

→ ______________________________

3) 가게 문을 8시에 닫는다. / 너무 일찍 닫는 거 아니에요?

→ ______________________________

4) 겨울에 꽃이 핀다. / 신기하네요.

→ ______________________________

5) 좋은 일을 이렇게 많이 한다. / 정말 대단하십니다.

→ ______________________________

2. 보기 와 같이 대화를 완성하십시오.

> 보기 가: 엄마가 어렸을 때는 날마다 2시간이나 걸어서 학교에 다녔어.
> 나: 2시간이나 걸어서 학교에 다니다니 정말 힘들었겠어요.

1) 가: 어제 뉴스에서 봤는데 한 자루에 30만 원인 볼펜이 있대요.

나: ______________________________ 너무 비싼 거 아니에요?

2) 가: 어제 친구와 만나기로 했는데 친구가 늦게 와서 1시간이나 기다렸어.

나: ______________________________ 그 친구가 너무 심한 거 아니야?

3) 가: '남자친구들'이 유럽에서 콘서트를 했는데 관람객이 2만 명이 왔다는 기사를 읽었어요.

나: ______________________________ '남자친구들'이 정말 인기가 많은가 봐요.

4) 가: 이번 졸업 시험에 합격한 사람이 거의 없다고 들었어요.

나: ______________________________ 정말 시험이 어려웠나 봐요.

5) 가: 내년에 대학교 학비가 많이 오를 거래요.

나: 지금도 비싼데 ______________________________

12과 <1> 가 볼 만한 곳 좀 추천해 주세요

어휘

1. 알맞은 단어를 골라서 (　　　) 안에 쓰십시오.

군데	등	안내서	안내원	전용	코스	넉넉하다

1) 더 싼 곳이 있을지 모르니까 한 (　　　　　　　)만 더 가 봅시다.
2) 발표하는 날까지 시간은 (　　　　　　　)으니까/니까 천천히 준비하세요.
3) 경주는 처음인데 어떤 (　　　　　　　)으로/로 여행 일정을 짜면 좋을까요?
4) 백화점에는 여성 (　　　　　　　) 주차장이 있어서 이용하기가 편리해요.
5) 요즘은 여행 (　　　　　　　)만 가지고 혼자 여행을 가는 사람들이 많아요.
6) 한국말을 배운 후에 고향에 돌아가서 관광 (　　　　　　　)이/가 되고 싶어요.
7) 식탁 위에는 불고기, 잡채, 갈비 (　　　　　　　) 맛있는 한식이 잔뜩 준비되어 있었다.

문법 1 -을/ㄹ 만하다

1. 보기 와 같이 쓰십시오.

보기 비빔밥을 드세요. 값도 별로 비싸지 않고 먹을 만해요.

1) 봄에 여의도에 가 봤어요? 벚꽃을 좋아하면 한번 ______________________
2) 티셔츠는 버리지 마세요. 유행은 좀 지났지만 아직 ______________________
3) 이 책을 한번 읽어 보세요. 내용이 어렵지 않아서 외국인도 ______________________
4) 미나 씨, 제 책상을 쓰시겠어요? 좀 오래됐지만 아직 ______________________
5) 톰 씨가 동아리 회장이 됐지요? 활동을 열심히 했으니까 회장이 ______________________

2. 보기 와 같이 대화를 완성하십시오.

보기 **가:** 서울에서 가 볼 만한 곳 좀 추천해 주세요.
나: 서울에서는 남산이 가 볼 만해요.

1) **가:** 주말에 관광을 하려고 하는데 어디가 괜찮아요?
나: 남이섬에 가 보세요. ______________________
2) **가:** 한국 문화 체험을 해 보고 싶은데 뭐가 좋을까요?
나: 김치 만들기를 해 보세요. ______________________

3) **가**: 요즘 볼 만한 드라마가 뭐예요?

나: ______________________________. 내용도 재미있고 주인공도 잘생겼어요.

4) **가**: 이 식당에서는 뭐가 맛있어요?

나: 값은 좀 비싸지만 ______________________________

5) **가**: 이 운동화는 버릴까요?

나: 아니요, 버리지 마세요. ______________________________

문법2 -는답니다/ㄴ답니다/답니다

1. 다음을 연결하고 보기 와 같이 쓰십시오.

보기 세종대왕	● ●	왕이 살던 집이다.
1) 추석	● ●	한글을 만들었다.
2) 경복궁	● ●	한국의 전통 음악이다.
3) 삼계탕	● ●	일 년 내내 경치가 아름답다.
4) 제주도	● ●	닭과 인삼으로 만들어서 건강에 좋다.
5) 판소리	● ●	한국의 명절인데 사람들은 보통 고향에 간다.

보기 세종대왕이 한글을 만들었답니다.

1) ______________________________

2) ______________________________

3) ______________________________

4) ______________________________

5) ______________________________

2. 보기 와 같이 대화를 완성하십시오.

보기 **가:** 경주는 어떤 곳이에요?
나: 경주는 역사가 1,000년이나 된 세계적인 유적지랍니다.

1) **가:** 왜 버스를 타지 않고 지하철을 타세요?

나: 지하철이 ______________________

2) **가:** 여기에서 사진을 찍는 사람이 많네요.

나: 여기는 ______________________

3) **가:** 과장님, 왜 이렇게 기분이 좋으십니까?

나: 이번에 우리 아들이 ______________________

4) **가:** 연휴에 여행을 가려고 하는데 어디에 가면 좋을까요?

나: ______________ 에 가세요. ______________

5) **가:** 여자 친구 생일인데 무슨 선물이 좋을까요?

나: ______________________

12과 <2> 부산이며 경주며 유명한 곳은 다 다녔어요

어휘

1. 알맞은 단어를 골라서 (　　　) 안에 쓰십시오.

대표적　　묵다　　여유를 갖다　　자유롭다　　찾아다니다

1) 이번 촬영이 끝나고 나면 혼자 (　　　　　　)게 여행을 좀 하고 싶습니다.
2) 김치와 된장은 한국의 (　　　　　　)인 전통 음식이에요.
3) 저는 유명한 식당을 (　　　　　　)으면서/면서 맛있는 음식을 먹어 보는 걸 좋아해요.
4) 평일이니까 호텔 예약을 안 하고 가도 (　　　　　　)을/ㄹ 곳이 많을 거예요.
5) 요즘이 제일 바쁠 때라서 주말에 잠깐 (　　　　　　)기도 힘드네요.

문법1 -을/ㄹ 뿐만 아니라

1. 보기 와 같이 쓰십시오.

보기 서울의 지하철은 깨끗해요. / 편리해요.
→ 서울의 지하철은 깨끗할 뿐만 아니라 편리해요.

1) 제주도는 경치가 아름다워요. / 공기도 깨끗해요.

→ ______________________________

2) 인터넷 예매는 간편해요. / 할인도 받을 수 있어서 좋아요.

→ ______________________________

3) 꿀맛 식당은 음식이 맛있어요. / 값도 싸서 항상 사람이 많아요.

→ ______________________________

4) 가수 제이는 노래를 잘 불러요. / 춤도 잘 춰서 인기가 많아요.

→ ______________________________

5) 대한 마트는 물건이 많아요. / 값도 싸서 자주 가요.

→ ______________________________

2. 보기 와 같이 대화를 완성하십시오.

보기 **가:** 호우 씨, 학교 앞에 생긴 우리 서점에 가 봤다면서요? 어땠어요?
나: 책이 많을 뿐만 아니라 서점 안에 카페도 있어서 아주 좋았어요.

1) **가:** 지나 씨, 왜 기숙사로 이사하셨어요?

나: 제가 살던 하숙집은 방값이 ____________________

2) **가:** 케빈 씨, 어제 뮤지컬을 봤다면서요? 어땠어요?

나: 음악이 ____________________

3) **가:** 저는 꿀맛 식당에서 밥을 먹는 게 편해요.

나: 저도요. ____________________

4) **가:** 아니타 씨, 지금 사용하고 있는 휴대폰은 어때요?

나: ____________________

5) **가:** 토니 씨, 버스도 편한데 왜 항상 지하철만 타세요?

나: ____________________

문법2 이며/며 이며/며

1. 보기 와 같이 쓰십시오.

보기 친구의 생일 파티 음식에 잡채 / 불고기 / 없는 게 없었어요.
→ 친구의 생일 파티 음식에 잡채며 불고기며 없는 게 없었어요.

1) 저는 고기 / 채소 / 골고루 다 잘 먹어요.

→ ____________________

2) 그 가게에는 옷 / 신발 / 마음에 드는 게 하나도 없었어요.

→ ____________________

3) 가수 이안은 노래를 부르는 모습 / 춤 / 모두 다 멋있어요.

→ ____________________

4) 주말에 놀러 가서 스키 / 수영 / 제가 좋아하는 운동은 다 즐겼어요.

→ ______________________________

5) 재성 씨는 공부 / 운동 / 못 하는 게 없어요.

→ ______________________________

2. 보기 와 같이 대화를 완성하십시오.

> 보기 **가**: 서울은 정말 멋진 도시인 것 같아.
> **나**: 응, 서울 타워며 경복궁이며 볼거리가 정말 많아.

1) **가**: 동대문 시장에 가 봤다면서요? 물건이 많아요?

나: ______________________________ 없는 게 없어요.

2) **가**: 우리 사무실 앞에 새로 생긴 분식집은 어때?

나: ______________________________. 너도 가 봐.

3) **가**: 미나 씨, 이따가 파티에 갈 때 뭘 사 가지고 갈까요?

나: ______________________________. 그냥 오세요.

4) **가**: 이번 방학에 여행을 가려고 하는데요. 제주도는 어때요?

나: ______________________________

5) **가**: 과장님, 김태하 씨는 정말 외국어 실력이 좋은 것 같습니다.

나: ______________________________

<1> 싸기도 하고 편리하기도 해서 자주 이용해요

어휘

1. 알맞은 단어를 골라서 (   ) 안에 쓰십시오.

가죽	안심	의류	고급스럽다	귀찮다	절약하다	그다지

1) (   )으로/로 만든 가방은 조금 무겁지만 튼튼하다.
2) 수술이 잘 끝났다는 이야기를 듣고 (   )이/가 됐어요.
3) 추울 줄 알고 옷을 두껍게 입었는데 (   ) 춥지 않았다.
4) 여행 경비를 (   )기 위해서 조금 싼 숙박 시설을 이용했어요.
5) 친구는 비싸지 않은 옷을 사도 (   )어/아/여 보이게 잘 입는 것 같아요.
6) 청소하기가 (   )어서/아서/여서 며칠 안 했더니 집이 너무 더러워요.
7) 다음 주부터 시내에 있는 여성 (   ) 매장에서 아르바이트를 하기로 했다.

문법1

만 못하다

1. 보기 와 같이 문장을 바꾸십시오.

보기 아파트가 단독 주택보다 살기 편해요.
→ 단독 주택이 아파트만 못해요.

1) 그 가수는 노래 실력이 춤 실력보다 좋아요.

→ ______________________________

2) 백 번 보는 것보다 직접 한 번 해 보는 게 나아요.

→ ______________________________

3) 이번에 나온 컴퓨터는 옛날 컴퓨터보다 화면도 크고 좋아요.

→ ______________________________

4) 행복 놀이공원이 하하 놀이공원보다 시설이 좋아요.

→ ______________________________

5) 리에 씨는 영어 실력보다 한국어 실력이 더 좋아요.

→ ______________________________

2. 보기 와 같이 대화를 완성하십시오.

보기 **가:** 회사 식당의 음식 맛은 어때요?
나: 회사 식당의 음식이 집에서 만들어 먹는 음식만 못해요.

1) **가:** 이 식당은 물냉면이 맛있어요? 비빔냉면이 맛있어요?
나: 외국인한테는 비빔냉면이 ________________. 좀 맵거든요.

2) **가:** 새로 이사를 간 집은 어때요? 살기가 좋아요?
나: 새로 이사를 간 집이 좀 시끄러워서 ________________

3) **가:** 쇼핑을 하려고 하는데 명동이 좋을까요? 남대문 시장이 좋을까요?
나: 명동에 가세요. ________________

4) **가:** 극장에 가지 말고 집에서 인터넷으로 영화를 보는 게 어때요?
나: 그냥 극장에 갑시다. ________________

5) **가:** 이번에 갔다 온 부산은 어땠어요? 제주도보다 좋았어요?
나: ________________

문법2 -기도 하다

1. 문장을 연결하여 보기 와 같이 쓰십시오.

보기 학교에 갈 때 버스를 타요. / 걸어서 가요.
→ 학교에 갈 때 버스를 타기도 하고 걸어서 가기도 해요.

1) 이제 고향으로 돌아간다고 생각하면 기뻐요. / 슬퍼요.
→ ________________

2) 아기 때문에 울어요. / 웃어요.
→ ________________

3) 주말에는 영화를 봐요. / 쇼핑을 해요.
→ ________________

4) 방학이 되면 친구들과 여행을 가요. / 혼자 놀아요.

→ ______________________________

5) 처음 혼자 가는 여행이라서 떨려요. / 기대가 돼요.

→ ______________________________

2. 보기 와 같이 대화를 완성하십시오.

보기 **가:** 시간이 있을 때는 보통 뭘 하세요?
나: 책을 읽기도 하고 음악을 듣기도 해요.

1) **가:** 기분이 안 좋을 때는 어떻게 하세요?

나: ______________________________ 컴퓨터 게임을 하기도 해요.

2) **가:** 보통 식사는 어떻게 하세요?

나: ______________________________ 나가서 사 먹기도 해요.

3) **가:** 실수를 했으면 먼저 사과를 해야지요.

나: ______________________________ 부끄럽기도 해서 전화를 못 하고 있어요.

4) **가:** 물건값이 싸서 인터넷 쇼핑을 하세요?

나: ______________________________

5) **가:** 친한 친구가 결혼할 때 기분이 어땠어요?

나: ______________________________

13과 <2> 택배비는 네가 내야 할걸

어휘

1. 알맞은 단어를 골라서 (   ) 안에 쓰십시오.

게시판　반팔　쇼핑몰　택배비　품질　환불　아깝다

1) 날씨가 더워져서 거리에 (   )을/를 입은 사람들이 많아졌다.
2) 부산에 계시는 부모님께 보내는 선물이 무거워서 (   )이/가 많이 들었어요.
3) 봉사 활동을 하고 싶으신 분은 학교 홈페이지의 (   )에 글을 남겨 주세요.
4) 주말에 특별히 하는 일도 없이 집에서 잠만 자니까 시간이 (   )는다는/ㄴ다는/다는 생각이 들었다.
5) 그 회사에서 만든 텔레비전은 (   )이/가 좋아서 10년이나 썼는데도 한 번도 고장이 나지 않았다.
6) 요즘은 사람들이 가게에 직접 가지 않고 편하게 물건을 주문할 수 있는 인터넷 (   )을/를 많이 이용한다.
7) 어제 산 옷이 작아서 교환하러 갔는데 한 치수 큰 옷이 없어서 (   )을/를 받았다.

문법1 -을걸요/ㄹ걸요

1. 알맞은 것을 골라서 보기 와 같이 쓰십시오.

교통이 복잡하다	윤아 씨는 알다
벌써 보다	30분 안에 갈 수 있다
예약을 꼭 해야 하다	집에 있다

보기 지금 출퇴근 시간이니까 교통이 복잡할걸요.

1) 에릭 씨는 오늘 출근을 안 한다고 했으니까 아마 ________________
2) 저는 유키 씨의 연락처를 모르지만 ________________
3) 여기에서 명동까지 길이 막히지 않으면 ________________
4) 그 식당은 인기가 많아서 ________________
5) 배우 박진욱이 나오는 영화라면 미영 씨는 ________________

2. 보기 와 같이 대화를 완성하십시오.

보기 **가:** 평일인데 놀이공원에 사람이 많을까요?
나: 요즘 방학이니까 사람이 많을걸요.

1) **가:** 시험이 끝나고 그 공연을 보려고 하는데 혹시 언제까지 하는지 아세요?
나: 시작한 지 아직 일주일밖에 안 됐으니까 ____________________

2) **가:** 김 선생님 가족을 길에서 우연히 만났는데 부인이 외국인이던데요.
나: 아마 ____________________. 선생님께서 아내에게서 독일어를 배웠다고 하신 걸 들은 적이 있어요.

3) **가:** 한영 씨에게 날마다 전화를 했는데 전화를 안 받아요.
나: 밤 10시쯤 전화하면 ____________________. 그 시간에 일이 끝나거든요.

4) **가:** 오늘 집에 오시는 분들은 점심을 드시고 오실까요?
나: 3시쯤에 오신다고 했으니까 점심은 ____________________

5) **가:** 샤오밍 씨를 못 봤어요? 할 이야기가 있는데 교실에 없네요.
나: 오늘 급한 일이 있다고 했으니까 ____________________

문법2 -거나 하면

1. 알맞은 것을 골라서 보기 와 같이 쓰십시오.

급한 일이 있어서 늦다	발이 불편하다
더 아프다	아파서 학교에 올 수 없다
더 주문할 음식이 있다	약을 먹어도 낫지 않다
마이크가 안 되다	전화가 자주 끊기다
리모컨 버튼이 잘 눌러지지 않다	치수가 맞지 않다
반찬이 더 필요하다	화면이 깨지다

보기 **휴대폰 수리 센터 직원:** 전화가 자주 끊기거나 화면이 깨지거나 하면 다시 오세요.

1) 노래방 직원: ______________________ 이야기해 주세요.

2) 식당 주인: ______________________ 말씀해 주세요.

3) 의사: ______________________ 다시 병원에 오세요.

4) 신발 가게 직원: ______________________ 언제든지 교환해 드립니다.

5) 선생님: ______________________ 꼭 저에게 이야기해 주세요.

2. 보기 **와 같이 대화를 완성하십시오.**

> 보기 **가:** 무엇을 하면 기분이 좋아져요?
> **나:** 맛있는 음식을 먹거나 좋아하는 노래를 듣거나 하면 기분이 좋아져요.

1) **가:** 언제 부모님 생각이 나요?

나: ______________________ 부모님 생각이 나요.

2) **가:** 요즘 일 때문에 스트레스가 많이 쌓였어요. 뭘 하면 스트레스가 풀릴까요?

나: 저는 ______________________ 스트레스가 풀려요. 한번 해 보세요.

3) **가:** 해야 할 일이 많은데 너무 졸린다.

나: 그럴 때는 ______________________ 잠이 깰 거야.

4) **가:** 친구들에게 화가 날 때가 있어요?

나: 네, 친구들이 ______________________ 화가 나요.

5) **가:** 이거 어제 산 옷이니까 교환이 되겠지?

나: 응, 그런데 ______________________ 교환이 안 될 거야.

14 <1> 행사 준비를 하느라고 잠을 못 잤어요

어휘

1. 알맞은 단어를 골라서 (　　　) 안에 쓰십시오.

밤새	양국	우정	젊은이	행사	나누다	데리다

1) 비가 와서 어린이날 (　　　　　　)이/가 취소되었습니다.
2) 저와 민수 씨는 20년 동안 (　　　　　　)을/를 나눈 사이입니다.
3) (　　　　　　) 눈이 내려서 길에 눈이 하얗게 쌓여 있어요.
4) 미정 씨는 날마다 강아지를 (　　　　　　)고 산책을 나갑니다.
5) 한 (　　　　　　)이/가 지하철에서 노인에게 자리를 양보했어요.
6) 미국과 러시아 (　　　　　　)의 관계가 차츰 회복되고 있습니다.
7) 기쁨과 슬픔을 함께 (　　　　　　)는 동안 두 사람의 사랑은 더 깊어졌다.

문법1 -느라고

1. 보기 와 같이 쓰십시오.

> 보기 은행에 들렀다가 왔어요. / 늦었어요.
> → 은행에 들렀다가 오느라고 늦었어요.

1) 요즘 발표 준비를 했어요. / 바빴어요.

→ ______________________________

2) 만화책을 봤어요. / 시간 가는 줄 몰랐어요.

→ ______________________________

3) 사전에서 단어를 찾았어요. / 선생님의 설명을 못 들었어요.

→ ______________________________

4) 주말에 친구 이사를 도와줬어요. / 쉬지 못했어요.

→ ______________________________

5) 제 동생은 친구들하고 놀아요. / 공부를 안 해서 걱정이에요.

→ ______________________________

2. 보기 와 같이 대화를 완성하십시오.

> 보기 **가:** 왜 이 시간까지 식사를 못 하셨어요?
> **나:** 밀린 일을 하느라고 바빴어요.

1) **가:** 왜 늦게 잤어요?
   나: 컴퓨터 게임을 ________________

2) **가:** 왜 약속 시간에 늦었어요?
   나: 지갑을 ________________

3) **가:** 지금 제 말을 잘 듣고 있어요?
   나: 미안해요. 잠깐 ________________

4) **가:** 지난 주말에 왜 파티에 안 오셨어요?
   나: ________________

5) **가:** 피곤해 보이세요.
   나: ________________. 책이 너무 재미있었거든요.

문법2 -는단/ㄴ단/단 말이에요?

1. 보기 와 같이 쓰십시오.

> 보기 3월이면 이제 봄인데 눈이 그렇게 많이 왔단 말이에요?
> (눈이 그렇게 많이 왔어요)

1) 내일 시험이 있는데 ________________
(학교에 안 가요)

2) 이제 겨우 5살인데 ________________
(그렇게 똑똑해요)

3) 마이클 씨가 혼자 삼겹살 ________________
(5인분을 먹어요)

4) 마흔 살이 넘었는데 ______________________________
(아직도 부모님과 같이 살아요)

5) 평범해 보이는데 저 사람이 ______________________________
(그렇게 유명한 배우예요)

2. 보기 와 같이 대화를 완성하십시오.

> 보기 **가:** '아름다운 가게'에 가면 코트 한 벌이 5,000원이래요.
> **나:** 옷을 그렇게 싸게 판단 말이에요?

1) **가:** 저는 가끔 새벽에 동대문 시장에 쇼핑을 하러 가요.
   나: ______________________________

2) **가:** 엠마 씨 동생이 다음 달에 콘서트를 하러 한국에 온대요.
   나: ______________________________

3) **가:** 한국 식당에서는 물이 무료예요.
   나: ______________________________

4) **가:** 제인 씨는 아시아며 아프리카며 안 가 본 곳이 없어요.
   나: ______________________________

5) **가:** 이거 우리 언니가 만든 과자인데 한 번 먹으면 계속 먹게 돼요.
   나: ______________________________

어휘

1. 알맞은 단어를 골라서 ( ) 안에 쓰십시오.

빈손 실용적 예의 가져가다 가져오다 주의하다 근데

1) 다음 주 모임 시간에는 내가 간식을 ( )을게/ㄹ게.
2) 다 같이 식사하고 있는데 식탁에서 코를 푸는 건 ( )이/가 없는 일이에요.
3) 친구 부모님 댁에 초대를 받아서 가는 건데 ( )으로/로 가려고요?
4) 언어 교환을 해 보고 싶었어요. ( ) 신청은 언제부터 할 수 있대요?
5) 여기 잡채를 좀 싸 놓았어요. 집에 갈 때 ( )으세요/세요.
6) 요즘은 디자인이 예쁜 제품보다는 ( )인 제품들이 인기가 많아요.
7) 이 약은 꼭 식사 후에 드셔야 하니까 복용 방법에 ( )으세요/세요.

문법 1 -어다가/아다가/여다가

1. 보기 와 같이 쓰십시오.

보기 소고기와 채소를 사 가지고 온다. / 불고기를 만들었어요.
→ 소고기와 채소를 사다가 불고기를 만들었어요.

1) 어제 빌린 책을 친구에게 가져간다. / 줬어요.

→ ______________________________

2) 집 근처 도서관에서 잡지를 빌려 온다. / 봤어요.

→ ______________________________

3) 이 과일 좀 할머니께 가져간다. / 드릴래?

→ ______________________________

4) 내일은 꼭 은행에서 돈을 찾아 가지고 온다. / 하숙비를 내야겠어요.

→ ______________________________

5) 은하 씨, 저 머리가 많이 아픈데 약 좀 사 가지고 온다. / 주시겠어요?

→ ______________________________

2. 보기 와 같이 대화를 완성하십시오.

> 보기 가: 고향에 가는데 할머니께 뭘 드리면 좋을까요?
> 나: 한국은 인삼이 유명하니까 인삼을 사다가 드리세요.

1) 가: 우리 내일 아침에는 뭘 먹을까?

나: 아침은 간단하게 빵하고 과일을 ________________

2) 가: 성빈아, 할아버지가 신문을 찾으신다. 책상 위에 있어.

나: 네, 제가 ________________

3) 가: 유나야, 먹을 것 좀 있어? 배가 많이 고파.

나: 나 지금 편의점에 갈 건데 ________________

4) 가: 재성아, 너도 심심하지? 우리 뭘 할까?

나: 그럼 집 앞 만화방에서 ________________

5) 가: 지난번에 네가 만들어 가지고 온 케이크가 맛있었는데.

나: 할머니, ________________

문법2 -다니요?

1. 보기 와 같이 쓰십시오.

> 보기 '와이밴드'가 우리 학교에 온다.
> → '와이밴드'가 우리 학교에 오다니요? 그게 사실이에요?

1) 눈이 온다.

→ ________________ 꽃도 피기 시작했는데 말도 안 돼요.

2) 삼계탕이 맵다.

→ ________________ 정말 이상하군요. 삼계탕은 매운 음식이 아닌데.

3) 졸업 여행을 못 간다.

→ ________________ 다 같이 갈 수 있는 마지막 여행이잖아요.

4) 내일 고향에 돌아간다.

→ ______________________________ 갑자기 무슨 일이에요?

5) 그 영화가 재미없다.

→ ______________________________ 저는 아주 재미있게 봤는데요.

2. 보기 와 같이 대화를 완성하십시오.

> 보기 **가**: 은하 씨, 방학에 해외여행을 간다면서요?
> **나**: 네? 제가 해외여행을 가다니요?

1) **가**: 은성이가 다음 달에 결혼한대.

나: ______________________________ 나한테는 여자 친구가 없다고 했는데?

2) **가**: 우리 학교에서 오늘 텔레비전 프로그램을 촬영한대요.

나: ______________________________ 그게 사실이에요?

3) **가**: '와이밴드' 콘서트 표가 벌써 매진이래요.

나: ______________________________ 판매를 시작한 지 5분도 안 됐잖아요.

4) **가**: 엘리베이터가 고장이 나서 계단으로 올라왔어요. 힘들어요.

나: ______________________________ 저는 조금 전에 타고 올라왔어요.

5) **가**: 이번 학기 기숙사 신청이 끝났대요.

나: ______________________________ 저는 오늘 신청하려고 했는데요.

15과 <1> 이제 보내기만 하면 돼요

어휘 **1. 알맞은 단어를 골라서 (   ) 안에 쓰십시오.**

그동안　　그만두다　　노력하다　　앞두다　　응원하다　　포기하다

1) 조금 더 (   )면 금방 실력이 좋아질 거예요. 너무 걱정하지 마세요.
2) 한국어 공부가 너무 힘들어서 (   )고 싶을 때도 많았어요.
3) 월급이 너무 적어서 지금 다니고 있는 회사를 (   )기로 했다.
4) 항상 옆에서 나를 (   )어/아/여 주시는 부모님께 감사드린다.
5) 입학시험 결과 발표를 하루 (   )고 너무 긴장이 돼서 잠을 자지 못했어요.
6) (   ) 저에게 도움을 주신 모든 분들께 감사드립니다.

문법1 -는/은/ㄴ 걸 보니

1. 보기 와 같이 문장을 바꾸십시오.

보기 전화를 안 받는다. / 지금 많이 바쁜가 봐요.
→ 전화를 안 받는 걸 보니 지금 많이 바쁜가 봐요.

1) 방에 불이 꺼져 있다. / 룸메이트가 아직 안 온 것 같네요.

→ ______________________________

2) 이튼 씨가 요즘 계속 늦게 퇴근한다. / 회사 일이 많은가 봐요.

→ ______________________________

3) 미나 씨가 계속 학교에 안 온다. / 무슨 일이 생긴 것 같아요.

→ ______________________________

4) 은하 씨가 자꾸 기침을 한다. / 감기에 걸린 것 같네요.

→ ______________________________

5) 하늘에 구름이 잔뜩 끼었다. / 집에 갈 때 우산이 필요할 것 같아요.

→ ______________________________

2. 보기 와 같이 대화를 완성하십시오.

보기 **가:** 우나 씨가 오늘 하루 종일 조네요.
나: 계속 조는 걸 보니 어제도 잠을 못 잤나 봐요.

1) **가:** 시험도 끝났는데 영미 씨 표정이 안 좋네요.
나: ________________ 시험을 잘 못 본 것 같아요.

2) **가:** 그룹 '남자친구들'의 중국 콘서트 표가 벌써 다 팔렸대요.
나: ________________ 중국에서도 인기가 많은가 봐요.

3) **가:** 요즘 저 배우가 광고에 많이 나오는 것 같아요.
나: ________________ 앞으로 영화에서 더 자주 보게 될 것 같네요.

4) **가:** 엄마, 옆집에 한국 병원에서 온 차가 서 있어요.
나: ________________

5) **가:** 저 식당은 항상 줄을 서서 기다리는 사람들이 많네요.
나: ________________

문법2 -기만 하면 되다

1. 보기 와 같이 쓰십시오.

보기 여행 가방을 다 챙겼어요. 이제 차에 싣기만 하면 돼요. (싣다)

1) 이 생선은 소금을 뿌린 후에 ________________ (굽다)

2) 다 썼어요. 이제 학생들에게 ________________ (나눠 주다)

3) 다 만들었어요. 이제 접시에 ________________ (담다)

4) 준비한 재료를 모두 넣고 나서 ________________ (끓이다)

5) 입학 서류는 다 챙겨 놓았으니까 ________________ (내다)

2. 보기 와 같이 대화를 완성하십시오.

걸다　넣다　담다　만들다　버리다　찾아오다

보기 **가:** 친구에게 줄 케이크는 다 만들었어요?
나: 네, 다 만들었어요. 이제 상자에 넣기만 하면 돼요.

1) **가:** 오늘 만들 요리의 재료는 다 준비하셨어요?
나: 네, 다 준비해 놓았어요. 이제 ______________________

2) **가:** 미나가 선물해 준 시계는 어디에 있어?
나: 상자에서 꺼내 놓았어. 이제 벽에 ______________________

3) **가:** 우나야, 버릴 물건이 많다면서? 정리하는 것 좀 도와줄까?
나: 아니야, 다 정리했어. 이제 ______________________

4) **가:** 엄마, 배고픈데 먹을 것 좀 주세요.
나: 네가 좋아하는 잡채를 좀 만들었어. ______________________

5) **가:** 비자는 신청했어요?
나: 네, 다 했어요. ______________________

15과 <2> 가게 일을 도와드리곤 했습니다

어휘

1. 알맞은 단어를 골라서 (　　　) 안에 쓰십시오.

경력　　구인 광고　　면접　　용돈　　관계없이　　내내

1) 장마철이어서 한 달 (　　　　　　) 비가 내렸다.
2) 이 보험은 나이에 (　　　　　　) 가입하실 수 있습니다.
3) 해외에서 일한 (　　　　　　)이/가 무역 회사에 들어갈 때 큰 도움이 되었다.
4) 어렸을 때 아버지께서는 내가 집안일을 도우면 (　　　　　　)을/를 주시곤 했다.
5) 다음 주에 중요한 (　　　　　　)이/가 있는데 어떤 질문이 나올지 몰라서 많이 긴장된다.
6) 학교 게시판에 도서관에서 아르바이트를 할 학생을 구한다는 (　　　　　　)이/가 붙어 있었다.

문법1 -곤 하다

1. 알맞은 것을 골라서 보기 와 같이 쓰십시오.

공부를 하다	바닷가로 여행을 가다
배달시켜서 먹다	자전거를 타다
여러 가지 음식을 만들다	찾아다니다

보기 방학이 되면 가족들과 함께 바닷가로 여행을 가곤 했어요.

1) 시험 기간에는 주말에도 친구들과 도서관에서 ____________________
2) 작년에는 요리에 관심이 많아서 집에서 ____________________
3) 회의가 많을 때는 밖에서 밥을 먹을 시간이 없어서 ____________________
4) 대학생 때 날씨가 따뜻하면 한강 공원에서 ____________________
5) 고향에 있을 때는 친구들과 유명한 커피숍을 ____________________

2. 보기 와 같이 대화를 완성하십시오.

보기 **가:** 우진 씨는 초등학교 때 친구들과 무엇을 하고 놀았어요?
나: 학교 운동장에서 축구를 하곤 했어요.

1) **가:** 수영 씨는 명동에 자주 오셨나 봐요. 길을 잘 아시네요.
나: 옛날에는 친구들과 자주 쇼핑을 하러 ______________ 는데/은데/ㄴ데 요즘은 잘 오지 않아요.

2) **가:** 흐엉 씨는 고향에 있을 때 주말에는 주로 뭘 하셨어요?
나: 저는 영화를 좋아해서 주말마다 ______________

3) **가:** 영미 씨 방에는 책이 정말 많네요. 이 많은 책을 모두 다 읽었어요?
나: 네, 저는 어렸을 때부터 시간이 나면 언제나 ______________

4) **가:** 진영 씨는 대학교 때 여자 친구와 주로 어디에서 데이트를 했어요?
나: 학교가 신촌에 있어서 신촌에서 ______________

5) **가:** 감기에 좋은 차가 있으면 좀 추천해 주세요.
나: 제가 감기에 걸리면 어머니께서 항상 ______________. 생강차를 한번 드셔 보세요.

문법2 -건 -건

1. 알맞은 것을 골라서 보기 와 같이 쓰십시오.

계시다/안 계시다	다 왔다/안 왔다
바쁘다/한가하다	재미있다/재미없다
좋다/싫다	친하다/안 친하다

보기 제가 맡은 일이 좋건 싫건 해야 하는 일이니까 최선을 다하고 있어요.

1) 같은 팀이니까 서로 ______________ 힘을 모아서 일을 끝내야 해요.

2) 사람들이 ______________ 시간이 됐으니까 회의를 시작해야지요.

3) 공부에 도움이 될 테니까 ______________ 그 수업을 꼭 들으세요.

4) 선생님께서 ______________ 관계없이 교실에서는 조용히 해야 해요.

5) 가현 씨는 ______________ 날마다 부모님께 전화를 드려요.

2. 보기 와 같이 대화를 완성하십시오.

보기 가: 경찰도 없는데 그냥 길을 건넙시다.
나: 경찰이 있건 없건 신호는 지켜야지요.

1) 가: 이렇게 비가 많이 오는데 밖에 운동하러 나가세요?
나: 네, 저는 ______________________ 날마다 달리기를 해요.

2) 가: 선생님, 제가 연습을 많이 하지 않아서 발표를 잘 못할 것 같은데요.
나: ______________________ 한번 해 보세요.

3) 가: 저는 머리가 짧으니까 수영 모자를 안 써도 되겠지요?
나: ______________________ 수영을 할 때에는 모자를 꼭 써야 해요.

4) 가: 엄마, 당근이 너무 맛없는데 좀 남기면 안 돼요?
나: 안 돼. ______________________ 채소는 다 먹어야지.

5) 가: 감자가 너무 비싼데 다른 재료로 만들면 안 될까요?
나: ______________________ 그 재료가 꼭 필요해요.

16과 <1> 서로 불편해질까 봐 그냥 모르는 척했어

어휘

1. 알맞은 단어를 골라서 (　　　) 안에 쓰십시오.

사고방식	상황	괴로워하다	까다롭다	말없이	몰래

1) 준수는 문 밖에서 친구들이 하는 이야기를 (　　　　　　) 들었다.
2) 우리는 서로 (　　　　　　)이/가 너무 달라서 대화가 안 돼요.
3) 동생에게 무슨 일이냐고 물었지만 동생은 (　　　　　　) 울기만 했어요.
4) 로라 씨 때문에 제가 다친 게 아니니까 너무 (　　　　　　)지 마세요.
5) 우리 언니는 입맛이 (　　　　　　)어서/아서/여서 아무 음식이나 먹지 않아요.
6) 제주도에 비가 많이 왔으니까 그곳 (　　　　　　)을/를 좀 알아보고 출발하세요.

문법1 -는/은/ㄴ 사이에

1. 보기 와 같이 쓰십시오.

보기 음식값을 계산했어요. / 가방이 없어졌어요.
→ 음식값을 계산하는 사이에 가방이 없어졌어요.

1) 제가 졸았어요. / 누가 제 지갑을 가져갔어요.

→ ______________________________

2) 제가 낮잠을 잤어요. / 눈이 왔나 봐요.

→ ______________________________

3) 제가 잠깐 은행에 갔어요. / 친구가 우리 집에 왔다 간 것 같아요.

→ ______________________________

4) 마트에서 잠깐 물건을 봤어요. / 아이가 없어졌어요.

→ ______________________________

5) 백화점 매장에서 옷을 입어 봤어요. / 전화가 왔어요.

→ ______________________________

2. 보기 와 같이 대화를 완성하십시오.

> 보기 **가:** 어떻게 하다가 자전거를 잃어버렸어요?
> **나:** 제가 잠깐 화장실에 갔다 오는 사이에 자전거가 없어졌어요.

1) **가:** 핸드폰을 어떻게 잃어버렸어?

나: 내가 도서관에서 잠깐 ____________________ 누가 가져간 것 같아.

2) **가:** 어제 늦게 들어갔는데 부모님한테 안 혼났어?

나: 응, 집 앞에서 기다리다가 ____________________ 몰래 들어갔어.

3) **가:** 강아지가 언제 나갔을까?

나: 아까 내가 옆집 언니하고 문 밖에서 잠깐 ____________________ 나간 것 같아.

4) **가:** 집에 있었는데 왜 소포를 못 받았어?

나: 책을 읽다가 잠깐 ____________________ 배달하는 아저씨가 다녀가셨나 봐.

5) **가:** 집에 있던 돈이 다 없어졌다면서요?

나: 오후에 잠깐 ____________________ 집에 도둑이 들어와서 가져간 것 같아요.

문법2 -는/은/ㄴ 척하다

1. 보기 와 같이 쓰십시오.

> 보기 저는 영화가 재미없는데 재미있는 척했어요.

1) 친구가 길을 잘 모르는데 ____________________

2) 동생이 안 자는데 ____________________

3) 저는 돈이 없는데 ____________________

4) 리에 씨는 외로운데 ____________________

5) 청청 씨는 저녁을 먹었는데 ____________________

2. 보기 와 같이 대화를 완성하십시오.

> 보기 **가:** 친구 파티에 가기 싫은데 어떻게 하면 좋을까요?
> **나:** 친구한테 전화해서 아픈 척하세요. 그럼 집에서 쉬라고 할 거예요.

1) **가:** 왜 정희 씨한테 인사를 안 해요?

나: 정희 씨가 저를 본 것 같은데 ______________________ 어서/아서/여서 저도 인사를 안 했어요.

2) **가:** 어떤 남자가 10년 동안 ______________________ 으면서/면서 환자를 치료했대요.

나: 어떻게 그런 일이 가능해요?

3) **가:** 저는 찬우 씨가 축구를 잘하는 줄 알았어요.

나: 미안해요. 잘 못하는데 멋있어 보이고 싶어서 ______________________

4) **가:** 많이 다쳤네요. 왜 바로 병원에 가지 않았어요?

나: 친구가 미안해할까 봐 많이 아팠지만 ______________________

5) **가:** 어제 방 친구 때문에 기분 나쁜 일이 좀 있었는데 그냥 웃었어요.

나: ______________________ 지 말고 기분이 나쁘면 나쁘다고 말하세요.

16과 <2> 한국어로 일기를 써 보지 그래?

어휘

1. 알맞은 단어를 골라서 (   ) 안에 쓰십시오.

고민	사실	점수	걱정스럽다	자연스럽다	쓸데없이	틀림없이

1) 시험 (   )이/가 너무 나빠서 제가 입학하고 싶은 학교에는 못 갈 것 같아요.
2) 지금 밖에서 떠들고 있는 사람은 (   ) 줄리 씨일 거예요.
3) 졸업 후에 대학원에 가야 할지 취업을 해야 할지 정말 (   )이에요/예요.
4) 시험도 얼마 안 남았는데 (   ) 걱정만 하지 말고 열심히 공부 해라.
5) (   ) 저는 그분을 잘 몰라요. 그냥 인사만 하는 사이거든요.
6) 나이 어린 아이를 외국으로 유학 보내려고 하니까 정말 (   ).
7) 어떻게 연습하면 너처럼 한국어 발음이 (   )어/아/여 질까?

문법1 -지 그래요?

1. 보기 와 같이 쓰십시오.

보기 공원에 가서 산책을 한다.
→ 공원에 가서 산책을 하지 그래요?

1) 방 친구한테 깨워 달라고 부탁한다.

→ ______________________________

2) 아침마다 사과를 먹어 본다.

→ ______________________________

3) 간식을 줄이고 운동을 시작한다.

→ ______________________________

4) 계속 기다리지 말고 전화라도 해 본다.

→ ______________________________

5) 궁금해 하지만 말고 선생님께 물어본다.

→ ______________________________

2. 보기 와 같이 대화를 완성하십시오.

> 보기 **가:** 한국말 실력이 늘지 않아서 걱정이에요.
> **나:** 그럼 언어 교환 프로그램을 신청하지 그래요?

1) **가:** 한국 회사에서 일하고 싶은데 어디에서 알아봐야 할지 모르겠어요.

   나: 학교 상담실에 가서 ____________________?

2) **가:** 요즘 룸메이트가 방에서 기타 연습을 해서 공부하기가 힘들어요.

   나: ____________________? 근처에 좋은 곳이 많아요.

3) **가:** 지금 사는 집이 너무 멀어서 학교 다니기가 힘들어요.

   나: ____________________? 학교에서 가깝고 주인아주머니도 아주 친절하세요.

4) **가:** 오늘은 아침부터 계속 머리가 아프네요. 약을 먹어도 낫지 않아요.

   나: ____________________

5) **가:** 요즘 부모님이 주시는 생활비만으로는 생활하기가 힘들어요.

   나: ____________________

문법2 -거든

1. 알맞은 것을 골라서 보기 와 같이 쓰십시오.

핸드폰에 문제가 생기다	잠이 안 오다
옷이 마음에 안 들다	아이가 집에 오다
한국에 도착하다	약을 먹어도 낫지 않다

> 보기 한국에 도착하거든 바로 엄마한테 연락해라.

1) ____________________ 서비스 센터로 바로 연락하세요.

2) ____________________ 병원에 꼭 가 보세요.

3) ____________________ 이 음악을 들어 보세요.

4) ____________________ 집 근처 백화점 매장에 가서 바꾸세요.

5) ____________________ 샤워를 시키고 옷을 갈아입혀 주세요.

2. 보기 **와 같이 대화를 완성하십시오.**

> 보기 **가:** 서울에서 부산까지 운전해서 가려면 5시간은 걸릴 거예요.
> **나:** 운전하다가 피곤하거든 무리하지 말고 꼭 쉬었다가 가세요.

1) **가:** 저 다음 주말에 이사해요. 이사할 준비도 거의 다 했어요.

   나: ______________________________ 저한테 꼭 말하세요.

2) **가:** 과장님, 공장에서 회의가 늦게 끝나면 어떻게 할까요?

   나: ______________________________ 다시 회사로 들어오지 말고 퇴근하세요.

3) **가:** 누리 씨, 그냥 가려고요? 안나 씨가 금방 올지도 모르는데.

   나: 연락이 안 되잖아요. ______________________________

4) **가:** 엄마, 제니의 생일 파티에 갔다 올게요. 좀 늦을지도 몰라요.

   나: ______________________________

5) **가:** 신입생 오리엔테이션이 끝나면 어떻게 해야 되나요?

   나: ______________________________

17과 <1> 근무 조건도 좋고 해서 지원해 보려고 합니다

어휘

1. 알맞은 단어를 골라서 (   ) 안에 쓰십시오.

번역　복사기　추천서　통역　갑작스럽다　귀하다　수입하다

1) 대학원에 입학하기 위해서는 교수님의 (   )이/가 필요하다.
2) 커피의 소비가 늘면서 한국은 매년 많은 양의 커피를 (   )고 있다.
3) 우리 사무실에 있는 (   )이/가 고장이 나서 옆 건물까지 갔다가 왔다.
4) 소설책을 다른 나라 언어로 (   )을/를 하는 것은 쉬운 일이 아니다.
5) 나는 이번에 국제회의에서 중국말을 한국말로 (   )을/를 하는 일을 맡았다.
6) 오늘 박물관에 들어온 책은 500년 전에 쓰인 아주 (   )는/은/ㄴ 책이다.
7) 유명한 배우와 가수의 (   )는/은/ㄴ 결혼 발표에 많은 사람들이 놀랐다.

문법1 -을지 모르겠다

1. 알맞은 것을 골라서 보기 와 같이 쓰십시오.

수리가 가능할까?	버스가 다닐까?
합격할 수 있을까?	물건이 남아 있을까?
교수님이 나를 알아보실까?	민수 씨가 그 일을 기억할까?

보기 오래 전에 나온 제품이라서 수리가 가능할지 모르겠어요.

1) 너무 오랜만에 만나는 거라서 ____________________
2) 시험을 준비한 기간이 짧아서 ____________________
3) 5년 전의 일인데 ____________________
4) 눈이 너무 많이 와서 ____________________
5) 요즘 인기가 많은 상품이라서 ____________________

2. 보기 와 같이 대화를 완성하십시오.

보기 가: 지금 학교에 가면 선생님을 뵐 수 있을까요?
나: 수업이 끝나서 선생님이 학교에 계실지 모르겠어요.

1) 가: 미선 씨에게 같이 식사를 하자고 연락해 볼까요?
나: 미선 씨가 요즘 바빠서 ______

2) 가: 지은 씨를 오늘 저녁 파티에 초대했는데 올까요?
나: 지은 씨는 매일 저녁 아르바이트를 하고 있어서 ______

3) 가: 아이에게 이 책을 사 주려고 해요.
나: 어려운 단어가 많아서 ______

4) 가: 오늘 외국 손님들이 오신다면서요? 음식 준비 때문에 힘들었겠어요.
나: 열심히 만들었는데 한국 음식이 ______

5) 가: 일이 많아 보이는데 내일까지 다 할 수 있겠어요?
나: ______

문법 1 -고 해서

1. 알맞은 것을 골라서 보기 와 같이 쓰십시오.

짐이 많다	값이 싸다
몸이 안 좋다	교통이 불편하다
음악이 너무 시끄럽다	물어볼 것이 있다

보기 짐도 많고 해서 택시를 탔어요.

1) ______ 커피숍에서 나왔어요.
2) ______ 집에서 푹 쉬었어요.
3) ______ 학생 식당에 자주 가요.
4) ______ 리에 씨에게 전화를 했어요.
5) ______ 다른 동네로 이사를 했어요.

2. 보기 와 같이 대화를 완성하십시오.

> 보기 **가:** 왜 휴대폰을 바꾸셨어요?
> **나:** 소리도 잘 안 들리고 해서 휴대폰을 바꿨어요.

1) **가:** 왜 회사 근처 식당에 자주 가세요?

나: ______________________ 자주 가요.

2) **가:** 운동을 시작하셨다면서요?

나: 네, ______________________ 운동을 시작했어요.

3) **가:** 일찍 퇴근하시네요.

나: 네, ______________________ 일찍 퇴근하려고요.

4) **가:** 왜 요즘 친구들을 안 만나요?

나: ______________________

5) **가:** 회사를 옮기셨다면서요?

나: ______________________

17과 <2> 그럼 처음부터 솔직하게 말하지

어휘

1. 알맞은 단어를 골라서 (   ) 안에 쓰십시오.

갚다　꾸다　섭섭하다　솔직하다　실망하다　후회하다

1) 친한 사람한테서라도 큰돈을 (   )는/은/ㄴ 것은 쉽지 않은 일이다.
2) 친구가 빌린 돈을 (   )지 않아서 어떻게 말해야 할지 고민이에요.
3) 1년 동안 함께 공부했던 친구들과 이제 다시 만날 수 없다니 정말 (   ).
4) 이번 달에 쓸 돈이 별로 없다. 그래서 필요하지 않은 물건을 많이 산 것을 (   )고 있다.
5) 나는 대학에 가고 싶지 않다고 부모님께 (   )게 내 생각을 말했다.
6) 나는 최선을 다해서 준비한 시험에 떨어지게 되어서 매우 (   ).

문법1 -지

1. 알맞은 것을 골라서 보기 와 같이 쓰십시오.

남겨 놓다	도와주다
미리 연락하다	병원에 가다
술을 많이 마시지 말다	참다

보기 그렇게 아프면 집에서 쉬지 말고 병원에 가지.

1) 혼자 다 하느라고 힘들었는데 나 좀 ______________________________
2) 약속 시간에 늦게 도착할 것 같으면 ______________________________
3) 나도 케이크를 좋아하는데 다 먹지 말고 내 것도 ______________________________
4) 아침 일찍 수업도 있는데 어제 ______________________________
5) 아이가 아직 어린데 화가 나도 좀 ______________________________

2. 보기 와 같이 대화를 완성하십시오.

보기 **가:** 평소에 운동을 안 하다가 어제 갑자기 무리하게 운동을 해서 허리가 좀 아파.
나: 오랜만에 하는 운동인데 무리하지 말지.

1) **가:** 집에서 늦게 나와서 2시 기차를 못 탔어.

나: 준비를 좀 ____________________

2) **가:** 과장님이 이번 행사를 나에게 맡기셨어. 다른 일도 많아서 그 일을 할 시간이 있을지 모르겠어.

나: 시간이 없으면 ____________________

3) **가:** 오늘 옷을 얇게 입고 나왔는데 날씨가 생각보다 춥다.

나: ____________________

4) **가:** 시험공부 때문에 저녁에 커피를 3잔 마셨는데 잠이 안 와서 결국 잠을 못 잤어.

나: ____________________

5) **가:** 어제 백화점에 갔는데 세일을 하고 있는 거야. 그래서 겨울 코트를 하나 샀어.

나: 나도 마침 겨울 코트가 필요했는데 ____________________

문법2 -을/ㄹ 텐데요

1. 알맞은 것을 골라서 보기 와 같이 쓰십시오.

건강에 안 좋다	눈이 나빠지다
늦다	더 잘하다
비싸다	자리가 없다

보기 새로 나온 제품이면 비쌀 텐데요.

1) 조금만 노력하면 지금보다 ____________________

2) 음식을 짜게 먹으면 ____________________

3) 지금 일어나서 준비하지 않으면 학교에 ____________________

4) 미리 예매하지 않으면 ____________________

5) 그렇게 가까이에서 텔레비전을 보면 ____________________

2. 보기 와 같이 대화를 완성하십시오.

> 보기 **가**: 존 씨 주소를 아는 사람이 있어요?
> **나**: 아마 올리비아 씨가 알 텐데요.

1) **가**: 조 씨가 내일 모임에 올까요?

   나: 요즘 회사에 일이 많다고 했으니까 ______________________

2) **가**: 아직 3시가 안 됐지? 잠깐 밖에 나갔다 와도 될까?

   나: 손님들께서 조금 일찍 오신다고 하셨어. 이제 곧 ______________________

3) **가**: 텔레비전을 사려고 하는데 백화점에서 사는 게 좋을까?

   나: 인터넷에서 찾아보는 게 어때? 백화점보다 더 ______________________

4) **가**: 호주에 사는 친구에게 국제 전화를 하려고 하는데 지금 전화해도 될까?

   나: 그럼 4시간 후에 전화하는 게 어때? 호주 시간으로 지금은 밤이라 ______________________

5) **가**: 내일 집들이를 하는데 음식은 이 정도만 준비하면 되겠지?

   나: 리타오가 생각보다 많이 먹을 거야. 더 준비하지 않으면 아마 ______________________

18과 <1> 쇼핑하러 갔다가 그 식당에 들른 적이 있어요

어휘 **1. 알맞은 단어를 골라서 ( ) 안에 쓰십시오.**

맛집 별미 양 겹치다 들르다 꽤

1) 여름에는 물김치에 말아 먹는 국수가 (   )이에요/예요.
2) 가격에 비해서 방이 (   ) 넓고 시설이 좋았다.
3) 퇴근하는 길에 마트에 (   )어서/아서/여서 먹을 것 좀 사 가지고 와.
4) 친구 결혼식이 가족 행사와 일정이 (   )어서/아서/여서 못 가게 됐어요.
5) 여기는 방송에도 나온 유명한 (   )이라서/라서 예약을 꼭 해야 해요.
6) (   )보다 질이라고 맛없는 걸 많이 먹는 것보다 맛있는 걸 조금 먹는 게 낫다.

문법 1 -는다고/ㄴ다고/다고 해서[1]

1. 보기 와 같이 쓰십시오.

보기 설악산 단풍이 아름다워요. / 주말에 한번 가 보려고 해요.
→ 설악산 단풍이 아름답다고 해서 주말에 한번 가 보려고 해요.

1) 여름에는 삼계탕이 건강에 좋아요. / 삼계탕을 먹으러 가요.

→ ______________________________

2) 키위를 넣으면 고기가 부드러워져요. /키위를 사 왔어요.

→ ______________________________

3) 처음 가는 집에 빈손으로 가면 예의가 아니에요. / 꽃을 준비했어요.

→ ______________________________

4) 외국인도 건강 보험에 들 수 있어요. / 알아보고 있어요.

→ ______________________________

5) 추석 연휴에는 국립 미술관 입장료가 무료예요. / 미술관에 갈까 해요.

→ ______________________________

2. 보기 와 같이 대화를 완성하십시오.

보기 가: 채소를 왜 이렇게 많이 샀어요?
나: 채소가 건강에 좋다고 해서 많이 먹으려고요.

1) 가: 주말에 뭘 할 거예요?
나: ______________________ 집에서 쉴 거예요.

2) 가: 저녁을 왜 이렇게 적게 드세요?
나: ______________________ 조금만 먹어요.

3) 가: 국이 너무 싱겁지 않으세요?
나: ______________________ 싱겁게 먹어요.

4) 가: 어디에서 쇼핑을 할 거예요?
나: ______________________

5) 가: 이번 휴가는 어디로 갈 거예요?
나: ______________________

문법2 -었다가/았다가/였다가[2]

1. 보기 와 같이 쓰십시오.

보기 백화점에 갔어요. / 세일을 해서 많이 샀어요.
→ 백화점에 갔다가 세일을 해서 많이 샀어요.

1) 마트에 우유를 사러 갔어요. / 옛날 남자 친구를 만났어요.
→ ______________________

2) 친구를 따라서 서점에 갔어요. / 저도 책을 샀어요.
→ ______________________

3) 친구 부모님 댁을 방문했어요. / 친구 여동생을 만났어요.
→ ______________________

4) 필통을 사려고 문방구에 들렀어요. / 볼펜만 하나 샀어요.

→ ____________________

5) 언니가 태권도 하는 것을 보러 갔어요. / 저도 같이 배우게 됐어요.

→ ____________________

2. 보기 와 같이 대화를 완성하십시오.

보기 **가:** 웬 가방이에요?
나: 책을 사러 서점에 들렀다가 실용적일 것 같아서 하나 샀어요.

1) **가:** 남자 친구를 어디에서 만났어요?

나: ____________________ 거기에서 만났어요.

2) **가:** 고기는 사왔어요?

나: 미안해요. ____________________ 깜빡 잊고 두부만 사왔어요.

3) **가:** 우리 사무실에는 갑자기 웬일이야?

나: ____________________ 잠깐 들렀어.

4) **가:** 갑자기 무슨 선물이야?

나: 회사일로 ____________________ 예뻐서 하나 샀어.

5) **가:** 언제부터 피아노를 좋아하게 됐어요?

나: 어렸을 때 ____________________ 피아노 소리를 처음 들었는데 그때부터 좋아하게 됐어요.

18과 <2> 지난주에 모였다면 시간이 부족하지 않았을 거예요

어휘

1. 알맞은 단어를 골라서 (　　　) 안에 쓰십시오.

별일　자료　부족하다　불가능하다　자신이 있다　이대로　적어도

1) 미라 씨, 정말 시간이 안 나는 거예요? 저는 이번 주말에 (　　　　　) 없거든요.
2) 유나 씨가 이번 대회에 나가기로 했대요. 춤은 (　　　　　)나/은가/ㄴ가 봐요.
3) (　　　　　) 한 시간 이상은 운동을 해야지.
4) 장이정 씨, 오늘 회의에 필요한 (　　　　　)은/는 다 준비하셨습니까?
5) 10명인데 피자 두 판은 (　　　　　)을/ㄹ 것 같습니다. 좀 더 주문합시다.
6) 아직 준비를 다 못 했는데 (　　　　　) 과제를 내면 좋은 점수는 못 받을 거야.
7) 제가 시험에서 100점을 받는 건 (　　　　　)는/은/ㄴ 일이라고 생각해요.

문법1 -었다면/았다면/였다면

1. 보기 와 같이 쓰십시오.

보기 편의점에서 빵을 사느라고 버스를 타지 못했다.
→ 편의점에서 빵을 사지 않았다면 버스를 탔을 거예요.

1) 어제 공부를 하지 않고 자서 오늘 시험을 못 봤다.

→ ______________________________

2) 시계 소리를 듣고 일어나지 않아서 학교에 늦게 도착했다.

→ ______________________________

3) 늦게 일어나서 기차를 타지 못했다.

→ ______________________________

4) 쇼핑을 많이 해서 생활비로 쓸 돈이 부족하다.

→ ______________________________

5) 학교 앞까지 가는 버스를 타지 않아서 힘들게 걸어서 갔다.

→ ______________________________

2. 보기 와 같이 대화를 완성하십시오.

보기 가: 여행은 재미있었어요? 저도 가고 싶었는데.
나: 정말 재미있었어요. 미영 씨도 같이 갔다면 좋았을 거예요.

1) 가: 엄마가 나한테 나중에 후회할 거라고 말씀하셨는데. 엄마 말을 들을걸.
나: ______________________________ 네가 지금 이렇게 후회하지는 않겠지.

2) 가: 오디션은 벌써 끝났어요. 이제 오면 어떻게 해요?
나: ______________________________ 이렇게 늦지 않았을 거예요. 어떡하지요?

3) 가: 필립 씨, 어렸을 때 꿈이 농구 선수였다면서요?
나: 네, 제 키가 ______________________________

4) 가: 많이 아파? 내가 어제 병원에 가라고 했잖아.
나: 말 안 들어서 미안해. ______________________________

5) 가: 토미 씨, 이 점수로는 한국 대학교에 입학하지 못할 거예요.
나: ______________________________

문법2 -을/ㄹ 수도 있다

1. 알맞은 것을 골라서 보기 와 같이 쓰십시오.

넘어지다	배가 고프다
부족하다	필요하다
더 아프다	못 알아보다

보기 은수야, 길이 미끄러워서 넘어질 수도 있으니까 천천히 걸어라.

1) ______________________________ 으니까/니까 조금 더 주문하는 게 좋겠어요.

2) 빵이라도 사가지고 갈까? 오후까지 기다리려면 ______________________________ 잖아.

3) 밤에 ______________________________. 약을 꼭 드시고 주무세요.

4) 졸업한 지 20년 됐어. 선생님이 우리를 ______________ 으니까/니까 고등학교 때 사진을 가지고 가자.

5) 나중에 ______________________________ 잖아. 버리지 말고 잘 가지고 있어.

2. 보기 와 같이 대화를 완성하십시오.

보기 가: 이걸 다 외워야 해?
나: 응. 시험에 나올 수도 있으니까 다 외우는 게 좋아.

1) 가: 윤아 씨, 기다릴게요. 빨리 정리하고 오세요.
나: ______________________________ 으니까/니까 먼저 식사하고 계세요.

2) 가: 왜 그렇게 돈을 많이 찾으세요?
나: 오늘 쇼핑하러 갈 건데 ______________________________

3) 가: 패티 씨는 왜 버스를 안 타세요? 항상 지하철만 타는 것 같아요.
나: 버스를 타면 길이 막혀서 ______________________________

4) 가: 이튼 씨는 항상 그렇게 메모를 하세요?
나: 네, ______________________________

5) 가: 안젤라 씨, 방송국에 왜 그렇게 자주 가요?
나: ______________________________

19과 <1> 어렸을 때는 많이 했었는데 요즘은 잘 안 해요

어휘

1. 알맞은 단어를 골라서 (   ) 안에 쓰십시오.

덕수궁　　민속놀이　　윷놀이　　인원수　　맞다

1) 오늘 행사에 몇 명이 오는지 (   )을/를 확인해서 저에게 알려 주세요.
2) 서울 시청 근처에 (   )이/가 있는데 그 안에 미술관도 있어요.
3) 제기차기나 연날리기 같은 한국의 (   )을/를 해 보고 싶어요.
4) (   )은/는 설날에 많이 했던 한국 전통 놀이인데 윷을 가지고 해요.
5) 새해를 (   )어서/아서/여서 친구에게 새해 인사 문자 메시지를 보냈어요.

문법1 을/를 가지고

1. 알맞은 것을 골라서 보기 와 같이 쓰십시오.

안 입는 청바지	20만원
이 정도 작품	이런 좋은 생각
재활용 쓰레기	이 정도 수영 실력

보기 안 입는 청바지를 가지고 가방을 만들어 봤어요.

1) ______________________________ 선수가 될 수 있을까요?
2) ______________________________ 왜 사업을 하지 않았어요?
3) ______________________________ 전시회를 열기는 힘들어요.
4) ______________________________ 해외여행을 가기는 힘들어요.
5) ______________________________ 여러 가지 악기를 만들었어요.

2. 보기 와 같이 대화를 완성하십시오.

보기 **가:** 이 정도 한국말 실력을 가지고 봉사 활동을 할 수 있을까요?
나: 그럼요, 그 정도면 얼마든지 할 수 있어요.

1) 가: ______________________ 길거리 공연을 할 수 있을까요?
나: 물론이죠. 그 정도면 연주회도 할 수 있겠어요.

2) 가: ______________________ 요리 대회에 나갈 수 있을까요?
나: 너무 맛있어요. 이 정도 맛이면 나가도 되겠어요.

3) 가: ______________________ 방을 구할 수 있을까요?
나: 학교 근처가 아니면 구할 수 있을 거예요.

4) 가: 이 원피스는 유행이 좀 지났는데 버리기가 아까워요.
나: ______________________ 치마를 만들어 보세요. 입을 만할 거예요.

5) 가: 왜 이렇게 늦게 오니? 10분이나 기다렸잖아.
나: 미안해. 그런데 ______________________ 왜 그렇게 화를 내?

문법2 -었었다/았었다/였었다

1. 알맞은 것을 골라서 보기 와 같이 쓰십시오.

인사도 못하다	적다
없는 집이 많다	많이 오다
말도 잘 못하다	40도까지 올라가다

보기 지금은 한국말을 잘하는데 처음에는 인사도 못했었어요.

1) 올해는 눈이 안 오는데 작년에는 ______________________

2) 이번 달에는 손님이 많지만 지난달에는 ______________________

3) 오늘은 열이 내렸지만 어제는 ______________________

4) 요즘은 모두 텔레비전이 있지만 옛날에는 ______________________

5) 지금은 사람들 앞에서 노래도 하지만 어렸을 때는 ______________________

2. 보기 와 같이 대화를 완성하십시오.

> 보기 **가:** 이번 시험은 좀 어렵네요.
> **나:** 맞아요, 지난 시험은 쉬웠었는데요.

1) **가:** 올해는 날씨가 너무 더운 것 같아요.

   나: 이상해요. 작년에는 이렇게 ____________________

2) **가:** 요즘 가수 '남자친구들'이 인기가 별로 없어요.

   나: 그러네요. 작년에는 ____________________

3) **가:** 저녁 8시밖에 안 됐는데 슈퍼마켓이 벌써 문을 닫았어요.

   나: 그래요? 보통 ____________________ 오늘은 일찍 닫았네요.

4) **가:** 어른이 돼서 보니까 학교 운동장이 참 좁네요.

   나: 그러네요. ____________________

5) **가:** 몸은 좀 괜찮아졌어요?

   나: 네, 아침에는 ____________________ 약을 먹었더니 지금은 좀 괜찮네요.

19과 <2> 같이 영화나 한 편 볼까요?

어휘

1. 알맞은 단어를 골라서 (   ) 안에 쓰십시오.

삼삼오오	신세대	여가	역할	요새	게임에 빠지다	뛰어놀다	확실히

1) (   ) 시간을 어떻게 보내야 할지 몰라서 고민하는 사람들이 많대요.
2) 아무리 노력해도 (   )의 문화는 이해하기가 어렵네요.
3) 요즘 아이가 (   )어서/아서/여서 공부는 안 하고 항상 핸드폰만 봐요.
4) 아이들이 학교생활을 힘들어할 때 부모의 (   )은/는 정말 중요하답니다.
5) 인터넷으로 주문한 옷인데 잘못 온 것 같아. 여기 이 화면에 보이는 옷 디자인하고 (   ) 다르지?
6) (   ) 모여서 노는 아이들의 모습을 보니까 저도 옛날 생각이 났어요.
7) (   ) 심한 몸살감기로 결석하는 학생들이 많대요. 조심해야겠어요.
8) 저도 운동장에 나가서 학생들하고 같이 (   )고 싶어요.

문법1 이나/나[4]

1. 보기 와 같이 쓰십시오.

보기 특별히 할 일도 없는데 오늘은 집 청소나 해야겠다. (청소)

1) 돈도 없는데 우리 ________________ (김밥)
2) 토니야, 심심하면 나하고 ________________ (게임)
3) 아침이라서 문을 연 식당이 없을 거야. 우리 ________________ (라면)
4) 비가 저렇게 많이 오는데 어디를 나가. 그냥 집에서 ________________ (드라마)
5) 이것저것 자꾸 물어보지 말고 빨리 ________________ (필요한 물건)

2. 보기 와 같이 대화를 완성하십시오.

보기 **가:** 집에서 쉬는 날인데 특별히 할 일도 없고. 뭘 할까?
나: 그럼 오랜만에 우리 청소나 할까?

1) **가:** 불고기를 사 주려고 했는데 생활비를 거의 다 써서 돈이 없네.
나: 그래? 그럼 오늘은 ____________________

2) **가:** 오늘은 엄마, 아빠 생각이 많이 난다. 고향에 가고 싶어.
나: 그렇다고 고향에 갈 수는 없지. ____________________

3) **가:** 할 일이 없으니까 정말 심심하다. 너도 그렇지?
나: 몰라. ____________________

4) **가:** 닭갈비를 먹고 싶은데 나가기는 싫고. 냉장고에 떡하고 채소밖에 없네.
나: ____________________

5) **가:** 방학이라서 학교 친구들이 대부분 고향에 갔어요. 혼자 있으니까 심심해요.
나: ____________________

문법2 -을수록/ㄹ수록

1. 알맞은 것을 골라서 보기 와 같이 쓰십시오.

듣다 먹다 배우다 보다 사귀다 크다

보기 가수 제이의 노래는 들을수록 마음이 편안해져요.

1) 불고기는 ____________________ 자꾸 더 먹고 싶어져요.
2) 농구 선수는 키가 ____________________ 경기할 때 좋을 것 같아요.
3) 그 배우는 ____________________ 멋있는 것 같아.
4) 친구는 많이 ____________________ 좋아요.
5) 한국어는 ____________________ 어렵지만 재미있어요.

2. 보기 와 같이 대화를 완성하십시오.

> 보기 **가:** 토니 씨, 왜 그래요? 무슨 일이 있었어요?
> **나:** 생각할수록 화가 나서 그래요.

1) **가:** 요즘 인성 씨하고 잘 만나고 있어요?

나: 네, ______________________ 좋은 사람이라는 생각이 들어요.

2) **가:** 선생님, 날씨가 많이 추워졌는데 날마다 나가서 걸어야 하나요?

나: 네, ______________________ 건강에 좋습니다. 따뜻하게 입고 나가서 운동하세요.

3) **가:** 쓰던 냉장고하고 침대를 언제까지 팔아야 하지요?

나: 제가 다음 주에 고향에 가니까 ______________________

4) **가:** 요즘 이사할 집을 보고 있어요. 학교에서 멀면 좀 불편하겠지요?

나: 그럼요. ______________________

5) **가:** 요즘 학생들이 핸드폰으로 이 게임만 해요. 인기가 많은가 봐요.

나: 네, ______________________

20과 <1> 자주 이용하시는 모양이네요

어휘

1. 알맞은 단어를 골라서 (　　　) 안에 쓰십시오.

기능	막차	전국	필수	놓치다	다양하다	살펴보다

1) 너무 늦게 일어나서 회사 출근 버스를 (　　　　　　)고 말았다.
2) 냉방 시설에 문제가 없는지 여기저기 잘 (　　　　　　).
3) 무역 회사에서 일하려면 영어는 (　　　　　　)이에요/예요.
4) 오늘은 (　　　　　　)에 많은 비가 내리고 강한 바람이 불겠습니다.
5) 늦게까지 파티를 하다가 (　　　　　　)을/를 타고 집에 왔어요.
6) 최신 스마트폰에는 무엇이든지 말로 찾을 수 있는 (　　　　　　)이/가 있습니다.
7) 한국 문화를 체험할 수 있는 (　　　　　　)는/은/ㄴ 프로그램을 준비했습니다.

문법1 -어/아/여 버리다

1. 알맞은 것을 골라서 보기 와 같이 쓰십시오.

끄다	끊다	녹다	떠나다	말하다	먹다

보기 실수로 언니의 비밀을 엄마한테 말해 버렸어요.

1) 너무 배가 고파서 아빠가 사다 놓은 케이크를 혼자 다 ________________
2) 남자 친구하고 통화하다가 너무 화가 나서 전화를 ________________
3) 친구가 화장실에 간 사이에 아이스크림이 다 ________________
4) 고장이 난 에어컨이 너무 시끄러워서 ________________
5) 역까지 택시를 타고 갔지만 기차는 이미 ________________

2. 보기 와 같이 대화를 완성하십시오.

> 보기 가: 우진아, 식탁 위에 있던 식혜를 네가 다 마셨니?
> 나: 네, 너무 맛있어서 제가 다 마셔 버렸는데요.

1) 가: 안느야, 네가 자주 입는 파란색 원피스 있잖아. 하루만 빌려 줘.
나: 어떡하지? 나한테 옷이 좀 작은 것 같아서 친구한테 ____________________

2) 가: 오늘 영미하고 영화를 본다고 하더니 왜 벌써 왔니?
나: 너무 지루해서 보다가 ____________________

3) 가: 내가 칠판에 그려 놓은 그림을 누가 지웠네.
나: 어, 미안해. 수업 시간이 다 돼서 ____________________

4) 가: 헤어진 남자 친구가 요즘 문자 메시지를 계속 보내. 어떡하지?
나: 다시 연락하는 게 싫으면 ____________________

5) 가: 영수 씨, 여기에 있던 노란색 메모지를 못 봤어요?
나: ____________________

문법2 -는/은/을 모양이다

1. 보기 와 같이 쓰십시오.

> 보기 길이 많이 막힌다. (사고가 났다)
> → 앞에 사고가 난 모양이에요.

1) 빨간 모자를 쓰고 다니는 사람들이 많다. (유행이다)
→ 요즘 빨간 모자가 ____________________

2) 하나 씨한테 여러 번 전화했는데 전화를 안 받는다. (바쁘다)
→ 하나 씨가 오늘 아주 ____________________

3) 매일 학교에 오던 리에 씨가 오늘 결석을 했다. (무슨 일이 생겼다)
→ 리에 씨한테 ____________________

4) 아기가 우유도 안 먹고 계속 울기만 한다. (아프다)

→ 아기가 ______________________

5) 플릭 씨가 아니타 씨를 보면서 혼자 웃고 있다. (좋아한다)

→ 플릭 씨가 아니타 씨를 ______________________

2. 보기 와 같이 대화를 완성하십시오.

보기 **가:** 오디션을 보고 온 호우 씨 표정이 좋네요.
나: 오디션을 잘 본 모양이에요. 이번에는 합격하겠어요.

1) **가:** 약속 시간이 다 됐는데 리에 씨가 또 안 오네요.

나: 지금까지 안 오는 걸 보면 ______________________

2) **가:** 9시가 넘었는데 영수 씨가 아직 퇴근을 못 했대요.

나: 요즘 연말이라서 회사 일이 ______________________

3) **가:** 소설 '나의 방'이 이번 달에 가장 많이 팔렸대요.

나: 그렇게 인기가 많은 걸 보니 ______________________. 저도 봐야겠어요.

4) **가:** 토미 씨는 옆 반에 있는 카트리나 씨만 보면 얼굴이 빨개져요.

나: ______________________

5) **가:** 오늘 정희 씨가 학교에 케이크하고 선물을 들고 왔어요.

나: ______________________

20과 <2> 미리 알았다면 싸게 구할 수 있었을 텐데요

어휘

1. 알맞은 단어를 골라서 ( ) 안에 쓰십시오.

덕분　　물가　　고생하다　　주고받다　　아끼다　　유익하다　　활용하다

1) 계획을 세워서 시간을 잘 ( )는/은/ㄴ 사람들이 성공합니다.
2) 하루에 30분 이상 걷는 것이 건강에 ( )는다고/ㄴ다고/다고 한다.
3) 한국은 고향보다 ( )이/가 비싸서 절약해서 생활하지 않으면 안 된다.
4) 프랑스에 여행을 갔을 때 공항에서 호텔까지 가는 길을 찾느라고 ( ).
5) 아이들이 어렸을 때부터 돈을 ( )어/아/여 쓰는 습관을 가르쳐야 한다.
6) 한국어를 하나도 모르고 한국에 왔는데 선생님 ( )에 많이 배웠습니다.
7) 이 인터넷 사이트는 무역 회사에 입사하기 위해서 필요한 여러 가지 정보를 ( )을/ㄹ 수 있는 곳이다.

문법1 -었을/았을/였을 텐데요

1. 알맞은 것을 골라서 보기 와 같이 쓰십시오.

길이 많이 막히다	도착하다
만나다	먹지 않다
시험에 합격하다	힘들다

보기 어제 이사를 하느라고 많이 힘들었을 텐데요.

1) 공부를 좀 더 열심히 했다면 ______________________
2) 동창회에 갔으면 보고 싶은 친구들과 선생님을 ______________________
3) 닭갈비가 이렇게 매울 줄 알았으면 ______________________
4) 한국에서 일본까지 비행기로 2시간 정도 걸리니까 지금쯤 ______________________
5) 아침에 눈이 많이 와서 출근할 때 ______________________

2. 보기 와 같이 대화를 완성하십시오.

보기 **가:** 어제 회사에서 쓰러졌다고 들었어요. 지금은 괜찮으세요?
나: 네, 제가 너무 과로했나 봐요. 과로하지 않았다면 그렇게 쓰러지지 않았을 텐데요.

1) **가:** 타쿠야 씨가 아직도 안 왔어. 전화해 볼까?
나: 내가 아까 전화했을 때 나가려던 참이라고 했으니까 벌써 ____________________

2) **가:** 회사 다녀왔습니다.
나: 그래. 어서 씻고 자라. 오늘 늦게까지 일하느라고 ____________________

3) **가:** 어제 백화점에서 산 옷을 인터넷에서 봤어. 인터넷에서 샀으면 더 ____________________
나: 좀 더 알아보고 사지 그랬어.

4) **가:** 유명한 식당이라서 그런지 기다리는 사람이 정말 많다. 벌써 1시간이나 기다렸는데 아직도 줄이 길어.
나: 내가 미리 예약했다면 이렇게 ____________________. 정말 미안해.

5) **가:** 공원에 오니까 작년에 같이 소풍을 왔던 유키코 씨가 생각나요.
나: 맞아요. 유키코 씨도 같이 왔으면 ____________________

문법2 만 하다

1. 보기 와 같이 쓰십시오.

보기 동생의 키가 저와 비슷해요. → 동생이 저만 해요.

1) 제 방이 이 교실 크기의 반 정도예요. → ____________________
2) 제 컴퓨터가 이 공책 크기와 같아요. → ____________________
3) 어제 산 가방이 이 가방과 크기가 비슷해요. → ____________________
4) 친구 얼굴이 제 손바닥 크기와 같아요. → ____________________
5) 우리 집과 저 집 크기가 비슷해요. → ____________________

2. 알맞은 것을 골라서 보기 와 같이 대화를 완성하십시오.

남산　　단춧구멍　　모깃소리　　손바닥　　주먹　　쥐꼬리

보기 가: 내일 발표가 있는데 정말 긴장이 돼. 나는 사람들 앞에 서면 목소리가 모깃소리만 해지거든.
나: 너무 걱정하지 마. 잘할 거야.

1) 가: 새로 이사한 방이 정말 ______________________. 너무 작아서 불편해.

나: 지난번에 살던 방보다 더 작아?

2) 가: 이번에 회사를 옮겼다는 이야기를 들었어요. 일해 보니까 어때요?

나: 회사 분위기도 좋고 근무 조건도 나쁘지 않은데 월급이 ______________________

3) 가: 어제 커피숍에서 '남자친구들'을 봤어요. 모두 얼굴이 ______________________

나: 그래요? 저는 얼굴이 작은 사람이 정말 부러워요.

4) 가: 이 그림은 내가 좋아하는 화가가 그린 거야. 사람들의 얼굴을 재미있게 표현했지?

나: 응, 얼굴은 크게 그렸는데 눈은 모두 ______________________게 그렸네.

5) 가: 어제 버스에 배가 ______________ 는/은/ㄴ 여자 분이 탔는데 한 고등학생이 바로 일어나서 자리를 양보했어.

나: 정말 착한 학생이네. 피곤하면 자리를 양보하기가 쉽지 않은데.

모범 답안(교재)

11-1 신청서를 확인하는 대로 연락을 드리겠습니다

☆ 어휘

1)	여행사 숙박시설	문의하다
2)	대학 회사	지원하다
3)	사고원인 신용카드의 장점과 단점	조사하다
4)	해외여행 정보 우표	수집하다

☆ 문법1

1) 가: 여자 친구와 데이트를 하고 싶은데 어디에서 만나면 좋을까?
   나: 가로수길에 분위기가 좋은 카페가 많다고 하던데 가서 맛있는 커피도 마시고 이야기도 해.
2) 가: 여동생 생일 선물을 사려고 해. 어디로 가면 좋을까?
   나: 홍대 앞에 가면 직접 만든 액세서리를 파는 가게들이 있다고 하던데 거기에 한번 가 봐.
3) 가: 요즘 유행하는 옷을 사고 싶어. 어디로 가면 될까?
   나: 가로수길에 요즘 유행하는 옷을 파는 가게가 많다고 하던데 가로수길에 가 보면 좋을 것 같아.
4) 가: 퇴근 후에 친구와 만나기로 했는데 어디가 괜찮을까?
   나: 홍대 앞에 가면 거리에서 음악 공연을 볼 수 있다고 하던데 거기에서 만나는 게 어때?
5) 가: 중국에서 놀러 온 친구가 쇼핑을 하고 싶대. 어디로 가면 좋을까?
   나: 명동에 있는 가게에는 중국어가 가능한 직원들이 있다고 하던데 명동에 가자고 해.

☆ 문법2

1) 과장: 미선 씨, 계약서는 어떻게 보낼 겁니까?
   미선: 계약서를 다 쓰는 대로 메일로 보내겠습니다.
2) 과장: 민철 씨, 물건은 어디로 보낼 겁니까?
   민철: 공장에서 물건을 받는 대로 매장으로 보내겠습니다.
3) 과장: 지민 씨, 은행은 언제 갈 겁니까?
   지민: 서류를 부치는 대로 은행에 가겠습니다.
4) 과장: 영호 씨, 언제 회사로 옵니까?
   영호: 광고 촬영을 마치는 대로 회사로 가겠습니다.
5) 과장: 철수 씨, 손님은 어디로 모시고 올 겁니까?
   철수: 공항에서 손님을 만나는 대로 회사로 모시고 가겠습니다.

☆ 연습해 봅시다

1) 가: 언제 프랑스로 출장을 가요?
   나: 지금 맡고 있는 일을 끝내는 대로 갈 예정이에요.
   가: 프랑스에서는 지하철에서 나갈 때 표를 안 넣고 그냥 나간다고 하던데 잊어버리지 마세요.
2) 가: 언제 중국으로 유학을 가요?
   나: 대학교를 졸업하는 대로 가기로 했어요.
   가: 중국 대학원에 입학하려면 준비할 서류가 많고 복잡하다고 하던데 미리 준비하세요.

11-2 힘들기는 하지만 외국인들에게 추천하고 싶어요

☆ 어휘

1) 판소리를 2) 한옥 3) 전통문화를
4) 홈스테이예요 5) 생활 방식을 6) 문화 체험을
7) 문화 차이를

☆ 문법1

1) 가: 한진 노트북은 가볍네요.
   나: 한진 노트북이 혜성 노트북보다 얇고 가볍기는 한데 너무 비싼 것 같아요.
2) 가: 사랑 식당이 조용하고 깨끗한 것 같아요.
   나: 조용하고 깨끗하기는 해도 음식 값이 너무 비싸요.
3) 가: 행복 식당은 사랑 식당보다 음식 값이 싸네요.
   나: 오래 기다려야 하고 시끄럽지만 음식 값이 싸기는 하네요.
4) 가: 하나 하숙집은 여자만 살 수 있어서 좋을 것 같아요.
   나: 여자만 살 수 있고 가전제품이 다 있어서 좋기는 하지만 하숙비가 너무 비싸요.
5) 가: 하늘 하숙집은 하숙비도 싸고 아침도 주네요.
   나: 아침 식사를 할 수 있어서 좋기는 한데 화장실과 부엌을 같이 사용해야 해서 불편할 것 같아요.

☆ 문법2

1) 가: 세상에서 가장 티셔츠를 많이 입은 사람은 252벌의 티셔츠를 입었대요.
   나: 옷을 252벌이나 입다니 정말 대단하군요.
2) 가: 세상에서 인형을 가장 많이 모은 사람은 지금까지 15,000개의 인형을 모았대요.
   나: 인형을 15,000개나 모으다니 진짜예요?
3) 가: 세상에서 신발을 제일 많이 가지고 있는 사람은 15,665켤레의 신발을 가지고 있대요.
   나: 신발을 그렇게 많이 가지고 있다니 믿을 수 없어요.
4) 가: 세상에서 핫도그를 제일 많이 먹은 사람은 67개의 핫도그를 먹었대요.
   나: 핫도그를 67개나 먹다니 사실이에요?
5) 가: 세상에서 가장 비싼 아이스크림이 115만원이래요.
   나: 아이스크림이 115만원이라니 너무 비싼 거 아니에요?

☆ 연습해 봅시다

2) 가: 저는 좋아하는 배우가 나오는 영화를 10번 봤어요.
   나: 같은 영화를 10번 보다니 대단하네요. 그렇게 많이 보면 지루하지 않아요?
   가: 지루하기는 하지만 좋아하는 배우가 나오는 장면을 보는 것은 즐거워요.
3) 가: 지난달에 친구가 소개해 준 사람과 다음 달에 결혼하기로 했어요.
   나: 만난 지 한 달밖에 안 됐는데 결혼을 하다니 사실이에요?
   가: 네, 좀 빠르기는 해요. 그래도 서로 잘 맞으니까 결혼을 해도 문제가 없다고 생각했어요.

◆ 복습

1. 1) 일상생활 2) 휴식 3) 템플 스테이가
   4) 체험해 5) 기회가 6) 알아들을까
   7) 자세하 8) 믿는 9) 문화 차이를 10) 추천해
2. 1) 입원했다고 하던데 2) 퇴근하는 대로 3) 많기는 하지만
   4) 힘들다니

12-1 가 볼 만한 곳 좀 추천해 주세요

✩ 어휘
1) 정했어 2) 경비는 3) 짰어 4) 교통비 5) 식비
6) 입장료 7) 숙박비

✩ 문법1
1) 민정: 이건 한국 아이들이 읽는 책인데 읽을 만해요. 심심할 때 읽어 보세요.
2) 민정: 이건 제가 보던 사전인데 아직 쓸 만해요. 공부할 때 쓰세요.
3) 유키: 이건 요즘 유행하는 일본 노래인데 들을 만해요. 쉴 때 들으세요.
4) 유키: 이건 제가 읽었던 일본 만화인데 볼 만해요. 심심할 때 읽어 보세요.
5) 유키: 이건 일본 손수건인데 쓸 만해요. 한번 사용해 보세요.

✩ 문법2
1) 400년 전부터 먹었답니다.
2) 여러 가지 종류가 있답니다.
3) 배추와 여러 가지 채소로 만든답니다.
4) 영양이 풍부하답니다.
5) 건강에 아주 좋답니다.

✩ 연습해 봅시다
1) 가: 뭘 그렇게 열심히 찾으세요?
나: 가족들과 같이 영화를 보려고 하는데 뭐가 재미있을지 모르겠어요. 가족들과 같이 볼 만한 영화 좀 추천해 주세요.
가: '내 친구, 고양이 톰'을 보세요. 아이들도 어른들도 모두 재미있어 한답니다.
2) 가: 뭘 그렇게 열심히 찾고 계세요?
나: 남동생 생일 선물을 찾고 있었는데 뭐가 좋을지 모르겠어요. 남자 고등학생이 좋아할 만한 선물 좀 추천해 주세요.
가: 시계는 어때요? 별로 비싸지 않고 멋있는 시계들이 많답니다.

12-2 부산이며 경주며 유명한 곳은 다 다녔어요

✩ 어휘

1) 고향 마을의 달라진 모습을 보고 크게 놀랐어요.	저는 우리 딸이 (자랑스러워요).
2) 다른 물건의 디자인과 다른 점이 별로 없어요.	공연이 (멋졌어요).
3) 항상 열심히 노력하는 우리 딸이 대단하고 훌륭하다고 생각해요.	디자인이 (평범했어요).
4) 경복궁을 보고 옛 건물의 아름다움에 빠졌어요.	달라진 모습이 (놀라웠어요).
5) 분위기가 조용하고 편안했어요.	풍경이 (굉장했어요).
6) 공연이 정말 멋있었어요.	분위기가 (평화로웠어요).
7) 설악산의 풍경은 말로 표현할 수 없을 정도로 멋졌어요.	아름다움에 (반했어요).

✩ 문법1
1) 필 립: 침대는 어때요?
왕 명: 침대는 옷을 넣을 수 있을 뿐만 아니라 사이즈가 커서 아주 편해요.
2) 필 립: 책상은요?
왕 명: 서랍이 많아서 물건을 정리하기가 좋을 뿐만 아니라 아주 튼튼해요.
3) 필 립: 세탁기는 깨끗한가요?
왕 명: 산지 두 달밖에 안 돼서 깨끗할 뿐만 아니라 혼자 살면서 사용하기 좋은 사이즈예요.
4) 필 립: 선풍기는요?
왕 명: 선풍기는 크기가 작을 뿐만 아니라 조용해서 사용하기 좋아요.
5) 필 립: 컴퓨터 모니터는 어떤가요?
왕 명: 모니터가 커서 영화를 볼 때 좋을 뿐만 아니라 게임할 때도 아주 마음에 들 거예요.

✩ 문법2
1) 요 코: 음식은 어땠어요?
주 디: 삼계탕이며 불고기며 비빔밥이며 서울에서 먹은 음식은 다 맛있었어요.
2) 요 코: 교통은요?
주 디: 서울은 지하철이며 버스며 아주 쉽게 이용할 수 있어서 편해요.
3) 주 디: 요코 씨, 북경 여행은 어땠어요?
요 코: 옛날 건물이며 자전거를 타는 사람들 모습이며 볼거리가 많았어요.
4) 주 디: 또 무엇을 했어요?
요 코: 고기 요리며 생선 요리며 없는 게 없었어요.
5) 주 디: 북경의 교통은요?
요 코: 버스며 택시며 값이 싸서 언제든지 편리하게 이용하기 좋았어요.

✩ 연습해 봅시다
1) 수지: 드라마 '바람'은 정말 볼 만한 것 같아. 내용이며 배우들의 연기며 정말 부족한 게 없어.
은하: 그렇지? 내용이 신선할 뿐만 아니라 다음 이야기가 궁금해서 한번 보면 안 볼 수가 없는 것 같아.
2) 수지: '맛있다! 집밥' 은 다음 주에도 꼭 볼 거야. 오늘도 불고기며 잡채며 삼계탕이며 내가 좋아하는 음식은 다 나왔잖아.
은하: 이 프로그램을 보면 음식을 간단하게 만들 수 있을 뿐만 아니라 만든 음식도 항상 맛있어. 우리 내일은 불고기하고 잡채를 만들어 볼까?

◆ 복습
1. 1) 멋진 2) 대표적 3) 여유를 4) 정하 5) 묵을
6) 교통비 7) 굉장했다 8) 자랑스러웠다

2. 1) 결정했답니다. 2) 와 볼 만한 3) 많을 뿐만 아니라
4) 볼거리며 식당이며

13-1 싸기도 하고 편리하기도 해서 자주 이용해요

✩ 어휘
1) 최신 2) 반값 3) 신형 4) 최대 5) 신제품 6) 특가

☆ 문법1

1) 주앙: 방은 어디가 더 좋아요?
레오: 방은 호수 호텔이 무궁화 호텔만 못해요. 무궁화 호텔이 시설이 더 좋아요.
2) 주앙: 교통은 어디가 더 편리해요?
레오: 교통도 호수 호텔이 무궁화 호텔만 못해요. 교통편이 별로 없어요.
3) 주앙: 인터넷 속도는요?
레오: 인터넷 속도도 호수 호텔이 무궁화 호텔만 못해요. 속도가 너무 느려요.
4) 주앙: 수영장은 어떤 것 같아요?
레오: 수영장은 무궁화 호텔이 호수 호텔만 못해요. 호수 호텔이 더 깨끗해요.
5) 주앙: 서비스는 어디가 더 좋아요?
레오: 서비스도 무궁화 호텔이 호수 호텔만 못한 것 같아요. 호수 호텔은 과일을 무료로 주거든요.

☆ 문법2

1) 동료: 대학에 입학할 때는 기분이 어땠어요?
민우: 대학생이 된 게 자랑스럽기도 하고 낯선 환경이 걱정되기도 했어요.
2) 동료: 처음으로 아르바이트를 할 때는 어땠어요?
민우: 편의점에서 아르바이트를 했는데 재미있기도 하고 힘들기도 했어요.
3) 동료: 대학교를 졸업할 때 기분이 어땠어요?
민우: 시원하기도 하고 이제 친구들과 자주 못 보게 되니까 슬프기도 했지요.
4) 동료: 영국으로 유학을 갔을 때는 어땠어요?
민우: 외국에서 지내는 게 재미있기도 하고 외롭기도 했어요.
5) 동료: 회사에 처음 입사했을 때는 어떤 기분이었어요?
민우: 원하던 일을 하게 돼서 기쁘기도 하고 실수를 할까 봐 불안하기도 했어요.

☆ 연습해 봅시다

1) 가: 너 맛나 식당에 자주 가지? 오늘 행복 식당에 와 보니까 어때?
나: 행복 식당이 맛나 식당만 못한 것 같아.
가: 왜? 음식이 맛이 없어?
나: 응, 맛이 없기도 하고 서비스도 안 좋은 것 같아.
2) 가: 보통 나무 커피숍에 가다가 장미 커피숍에 와 보니까 어때?
나: 나무 커피숍이 장미 커피숍만 못한 것 같아.
가: 왜? 가격이 비싸서?
나: 응, 커피 값이 비싸기도 하고 분위기도 별로 안 좋은 것 같아.

13-2 택배비는 네가 내야 할걸

☆ 어휘

1) 판매하는 2) 소비자 3) 고객

☆ 문법1

1) 존: 주앙 씨는요?
에릭: 주앙 씨는 친구가 이사를 한다고 했으니까 이사를 도와주러 갈걸요.
2) 존: 올리비아 씨는요?
에릭: 올리비아 씨는 요즘 봉사 활동 동아리에 가입해서 봉사 활동을 할걸요.
3) 존: 레오 씨도 바쁠까요?
에릭: 레오 씨는 일하고 있는 식당이 이번 주에 쉰다고 했어요. 그동안 가족들과 같이 시간을 못 보냈으니까 가족들과 같이 지낼걸요.
4) 존: 흐엉 씨는요?
에릭: 흐엉 씨는 다음 달에 한국어 시험이 있어서 시험공부를 해야 할걸요.
5) 존: 유키 씨도 많이 바쁘대요?
에릭: 유키 씨는 이번 주말에 고향 친구의 결혼식이 있어서 벌써 고향에 돌아갔을걸요.

☆ 문법2

1) 가: 뭘 하면 행복해요?
나: 저는 여행을 하거나 예쁜 옷을 사거나 하면 행복해요.
2) 가: 언제 스트레스가 쌓여요?
나: 저는 해야 할 일이 많거나 청소가 밀려 있거나 하면 스트레스가 쌓여요.
3) 가: 언제 외로워요?
나: 저는 주말에 혼자 밥을 먹거나 집에 혼자 있거나 하면 외로워요.
4) 가: 언제 긴장이 돼요?
나: 저는 사람들 앞에서 발표를 해야 하거나 좋아하는 사람과 이야기를 하거나 하면 긴장이 돼요.
5) 가: 언제 고향에 돌아가고 싶어요?
나: 저는 고향 음식을 먹거나 가족사진을 보거나 하면 고향에 돌아가고 싶어요.

☆ 연습해 봅시다

1) 가: 요즘 외국으로 유학을 가는 사람들이 많대. 왜 그럴까?
나: 아마 외국어 실력을 쌓고 싶거나 여러 나라의 문화를 배우고 싶거나 하면 유학을 갈걸.
2) 가: 요즘 결혼을 안 하는 사람들이 많대. 왜 그럴까?
나: 아마 좋은 사람을 아직 못 만났거나 자신의 일을 더 하고 싶거나 하면 결혼을 하지 않을걸.

◆ 복습

1. 1) 가격 2) 판매하 3) 고급스럽 4) 질 5) 절약할 6) 치수가 7) 특가로 8) 환불이 9) 아깝다는

2. 1) 바쁘기도 하고 힘들기도 해서
2) 시간이 나거나 여행을 가고 싶거나 하면
3) 도착할걸요 4) 기차만 못할 것 같아요

14-1 행사 준비를 하느라고 잠을 못 잤어요

☆ 어휘

1) 교류 2) 초청합니다 3) 벼룩시장

☆ 문법1

1) 친구: 발표 준비는 다 했어?
윤아: 약을 먹고 자느라고 발표 준비를 못했어.
2) 친구: 하늘아, 어제 운동했어?
하늘: 여자 친구와 노느라고 운동을 못 했어.
3) 친구: 생일 파티에는 갔어?
하늘: 발표 준비를 하느라고 파티에 못 갔어.

4) 친구: 존, 보고서를 다 썼어?
존: 친구 이사를 도와주느라고 보고서를 못 썼어.
5) 친구: 잠은 잘 잤니?
존: 영화를 보느라고 잠을 못 잤어.

☆ 문법2

1) 노라: 지하철에서도 인터넷이 끊기지 않아.
친구: 그렇게 와이파이가 잘 된단 말이야?
2) 노라: 인터넷에서 영화를 1분이면 다운로드할 수 있어.
친구: 인터넷이 그렇게 빠르단 말이야?
3) 노라: 식당에서 반찬을 무료로 더 줘.
친구: 반찬값을 받지 않는단 말이야?
4) 노라: 음식을 배달시키면 보통 30분 안에 와.
친구: 그렇게 빨리 배달해 준단 말이야?
5) 노라: 24시간 문을 여는 카페가 많아.
친구: 밤에도 카페가 문을 연단 말이야?

☆ 연습해 봅시다

1) 가: 샤오 씨, 지난 금요일에 왜 학교에 안 왔어요?
나: 이사할 집을 보러 다니느라고 학교에 못 왔어요. 일주일 전에 지금 사는 집으로 이사를 했는데 집이 너무 추워서요.
나: 네? 이사한 지 일주일밖에 안 됐는데 또 이사를 간단 말이에요?
2) 가: 우정 씨, 지난 금요일에 왜 학교에 안 왔어요?
나: 결혼 준비를 하느라고 바빠서 학교에 못 왔어요. 한 달 전부터 만나는 사람이 있었는데 결혼하기로 했거든요.
가: 네? 사귄 지 한 달밖에 안 됐는데 벌써 결혼을 한단 말이에요?

14-2 세제를 사다가 주세요

☆ 어휘

1) 웃어른이 2) 공공장소 3) 지켜야 4) 노약자 5) 양보하
6) 예의가 아니에요 7) 예의가 없는

☆ 문법1

1) 우진 씨는 요리 학원에서 잡채를 만들어다가 친구들과 먹었어요.
2) 우진 씨는 친구 집에서 잡지를 빌려다가 봤어요.
3) 우진 씨는 은행에서 돈을 찾아다가 하숙비를 냈어요.
4) 우진 씨는 편의점에서 우유를 사다가 냉장고에 넣었어요.
5) 우진 씨는 분식집에서 저녁으로 만두를 사다가 먹었어요.

☆ 문법2

1) 가: 판매를 시작한지 3분 만에 매진이 되었대요.
나: 3분 만에 매진이라니요? 말도 안 돼요. 그럼 이제 표를 살 수 없다는 말이에요?
2) 가: 지난 7월 공연의 관객 수가 10만 명이었대요.
나: 10만 명이라니요? 인기가 정말 대단하네요.
3) 가: 그런데 슬픈 소식이 있어요. 준오가 2년 동안 해외로 유학을 간대요.
나: 준오가 유학을 가다니요? 그럼 2년동안 볼 수 없는 거예요?
4) 가: 여빈이 여자 가수하고 데이트를 했대요.
나: 여빈이 여자 가수하고 데이트를 하다니요? 믿을 수 없어요.
5) 가: 슬픈 소식이 하나 더 있어요. 이안이 5월에 결혼을 한대요.
나: 이안이 5월에 결혼을 하다니요? 사실이 아닐 거예요. 말도 안 돼요.

☆ 연습해 봅시다

1) 후배: 어머, 서점이 없어지고 편의점이 생겼네요.
미나: 서점이 없어지다니? 지난주에도 왔었는데.
후배: 책은 도서관에서 빌려다가 봐야겠어요.
2) 미나: 어떡하지? 냉장고에 넣어 놓은 고기를 안 가져왔어.
친구: 고기를 안 가져오다니? 말도 안 돼.
미나: 정말 미안해. 삼겹살 파티는 못 하겠다. 우리 치킨이라도 사다가 먹을까?

◆ 복습

1. 1) 국제 교류 2) 초청장을 3) 나눌 4) 벼룩시장
5) 데리 6) 실용적으로 7) 양보한다 8) 공공장소
9) 주의한다면
2. 1) 사다가 2) 송별회라니요 3) 돌아간단 말이에요
4) 정리하느라고

15-1 이제 보내기만 하면 돼요

☆ 어휘

1) 무대 위에 서 있는 제 모습을 생각해요.	가능성이 있다
2) 매일 단어를 외우고 일기도 쓰면서 한국어를 공부해요.	상상하다
3) 조금만 더 노력하면 가능할 것 같아요.	목표를 정하다
4) 드디어 뮤지컬 공연에서 주인공을 맡게 됐어요.	존경하다
5) 저는 세종대왕이 대단하고 훌륭한 분이라고 생각해요.	실력을 기르다
6) 저는 한국 대학교 경제학과에 지원하겠어요.	자부심을 느끼다
7) 열심히 노력하는 제가 자랑스럽다는 생각이 들었어요.	꿈을 이루다

☆ 문법1

1) 자리에 가방이 없는 걸 보니 형준 씨는 아직 출근을 안 한 것 같아요.
2) 정훈 씨 책상에 서류가 많은 걸 보니 오늘 일찍 퇴근하는 건 힘들 것 같네요.
3) 성빈 씨가 졸고 있는 걸 보니 어제도 게임하다가 늦게 잤나 봐요.
4) 미라 씨 안색이 안 좋은 걸 보니 어디가 아픈가 봐요.
5) 과장님이 에릭 씨하고 회의실에서 이야기하는 걸 보니 무슨 문제가 생긴 것 같은데요.

✩ 문법2

1) 가: 인터넷으로 산 신발이 작다고 했잖아요. 교환해 준대요?
   나: 네, 이제 교환할 신발을 보내기만 하면 돼요.
2) 가: 옷 정리는 다 했어요?
   나: 네, 다 했어요. 이제 상자에 넣기만 하면 돼요.
3) 가: 가족들에게 보낼 크리스마스 선물은 다 준비했어요?
   나: 네, 이제 우체국에 가서 부치기만 하면 돼요.
4) 가: 다음 주에 중국으로 여행을 간다고 했지요? 비자는 받았어요?
   나: 네, 대사관에서 찾아오기만 하면 돼요.
5) 가: 고향 음식을 만들어 먹고 싶다고 했잖아요. 음식 재료는 사 놓았어요?
   나: 네, 다 사 놓았어요. 이제 만들기만 하면 돼요.

✩ 연습해 봅시다

1) 가: 핸드폰 수리는 다 됐대?
   나: 응, 이제 찾으러 가기만 하면 되는데 날씨가 너무 추워서.
   가: 말하는 걸 보니 수리 센터에 가기가 귀찮구나?
2) 가: 고향에 보낼 짐은 다 쌌니?
   나: 응, 저기 상자에 다 싸 놓았어. 이제 보내기만 하면 돼.
   가: 표정이 안 좋은 걸 보니 한국을 떠나기가 싫은가 보네.

15-2 가게 일을 도와드리곤 했습니다

✩ 어휘

1) 구합니다 2) 근무 조건 3) 시급 4) 경력자이면 5) 초보자

✩ 문법1

1) 친구: 친구들과 무엇을 하고 놀았어요?
   미정: 친구들과 집 근처 공원에서 자전거를 타곤 했어요.
2) 친구: 스트레스가 쌓이면 뭘 했어요?
   미정: 친구들과 노래방에 가서 노래를 부르곤 했어요.
3) 친구: 자주 듣던 노래가 있어요?
   미정: 네, 가수 '박진아'의 노래를 듣곤 했어요.
4) 친구: 자주 쇼핑하러 간 곳이 있어요?
   미정: 네, 명동에서 쇼핑하곤 했어요.
5) 친구: 방학에는 어디에 자주 갔어요?
   미정: 가족들과 함께 시골에 계신 할머니 댁에 가곤 했어요.

✩ 문법2

1) 환자: 아침을 먹을 시간이 없는데 꼭 아침, 점심, 저녁을 다 먹어야 하나요?
   의사: 밥 먹을 시간이 있건 없건 아침, 점심, 저녁을 꼭 챙겨 드셔야 합니다.
2) 환자: 채소를 좋아하지 않아서 잘 안 먹는데 꼭 먹어야 하나요?
   의사: 채소를 좋아하건 안 좋아하건 채소, 콩 등과 같이 건강에 좋은 음식을 꼭 드셔야 합니다.
3) 환자: 꼭 운동을 해야 하나요?
   의사: 운동이 좋건 싫건 날마다 30분 이상 운동을 하셔야 합니다.
4) 환자: 제가 모임이 많아서 술을 마실 일이 생길 것 같은데 조금도 안 되나요?
   의사: 그런 일이 생기건 안 생기건 술은 드시면 안 됩니다.
5) 환자: 제가 회사 일이 많이 바쁜데 한 달에 2번 꼭 와야 하나요?
   의사: 바쁘건 한가하건 한 달에 2번 꼭 오셔서 검사를 받으셔야 합니다.

✩ 연습해 봅시다

1) 미선: 도서관에 자주 가는 학생이셨어요?
   어머니: 응, 나는 시험 기간이건 아니건 날마다 도서관에 가서 공부를 했어.
   아버지: 나는 가고 싶을 때에만 도서관에 가곤 했지.
2) 미선: 방학에는 뭘 하곤 하셨어요?
   어머니: 방학에는 돈이 필요하건 필요하지 않건 경험을 쌓기 위해서 아르바이트를 했어.
   아버지: 나는 방학에 친구들과 여기저기 여행을 다니곤 했는데.

◆ 복습

1. 1) 자부심을 2) 응원해 3) 오디션을 4) 용돈을 5) 구인 광고를 6) 관계없이 7) 구하 8) 면접을 9) 시급을 10) 상상하면서
2. 1) 잘 만드는 걸 보니 2) 만들어 먹곤 했어요 3) 굽기만 하면 된다고 4) 맛이 있건 없건

16-1 서로 불편해질까 봐 그냥 모르는 척했어

✩ 어휘

1) 깔끔하다 2) 낯을 가린다 3) 상대방에게 맞춰 4) 고집이 세서

✩ 문법1

1) 엄마1: 안내원에게 길을 물어보는 사이에 아이가 없어졌어요.
2) 엄마2: 잠깐 다른 사람의 사진을 찍어 주는 사이에 아이가 없어졌어요.
3) 엄마3: 식당에서 음식을 주문하는 사이에 아이가 없어졌어요.
4) 아빠1: 화장실에 갔다가 오는 사이에 아이가 없어졌어요.
5) 아빠2: 선물 가게에서 선물을 고르는 사이에 아이가 없어졌어요.

✩ 문법2

1) 친구: 너, 무서운 영화를 잘 못 보잖아. 괜찮았어?
   민수: 아니. 가을 씨한테 멋있어 보이려고 무서운데 안 무서운 척했어.
2) 친구: 저녁은 뭘 먹었어?
   민수: 양식을 먹었어. 가을 씨가 양식을 먹고 싶다고 해서 안 좋아하는데 잘 먹는 척했어.
3) 친구: 양식집은 비싸지 않았어?
   민수: 가을 씨가 걱정할까 봐 비싼데 괜찮은 척했어.
4) 친구: 이건 웬 초콜릿이야?
   민수: 가을 씨가 만든 거래. 선물로 줘서 맛없는데 맛있는 척했지.
5) 친구: 가을 씨는 취미가 뭐래?
   민수: 클래식 음악을 좋아한대. 그래서 잘 모르는데 좀 아는 척했어.

✩ 연습해 봅시다

1) 가: 네가 헤드폰을 쓰고 음악을 듣는 사이에 중국 음식을 배달시켰는데 몰랐지?
   나: 나도 알고 있었어. 음악을 듣는 척하면서 통화 소리를 다 들었거든.
2) 가: 네가 샤워를 하는 사이에 방에서 몰래 생일 축하 카드를

썼는데 몰랐지?
나: 나도 알고 있었는데 그냥 모르는 척했어.

16-2 한국어로 일기를 써 보지 그래?

☆ 어휘

1) 고민하 2) 생겼어요 3) 걱정이에요
4) 걱정하세요 5) 해결했어요 6) 풀었어요 7) 들었어요
8) 들었어요 9) 따르

☆ 문법1

1) 친 구: 외국 유학을 가고 싶은데 무엇부터 준비 할까요?
누 리: 먼저 들어가고 싶은 학교의 입학 조건부터 알아보지 그래요?
2) 친 구: 요즘 스트레스 때문에 너무 힘들어요.
누 리: 신나는 공연이라도 보지 그래요? 스트레스가 좀 풀릴 거예요.
3) 친 구: 한국어 실력이 늘지 않아서 걱정이에요.
누 리: 학교에서 하는 언어 교환을 한번 신청해 보지 그래요?
4) 친 구: 살이 많이 쪄서 건강에 문제가 생겼어요. 어떻게 하지요?
누 리: 헬스클럽에 등록해서 운동을 좀 해 보지 그래요?
5) 친 구: 친구를 사귀기가 쉽지 않네요.
누 리: 같이 밥을 먹자고 먼저 이야기해 보지 그래요?

☆ 문법2

1) 내일 택배가 오거든 물건을 확인하고 나서 광고 팀으로 연락하세요.
2) 나를 찾아오는 사람이 있거든 무슨 일인지 확인하고 중요한 일은 나한테 바로 연락하세요.
3) 컴퓨터에 문제가 생기거든 성빈 씨에게 연락해서 해결하세요.
4) 오전 회의가 끝나거든 결과를 문자로 알려주세요.
5) 모르는 게 있거든 김 과장한테 물어보세요.

☆ 연습해 봅시다

1) 가: 열심히 공부하는데도 모르는 게 너무 많아.
나: 모르는 게 있거든 내일 학교에 가서 선생님께 물어보지 그래? 혼자 공부해서 다 해결할 수 있는 건 아니잖아.
2) 가: 너무 조용해서 그런지 집에서는 공부가 잘 안 돼.
나: 집에서 공부가 잘 안 되거든 근처에 있는 커피숍에라도 가서 해 보지 그래?

◆ 복습

1. 1) 포기하 2) 틀림없이 3) 사실 4) 해결해야
5) 조언을 6) 솔직히 말할 7) 몰래 8) 괴로워하면서

2. 1) 모르는 척했어요 2) 쳐다보는 사이에 3) 물어보거든
4) 신청해 보지 그래요

17-1 근무 조건도 좋고 해서 지원해 보려고 합니다

☆ 어휘

1) 변덕스러웠다 2) 다행스러운 3) 조심스럽
4) 사랑스럽다 5) 후회스럽다

☆ 문법1

1) 친구: 너희는 행사 때 뭘 팔기로 했어?
노라: 커피를 팔 건데 잘 팔릴지 모르겠어.
2) 친구: 게임도 준비해?
노라: 응, 물 풍선 던지기 게임을 하려고 하는데 재미있을지 모르겠어.
3) 친구: 음식은?
노라: 내가 떡볶이를 만들 건데 맛있게 만들 수 있을지 모르겠어.
4) 친구: 행사에 온 사람들에게 기념품도 줄 거야?
노라: 응, 예쁜 물병을 주려고 하는데 사람들이 좋아할지 모르겠어.
5) 친구: 졸업한 선배들도 초대했어?
노라: 응, 그런데 선배님들이 많이 오실지 모르겠어.

☆ 문법2

1) 하늘: 리타오 씨는 주말에 뭘 했어요?
리타오: 몸도 안 좋고 해서 집에만 있었어요.
2) 리타오: 유키 씨는 주말에 뭘 했어요?
유키: 병원에도 가야 하고 해서 시내에 나갔다 왔어요.
3) 유키: 주앙 씨, 머리를 잘랐군요. 시원해 보여요.
주앙: 네, 날씨도 덥고 해서 머리를 잘랐어요.
4) 주앙: 흐엉 씨는 주말에 뭘 했어요?
흐엉: 입을 옷도 없고 해서 백화점에 갔어요.
5) 흐엉: 윤아 씨는 주말에 뭘 했어요?
윤아: 약속이 있었는데 배도 아프고 해서 약속을 취소했어요.

☆ 연습해 봅시다

1) 가: 내일은 뭘 할 거야?
나: 빌려야 할 책도 있고 해서 동네 도서관에 가려고. 그런데 도서관이 작아서 내가 찾는 책이 있을지 모르겠어.
가: 그럼 학교 도서관에 가 봐.
1) 가: 주말에 뭘 할 거야?
나: 집에 있기 답답하고 해서 놀이공원에 갈까 해. 그런데 주말에는 사람이 너무 많아서 잘 놀 수 있을지 모르겠어.
가: 그럼 일찍 가서 인기 있는 놀이 기구를 먼저 타.

17-2 그럼 처음부터 솔직하게 말하지

☆ 어휘

1) 곤란한 2) 거절했다 3) 직접적으로 말하면
4) 돌려서 말했다

☆ 문법1

1) 민철: 서둘러서 나오느라고 아무것도 안 먹었더니 배가 너무 고팠어.
친구: 빵이라도 좀 먹고 나오지.
2) 민철: 버스를 탔는데 길이 많이 막혔어.
친구: 버스를 타지 말고 지하철을 타지.
3) 민철: 버스에서 내려서 뛰어가다가 길에서 넘어졌어.
친구: 조심 좀 하지.
4) 민철: 여자 친구하고 만나서 극장에 갔는데 보려는 영화가 매진이 돼서 못 봤어.
친구: 미리 예매를 해 놓지.

5) 민철: 다른 영화를 보고 식당에 갔는데 식당에 빈자리가 하나도 없었어.
친구: 미리 예약을 하고 가지.

☆ 문법2

1) 회원2: 8월이면 휴가철이어서 비행기 표가 비쌀 텐데요.
2) 회원3: 아침 6시 20분에 출발하는 건 너무 빠른 것 같아요. 늦는 사람이 많을 텐데요.
3) 회원4: 한라산에 올라가는 시간이 12시네요. 그 시간에는 올라가기 힘들 텐데요.
4) 회원5: 텐트에서 자는 건 너무 불편할 텐데요.
5) 회원6: 둘째 날 아침에 너무 일찍 일어나는 것 같아요. 다들 못 일어날 텐데요.

☆ 연습해 봅시다

1) 가: 무슨 걱정이라도 있어? 얼굴이 안 좋아 보여.
나: 응, 어제 친구가 약속 시간에 늦어서 내가 화를 많이 냈는데 좀 후회가 돼. 다음 주에 유학을 가니까 앞으로 자주 못 만날 텐데.
가: 화가 나도 좀 참지. 친구한테 지금 사과하지 그래? 받아줄 것 같은데.
2) 가: 무슨 걱정이라도 있어? 얼굴이 안 좋아 보여.
나: 응, 오늘 집에서 나올 때 휴대 전화를 깜빡하고 놓고 나왔어. 저녁 약속이 있어서 집에 늦게 가거든. 어머니께서 걱정하실 텐데.
가: 집에서 나올 때 잊어버린 것은 없는지 잘 확인하고 나오지. 필요하면 내 휴대 전화를 써.

◆ 복습

1. 1) 곤란한 2) 수입하는 3) 귀한 4) 통역을
5) 거절하 6) 조심스러웠다 7) 돌려서 말했다 8) 솔직하
9) 섭섭해했다 10) 후회하

2. 1) 약속도 없고 해서 2) 나한테 연락하지
3) 갈 수 있을지 모르겠어 4) 좋을 텐데

18-1 쇼핑하러 갔다가 그 식당에 들른 적이 있어요

☆ 어휘

1) 온라인 2) 정기 3) 2차로 4) 술자리 5) 친분 6) 유지를

☆ 문법1

1) 친구: 아침마다 걷기 운동을 하세요?
흐엉: 네, 걷기 운동을 하면 스트레스가 풀린다고 해서 매일 30분씩 걸어요.
2) 친구: 물을 왜 이렇게 많이 마셔요?
흐엉: 몸에 물이 부족하면 여드름이 생긴다고 해서 물을 많이 마시려고 해요.
3) 친구: 왜 이렇게 저녁을 일찍 드세요?
흐엉: 저녁 6시 이후에는 음식을 안 먹는 것이 다이어트에 좋다고 해서 저녁을 일찍 먹어요.
4) 친구: 10시밖에 안 됐는데 벌써 자요?
흐엉: 네, 잠이 모자라면 빨리 늙는다고 해서 11시 전에 자려고 해요.
5) 친구: 주말마다 춤을 배운다면서요?
흐엉: 네, 취미 활동을 하는 것이 피로 회복에 도움이 된다고 해서 주말마다 춤을 배워요.

☆ 문법2

1) 친구: '남자친구들'의 사인을 받았군요.
리나: 콘서트를 보러 갔다가 사인을 받았어요.
2) 친구: 재미있는 사진이 많네요. 이 집 사진은 어디에서 찍었어요?
리나: 작년에 대만에 갔다가 집이 너무 신기해서 찍었어요.
3) 친구: 이 한국 친구는 어떻게 만났어요?
리나: 고향 친구 생일 파티에 갔다가 소개를 받았어요.
4) 친구: 유명한 배우하고 사진을 찍었군요.
리나: 네, 친구를 데리러 공항에 갔다가 만났어요.
5) 친구: 이렇게 오래된 사진기는 어디에서 구했어요?
리나: 회사 근처 벼룩시장에 잠깐 들렀다가 발견했어요.

☆ 연습해 봅시다

1) 가: 사랑 씨를 어떻게 알아요?
나: 악기를 연주하면 스트레스를 풀 수 있다고 해서 기타 학원에 갔다가 사랑 씨를 알게 됐어요.
2) 가: 연우 씨를 어떻게 만났어요?
나: 언어 교환을 하면 한국말이 빨리 는다고 해서 언어 교환 모임에 갔다가 거기에서 연우 씨를 만났어요.

18-2 지난주에 모였다면 시간이 부족하지 않았을 거예요

☆ 어휘

1) 불친절해서 2) 부자연스러워 3) 불합격했 4) 불가능합니다
5) 부주의한 6) 부정확해서

☆ 문법1

1) 제가 늘 돈 벌 생각만 하지 않았다면 모든 것이 지금보다 좋았을 겁니다.
2) 제가 건강을 생각하면서 일했다면 이렇게 큰 병에 걸리지는 않았겠지요.
3) 제가 가족과 함께 많은 시간을 보냈다면 지금 이렇게 미안하지는 않았을 거예요.
4) 제가 성공만 생각하면서 일하지 않았다면 더 재미있게 살았을 거예요.
5) 제가 아내의 말을 들었다면 이렇게 후회하면서 살지는 않았겠지요?

☆ 문법2

1) 누 리: 지난 번 시험보다 어려울 수도 있으니까 열심히 공부해야지.
2) 누 리: 나만 불합격할 수도 있잖아. 그래서 마음이 불안해.
3) 제 니: 내가 공부한 것만 시험에 나올 수도 있어. 잘 볼 수 있을 거야.
4) 제 니: 시험 문제가 쉬울 수도 있으니까 너무 걱정하지 마.
5) 제 니: 생각보다 시험을 잘 볼 수도 있잖아. 난 걱정 안 할래.

☆ 연습해 봅시다

1) 가: 비가 올 것 같은데요?
나: 어제 우산을 잃어버리지 않았다면 가지고 왔을 거예요. 아침부터 흐렸는데.

가: 우리가 집에 도착할 때 까지 비가 안 올 수도 있잖아요. 빨리 가요.
2) 가: 늦을 것 같다고 전화하셨잖아요. 일찍 오셨네요.
나: 제가 지하철을 타지 않았다면 정말 늦었을 거예요.
가: 잘하셨어요. 택시나 버스를 타면 길이 막혀서 시간이 더 걸릴 수도 있으니까요.

◆ 복습

1. 1) 정기 모임이 2) 친분이 3) 과제를 4) 불확실해서 5) 부자연스러워서 6) 적어도 7) 부족할 8) 들를게 9) 겹쳐서
2. 1) 들렀다가 2) 세일을 할 줄 알았다면 3) 인기가 많다고 해서 4) 안 맞을 수도 있으니까

19-1 어렸을 때는 많이 했었는데 요즘은 잘 안 해요

☆ 어휘

1) 윷놀이를 2) 편을 3) 이겼어요 4) 졌어요

☆ 문법1

1) 친구: 영빈 씨는 일본어를 잘 하니까 통역 일을 해 보세요.
영빈: 이 정도 일본어 실력을 가지고 통역 일을 할 수 있을까요?
2) 친구: 모은 돈으로 유학을 가세요.
영빈: 200만원을 가지고 갈 수 있는 곳이 있을까요?
3) 친구: 영빈 씨는 온라인에서 인기가 많으니까 온라인 사업을 해 보세요.
영빈: 팔로워 800명을 가지고 사업이 될까요?
4) 친구: 영빈 씨는 얼굴이 잘생겼으니까 배우에 도전해 보세요.
영빈: 이 정도 얼굴을 가지고 배우가 될 수 있을까요?
5) 친구: 영빈 씨는 다리가 기니까 모델에 도전해 보세요.
영빈: 이 정도 키를 가지고 모델이 될 수 있을까요?

☆ 문법2

1) 지금은 뭐든지 잘 먹지만 어렸을 때는 편식이 심했었어요.
2) 지금은 건강하지만 어렸을 때는 몸이 아주 약했었어요.
3) 지금은 친구가 많지만 어렸을 때는 친구가 없어서 혼자 놀 때가 많았었어요.
4) 지금은 노래를 잘 부르지만 어렸을 때는 노래를 못 불렀었어요.
5) 지금은 춤을 잘 추지만 어렸을 때는 춤을 잘 못 췄었어요.

☆ 연습해 봅시다

1) 가: 한나야, 이 성적을 가지고 어떻게 대학에 지원하니?
나: 어렵겠지? 입학할 때는 장학금도 받았었는데 성적이 점점 떨어졌어.
가: 오늘부터 나랑 같이 공부하자. 열심히 하면 다시 성적이 오를 거야.
2) 가: 할머니, 한 달에 20만원을 가지고 어떻게 생활하십니까?
나: 힘들지. 가족과 같이 살 때는 힘들지 않았었는데 지금은 너무 힘들어.
가: 외로워하지 마세요. 저희가 자주 와서 도와드리겠습니다.

19-2 같이 영화나 한 편 볼까요?

☆ 어휘

1) 아이들이 여기저기 모여서 놀고 있어요.	십중팔구
2) 발표할 때 너무 긴장해서 아무 말이나 하다가 내려왔어요.	다다익선
3) 영수 씨와 저는 말을 하지 않아도 서로의 마음을 잘 아는 사이에요.	동문서답
4) 스키장에서 아르바이트를 하면 진짜 좋아요. 스키도 타고 돈도 버니까요.	삼삼오오
5) 반 친구가 어느 나라에서 왔냐고 물었는데 20살이라고 대답했어요.	이심전심
6) 어머니, 당연히 삼만 원보다는 오만 원이 좋지요.	일석이조
7) 우디 씨는 오늘도 늦네요. 게임 때문에 못 일어났을 가능성이 커요.	횡설수설

☆ 문법1

1) 안느: 주디한테서 만화책이나 빌려다가 볼까?
2) 이튼: 나가기 싫었는데 잘 됐다. 난 게임이나 해야겠어.
3) 유키: 배도 고픈데 나는 김치볶음밥이나 만들어 먹어야겠다.
4) 유리: 난 오늘 고기를 먹고 싶었거든. 치킨이나 주문해야겠다.
5) 스티브: 나는 다 귀찮아. 잠이나 잘래.

☆ 문법2

1) 가: 많으면 많을수록 좋은 것은 무엇일까요?
나: 돈이에요.
2) 가: 적을수록 좋은 것은 무엇일까요?
나: 스트레스예요.
3) 가: 깨끗하게 닦을수록 점점 더 더러워지는 것은 무엇일까요?
나: 걸레예요.
4) 가: 볼수록 더 보고 싶어지는 것은 누구예요?
나: 제가 좋아하는 가수예요.
5) 가: 먹을수록 더 먹고 싶어지는 것은 뭐예요?
나: 아이스크림이에요.

☆ 연습해 봅시다

1) 가: 생각할수록 화가 나. 선배한테 이유도 없이 기분 나쁜 소리를 들었어.
나: 무슨 일이야. 오늘 기분도 안 좋은데 우리 클럽에 가서 춤이나 출까?
2) 가: 한국어는 공부하면 할수록 점점 더 어려워지는 것 같아. 포기하고 싶어.
나: 왜 그래. 기분 풀어. 우리 오늘 나가서 신나게 쇼핑이나 하자.

◆ 복습

1. 1) 민속놀이는 2) 편을 3) 이긴 4) 날려서 5) 지는 6) 고궁 7) 요새 8) 확실히 9) 일석이조네
2. 1) 윷을 가지고 2) 사용하기도 했었대요 3) 시간이 갈수록 4) 윷놀이나

20-1 자주 이용하시는 모양이네요

☆ 어휘
1) 블루투스 2) 알레르기 3) 휠체어 4) 멀티탭 5) 링거
6) 추리닝 7)플러그 8) 콘센트 9) 오픈카 10) 카센터
11) 매니큐어 12) 엠티 13) 핸들 14) 파이팅

☆ 문법1
1) 남자 친구가 준 반지를 창문 밖으로 던져 버렸어요.
2) 남자 친구와 찍은 사진을 찢어 버렸어요.
3) 남자 친구가 준 인형을 상자에 넣어 버렸어요.
4) 긴 머리를 짧게 잘라 버렸어요.
5) 남자 친구의 연락처를 다 지워 버렸어요.

☆ 문법2
1) 책이 많은 걸 보니 학생인 모양이에요.
2) 머리가 많이 아픈 모양인데요? 못 일어나네요.
3) 차에 있는 여자 아이가 많이 놀란 모양이에요. 계속 울고 있어요.
4) 경찰차가 왔네요. 누가 벌써 경찰을 부른 모양이에요.
5) 병원에서도 차가 왔네요. 저 남학생을 병원으로 데리고 갈 모양이에요.

☆ 연습해 봅시다
1) 가: 건물 뒤에 있던 큰 나무들을 다 잘라 버렸네.
나: 학교에서 여기에 뭘 만들 모양인데?
2) 가: 학교 앞에 있던 작은 식당들이 다 커피숍으로 바뀌어 버렸어.
나: 요즘은 식당보다 커피숍이 인기가 많은 모양이야.

20-2 미리 알았다면 싸게 구할 수 있었을 텐데요

☆ 어휘
1) 재학 증명서나 2) 졸업 증명서 3) 외국인 등록증을
4) 휴대 전화를 개통합니다 5) 보험에 듭니다 6) 지원서를

☆ 문법1
1) 선수3: 아니에요. 제가 공을 좀 더 빠르게 던졌다면 다른 팀 선수가 홈런을 치지 않았을 텐데요.
2) 선수4: 제 실수예요. 뛰다가 넘어지지 않았다면 점수를 얻었을 텐데요.
3) 선수5: 아니에요. 제가 마지막에 날아오는 공을 쳤다면 이겼을 텐데요.
4) 선수6: 제가 평소에 연습을 열심히 했다면 실수하지 않았을 텐데요.
5) 선수7: 제가 팔을 다치지 않았다면 오늘 경기에 나갔을 텐데요.

☆ 문법2
1) 가: 사무실은 어때요? 넓어요?
나: 그렇게 크지 않아요. 이 방만 해요.
2) 가: 그럼 쉴 공간이 좀 넓었으면 좋겠네요. 휴게실은 어때요?
나: 휴게실도 정말 작아요. 이 방 반만 해요.
3) 가: 다른 건 어때요? 컴퓨터는 좋아요?
나: 컴퓨터가 이 공책만 해요.
4) 가: 같이 일하는 사람들은 어때요?
나: 과장님이 계시는데 회의하실 때 목소리가 모깃소리만 해서 잘 들리지 않아요.
5) 가: 친해진 동료가 있어요?
나: 네, 옆자리의 민철 씨와 친해졌는데 키가 저만 한 분이세요.

☆ 연습해 봅시다
1) 가: 새 노트북을 샀는데 어때? 정말 작지? 네 노트북 반만 한 크기야.
나: 정말 작다. 나도 지난번에 안 샀으면 이번에 그 노트북을 샀을 텐데.
2) 가: 어제 민아의 콘서트에 다녀왔어. 앞자리에서 봤는데 정말 얼굴이 작았어. 얼굴이 주먹만 했어.
나: 그래? 나도 정말 가고 싶었어. 너하고 같이 갔다면 볼 수 있었을 텐데.

◆ 복습
1. 1) 필수 2) 다양한 3) 아낄 4) 고생하
5) 유익한 6) 활용할 7) 주고받으면서 8) 살펴볼수록

2. 1) 공책만 하던데요 2) 많은 모양이에요
3) 살 수 있었을 텐데요 4) 계산해 버리

연습 문제 답안

11-1 신청서를 확인하는 대로 연락을 드리겠습니다

어휘

1. 1) 문의하는 2) 대강 3) 교육을 4) 자세하
5) 다행이에요 6) 봉사 7) 알아들을

-는다고/ㄴ다고/다고 하던데

1. 1) 설악산의 단풍이 아름답다고 하던데 한번 가 봅시다.
2) 학교 앞 극장은 표가 매진됐다고 하던데 다른 극장으로 가세요.
3) 학교 앞 사거리는 복잡하다고 하던데 다른 길로 갈까요?
4) 정희 씨가 병원에 입원했다고 하던데 같이 병문안을 갑시다.
5) 다음 주부터 방학이라고 하던데 방학 동안 뭘 할 거예요?

2. 1) 부산에 볼거리가 많다고 하던데
2) 지하철역 앞에 새로 식당이 생겼다고 하던데
3) 앨리 씨는 화장품을 좋아한다고 하던데
4) 물을 자주 마시면 피부에 좋다고 하던데 물을 자주 드셔 보세요.
5) 요즘 사랑 극장에서 상영하는 액션 영화가 재미있다고 하던데 같이 보러 갈까요?

-는 대로

1. 1) 준비가 끝나는 대로 연락해 주세요.
2) 월급을 받는 대로 노트북을 살 거예요.
3) 여행에서 돌아오는 대로 은영 씨를 만나러 갈게요.
4) 청소를 끝내는 대로 요리를 시작합시다.
5) 시키신 일을 다 하는 대로 과장님께 말씀을 드리겠습니다.

2. 1) 식사를 다 하는 대로
2) 책을 받는 대로
3) 퇴근하는 대로
4) 정리하는 대로 하려고 해요.
5) 집 앞에 도착하는 대로 연락해 주세요.

11-2 힘들기는 하지만 외국인들에게 추천하고 싶어요

어휘

1. 1) 일상생활이 2) 추천해 3) 기회가 4) 믿는다
5) 체험할 6) 휴식이 7) 템플 스테이를

-기는 하다

1. 1) 가수 선민이 춤을 잘 추기는 하는데 노래를 잘 못 불러요.
2) 한국 생활이 힘들기는 해도 재미있어요.
3) 하나 식당이 멀기는 하지만 맛있어서 자주 가요.
4) 김치를 먹기는 하는데 좋아하지 않아요.
5) 어제 파티에 가고 싶기는 했지만 급한 일이 생겨서 못 갔어요.

2. 1) 구두가 예쁘기는 한데 2) 전공으로 배우기는 했지만
3) 음식이 많기는 했어 4) 당근이 건강에 좋기는 하지만
5) 연주회에 가기는 했는데

-다니

1. 1) 4월에 눈이 내리다니 그게 사실이에요?
2) 갈비 5인분을 혼자 다 먹다니 믿을 수 없어요.
3) 가게 문을 8시에 닫다니 너무 일찍 닫는 거 아니에요?
4) 겨울에 꽃이 피다니 신기하네요.
5) 좋은 일을 이렇게 많이 하시다니 정말 대단하십니다.

2. 1) 볼펜이 한 자루에 30만 원이라니
2) 1시간이나 기다리게 하다니
3) 2천명이나 콘서트를 보러 오다니
4) 합격한 사람이 거의 없다니
5) 더 오르다니 너무 심한 것 같아요

12-1 가 볼 만한 곳 좀 추천해 주세요

어휘

1. 1) 군데 2) 넉넉하니까 3) 코스로 4) 전용
5) 안내서 6) 안내원이 7) 등

-을/ㄹ 만하다

1. 1) 가 볼 만해요. 2) 입을 만해요.
3) 읽을 만해요. 4) 쓸 만해요. 5) 될 만해요.

2. 1) 한번 가 볼 만해요. 2) 한번 해 볼 만해요.
3) '겨울 동화'가 볼 만해요. 4) 삼계탕이 먹을 만해요.
5) 아직 신을 만해요.

-는답니다/ㄴ답니다/답니다

1. 1) 추석은 한국의 명절인데 사람들은 보통 고향에 간답니다.
2) 경복궁은 왕이 살던 집이랍니다.
3) 삼계탕은 닭과 인삼으로 만들어서 건강에 좋답니다.
4) 제주도는 일 년 내내 경치가 아름답답니다.
5) 판소리는 한국의 전통 음악이랍니다.

2. 1) 갈아타기가 편하답니다.
2) 인기 드라마에 나왔던 장소랍니다.
3) 대학 교수가 되었답니다.
4) 전주, 맛있는 음식도 많고 볼거리도 많답니다.
5) 목걸이를 선물하세요. 여자들은 보통 액세서리를 좋아한답니다.

12-2 부산이며 경주며 유명한 곳은 다 다녔어요

어휘

1. 1) 자유롭 2) 대표적 3) 찾아다니면서 4) 묵을 5) 여유를 갖

-을/ㄹ 뿐만 아니라

1. 1) 제주도는 경치가 아름다울 뿐만 아니라 공기도 깨끗해요.
2) 인터넷 예매는 간편할 뿐만 아니라 할인도 받을 수 있어서 좋아요.
3) 꿀맛 식당은 음식이 맛있을 뿐만 아니라 값도 싸서 항상 사람이 많아요.
4) 가수 제이는 노래를 잘 부를 뿐만 아니라 춤도 잘 춰서 인기가 많아요.
5) 대한 마트는 물건이 많을 뿐만 아니라 값도 싸서 자주 가요.

2. 1) 비쌀 뿐만 아니라 주인아주머니도 친절하지 않았거든요.
2) 좋을 뿐만 아니라 배우들이 연기도 잘해서 정말 재미있었어요.
3) 학교에서 가까울 뿐만 아니라 음식도 맛있어서 좋아요.
4) 디자인이 예쁠 뿐만 아니라 가벼워서 아주 좋아요.
5) 한국의 지하철은 갈아타기가 편할 뿐만 아니라 빨라서 좋거든요.

이며/며

1. 1) 저는 고기며 채소며 골고루 다 잘 먹어요.

2) 그 가게에는 옷이며 신발이며 마음에 드는 게 하나도 없었어요.
3) 가수 이안은 노래를 부르는 모습이며 춤이며 모두 다 멋있어요.
4) 주말에 놀러 가서 스키며 수영이며 제가 좋아하는 운동은 다 즐겼어요.
5) 재성 씨는 공부며 운동이며 못 하는 게 없어요.

2. 1) 옷이며 가방이며
2) 만두며 김밥이며 맛있는 메뉴가 아주 많아.
3) 음식이며 음료수며 제가 다 준비해 놓았어요.
4) 음식이며 볼거리며 정말 좋은 것이 너무 많아요. 꼭 가세요.
5) 네, 중국어며 영어며 정말 못하는 외국어가 없네요.

13-1 싸기도 하고 편리하기도 해서 자주 이용해요

어휘

1. 1) 가죽으로 2) 안심이 3) 그다지 4) 절약하 5) 고급스러워 6) 귀찮아서 7) 의류

만 못하다

1. 1) 그 가수는 춤 실력이 노래 실력만 못해요.
2) 백 번 보는 것이 직접 한 번 해 보는 것만 못해요.
3) 옛날 컴퓨터가 이번에 나온 컴퓨터만 못해요.
4) 하하 놀이공원이 행복 놀이공원만 못해요.
5) 리에 씨는 영어 실력이 한국어 실력만 못해요.

2. 1) 물냉면만 못할 것 같아요.
2) 전에 살던 집만 못한 것 같아요.
3) 남대문 시장이 명동만 못해요.
4) 인터넷으로 영화를 보는 게 극장에서 보는 것만 못해요.
5) 경치는 부산이 제주도만 못한 것 같아요.

-기도 하다

1. 1) 이제 고향으로 돌아간다고 생각하면 기쁘기도 하고 슬프기도 해요.
2) 아기 때문에 울기도 하고 웃기도 해요.
3) 주말에는 영화를 보기도 하고 쇼핑을 하기도 해요.
4) 방학이 되면 친구들과 여행을 가기도 하고 혼자 놀기도 해요.
5) 처음 혼자 가는 여행이라서 떨리기도 하고 기대가 되기도 해요.

2. 1) 쇼핑을 하기도 하고 2) 집에서 만들어 먹기도 하고
3) 미안하기도 하고
4) 싸기도 하고 편리해서 인터넷 쇼핑을 자주 해요.
5) 기쁘기도 하고 조금 슬프기도 했어요.

13-2 택배비는 네가 내야 할걸

어휘

1. 1) 반팔을 2) 택배비가 3) 게시판 4) 아깝다는 5) 품질이 6) 쇼핑몰을 7) 환불을

-을걸요/ㄹ걸요

1. 1) 집에 있을걸요. 2) 윤아 씨는 알걸요.
3) 30분 안에 갈 수 있을걸요. 4) 예약을 꼭 해야 할걸요.
5) 벌써 봤을걸요.

2. 1) 다음 주까지는 할걸요. 2) 독일 사람일걸요
3) 받을걸요 4) 드시고 올걸요. 5) 벌써 집에 갔을걸요.

-거나 하면

1. 1) 마이크가 안 되거나 리모컨 버튼이 잘 눌러지지 않거나 하면
2) 반찬이 더 필요하거나 더 주문할 음식이 있거나 하면
3) 약을 먹어도 낫지 않거나 더 아프거나 하면
4) 치수가 맞지 않거나 발이 불편하거나 하면
5) 아파서 학교에 올 수 없거나 급한 일이 있어서 늦거나 하면

2. 1) 몸이 아프거나 고향 음식을 먹거나 하면
2) 친구들과 예쁜 커피숍에 가거나 쇼핑을 하거나 하면
3) 커피를 마시거나 간단한 운동을 하거나 하면
4) 약속 시간에 늦거나 저에게 거짓말을 하거나 하면
5) 영수증이 없거나 옷을 벌써 입었거나 하면

14-1 행사 준비를 하느라고 잠을 못 잤어요

어휘

1. 1) 행사가 2) 우정을 3) 밤새 4) 데리 5) 젊은이가 6) 양국 7) 나누

-느라고

1. 1) 요즘 발표 준비를 하느라고 바빴어요.
2) 만화책을 보느라고 시간 가는 줄 몰랐어요.
3) 사전에서 단어를 찾느라고 선생님의 설명을 못 들었어요.
4) 주말에 친구 이사를 도와주느라고 쉬지 못했어요.
5) 제 동생은 친구들하고 노느라고 공부를 안 해서 걱정이에요.

2. 1) 하느라고 늦게 잤어요.
2) 찾느라고 집에서 늦게 나왔어요.
3) 다른 생각을 하느라고 못 들었어요.
4) 친구 결혼식에 가느라고 못 갔어요.
5) 책을 읽느라고 못 잤어요.

-는단/ㄴ단/단 말이에요?

1. 1) 학교에 안 간단 말이에요?
2) 그렇게 똑똑하단 말이에요?
3) 5인분을 먹는단 말이에요?
4) 아직도 부모님과 같이 산단 말이에요?
5) 그렇게 유명한 배우란 말이에요?

2. 1) 새벽에도 시장이 문을 연단 말이에요?
2) 엠마 씨 동생이 가수란 말이에요?
3) 물을 그냥 준단 말이에요?
4) 그렇게 여행을 많이 했단 말이에요?
5) 과자가 그렇게 맛있단 말이에요?

14-2 세제를 사다가 주세요

어휘

1. 1) 가져올게 2) 예의가 3) 빈손으로 4) 근데 5) 가져가세요 6) 실용적 7) 주의하세요

-어다가/아다가/여다가

1. 1) 어제 빌린 책을 친구에게 가져다가 줬어요.
2) 집 근처 도서관에서 잡지를 빌려다가 봤어요.

3) 이 과일 좀 할머니께 가져다가 드릴래?
4) 내일은 꼭 은행에서 돈을 찾아다가 하숙비를 내야겠어요.
5) 은하 씨, 저 머리가 많이 아픈데 약 좀 사다가 주시겠어요?

2. 1) 좀 사다가 먹을까? 2) 가져다가 드릴게요.
3) 샌드위치라도 사다가 줄까? 4) 만화책이라도 빌려다가 볼래?
5) 제가 또 만들어다가 드릴게요.

다니요?

1. 1) 눈이 오다니요? 2) 삼계탕이 맵다니요?
3) 졸업 여행을 못 가다니요? 4) 내일 고향에 돌아가다니요?
5) 그 영화가 재미없다니요?

2. 1) 은성이가 결혼을 하다니?
2) 우리 학교에서 텔레비전 프로그램을 촬영하다니요?
3) 콘서트 표가 벌써 매진이라니요?
4) 엘리베이터가 고장이 나다니요?
5) 기숙사 신청이 끝나다니요?

15-1 이제 보내기만 하면 돼요

어휘

1. 1) 노력하 2) 포기하 3) 그만두 4) 응원해
5) 앞두 6) 그동안

-는 걸 보니

1. 1) 방에 불이 꺼져 있는 걸 보니 룸메이트가 아직 안 온 것 같네요.
2) 이튼 씨가 요즘 계속 늦게 퇴근하는 걸 보니 회사 일이 많은가 봐요.
3) 미나 씨가 계속 학교에 안 오는 걸 보니 무슨 일이 생긴 것 같아요.
4) 은하 씨가 자꾸 기침을 하는 걸 보니 감기에 걸린 것 같네요.
5) 하늘에 구름이 잔뜩 낀 걸 보니 집에 갈 때 우산이 필요할 것 같아요.

2. 1) 표정이 안 좋은 걸 보니
2) 콘서트 표가 벌써 다 팔린 걸 보니
3) 광고에 많이 나오는 걸 보니
4) 병원 차가 서 있는 걸 보니 옆집에 무슨 일이 생겼나 보다.
5) 항상 기다리는 사람들이 많은 걸 보니 음식이 맛있나 봐요.

-기만 하면 되다

1. 1) 굽기만 하면 돼요. 2) 나눠 주기만 하면 돼요.
3) 담기만 하면 돼요. 4) 끓이기만 하면 돼요.
5) 내기만 하면 돼요.

2. 1) 만들기만 하면 돼요. 2) 걸기만 하면 돼.
3) 버리기만 하면 돼. 4) 이제 그릇에 담기만 하면 돼.
5) 이제 찾아오기만 하면 돼요.

15-2 가게 일을 도와드리곤 했습니다

어휘

1. 1) 내내 2) 관계없이 3) 경력이 4) 용돈을
5) 면접이 6) 구인 광고가

-곤 하다

1. 1) 공부를 하곤 했어요. 2) 여러 가지 음식을 만들곤 했어요.
3) 배달시켜서 먹곤 했어요. 4) 자전거를 타곤 했어요.
5) 찾아다니곤 했어요.

2. 1) 오곤 했는데 2) 극장에 가곤 했어요.
3) 책을 읽곤 했어요. 4) 데이트를 하곤 했어요.
5) 생강차를 끓여 주시곤 했어요.

-건 -건

1. 1) 친하건 안 친하건 2) 다 왔건 안 왔건
3) 재미있건 재미없건 4) 계시건 안 계시건
5) 바쁘건 한가하건

2. 1) 비가 오건 눈이 오건 2) 잘하건 못하건
3) 머리가 길건 짧건 4) 맛이 있건 없건
5) 비싸건 싸건

16-1 서로 불편해질까 봐 그냥 모르는 척했어

어휘

1. 1) 몰래 2) 사고방식이 3) 말없이
4) 괴로워하 5) 까다로워서 6) 상황을

-는/은/ㄴ 사이에

1. 1) 제가 조는 사이에 누가 제 지갑을 가져갔어요.
2) 제가 낮잠을 자는 사이에 눈이 왔나 봐요.
3) 제가 잠깐 은행에 간 사이에 친구가 우리 집에 왔다 간 것 같아요.
4) 마트에서 잠깐 물건을 보는 사이에 아이가 없어졌어요.
5) 백화점 매장에서 옷을 입어 보는 사이에 전화가 왔어요.

2. 1) 자는 사이에 2) 부모님이 주무시는 사이에
3) 이야기하는 사이에 4) 잠이 든 사이에
5) 외출한 사이에

-는/은/ㄴ 척하다

1. 1) 아는 척했어요. 2) 자는 척했어요.
3) 부자인 척했어요. 4) 외롭지 않은 척했어요.
5) 안 먹은 척했어요.

2. 1) 못 본 척해서 2) 의사인 척하면서
3) 잘하는 척했어요. 4) 안 아픈 척했어요.
5) 괜찮은 척하

16-2 한국어로 일기를 써 보지 그래?

어휘

1. 1) 점수가 2) 틀림없이 3) 고민이에요 4)쓸데없이
5) 사실 6) 걱정스러워요 7) 자연스러워

-지 그래요?

1. 1) 방 친구한테 깨워달라고 부탁하지 그래요?
2) 아침마다 사과를 먹어 보지 그래요?
3) 간식을 줄이고 운동을 시작하지 그래요?
4) 계속 기다리지 말고 전화라도 해 보지 그래요?
5) 궁금해 하지만 말고 선생님께 물어보지 그래요?

2. 1) 선생님하고 상담을 해 보지 그래요?
2) 그럼 조용한 카페에 가서 공부하지 그래요?
3) 제가 사는 하숙집으로 이사를 하지 그래요?
4) 그렇게 계속 머리가 아프면 병원에 가 보지 그래요?
5) 그럼 아르바이트라도 찾아보지 그래요?

-거든

1. 1) 핸드폰에 문제가 생기거든 2) 약을 먹어도 낫지 않거든
3) 잠이 안 오거든 4) 옷이 마음에 안 들거든
5) 아이가 집에 오거든

2. 1) 도와줄 사람이 필요하거든
2) 회의가 늦게 끝나거든
3) 안나 씨가 오거든 급한 일이 있어서 먼저 갔다고 이야기해 주세요.
4) 생일 파티가 끝나거든 엄마한테 전화해라. 데리러 갈게.
5) 오리엔테이션이 끝나거든 아까 안내해 드린 식당으로 바로 오세요.

17-1 근무 조건도 좋고 해서 지원해 보려고 합니다

어휘

1. 1) 추천서가 2) 수입하 3) 복사기가 4) 번역을
5) 통역을 6) 귀한 7) 갑작스러운

-을지/ㄹ지 모르겠다

1. 1) 교수님이 저를 알아보실지 모르겠어요.
2) 합격할 수 있을지 모르겠어요.
3) 민수 씨가 그 일을 기억할지 모르겠어요.
4) 버스가 다닐지 모르겠어요.
5) 물건이 남아 있을지 모르겠어요.

2. 1) 같이 식사를 할 수 있을지 모르겠네요.
2) 파티에 올지 모르겠네요.
3) 아기가 이 책을 읽을 수 있을지 모르겠어요.
4) 외국 손님들 입에 맞을지 모르겠어요.
5) 글쎄요, 다 할 수 있을지 모르겠어요.

-고 해서

1. 1) 음악도 너무 시끄럽고 해서 2) 몸도 안 좋고 해서
3) 값도 싸고 해서 4) 물어볼 것도 있고 해서
5) 교통도 불편하고 해서

2. 1) 가깝고 해서
2) 요즘 건강도 좀 안 좋고 해서
3) 할 일도 다 끝나고 해서
4) 요즘 시간도 없고 해서 친구들을 자주 못 만나요.
5) 일도 재미없고 해서 회사를 옮겼어요.

17-2 그럼 처음부터 솔직하게 말하지

어휘

1. 1) 꾸는 2) 갚 3) 섭섭해요 4) 후회하
5) 솔직하 6) 실망했다

-지

1. 1) 도와주지. 2) 미리 연락하지. 3) 남겨 놓지.
4) 술을 많이 마시지 말지. 5) 참지.

2. 1) 서두르지. 2) 그 일을 맡지 말지.
3) 일기예보 좀 보고 나오지. 4) 커피를 그렇게 많이 마시지 말지.
5) 나한테도 이야기해 주지.

-을/ㄹ 텐데요

1. 1) 더 잘할 텐데요. 2) 건강에 안 좋을 텐데요.
3) 늦을 텐데요. 4) 자리가 없을 텐데요.
5) 눈이 나빠질 텐데요.

2. 1) 바빠서 못 올 텐데요. 2) 오실 텐데요. 3) 쌀 텐데.
4) 자고 있을 텐데. 5) 모자랄 텐데.

18-1 쇼핑하러 갔다가 그 식당에 들른 적이 있어요

어휘

1. 1) 별미예요 2) 꽤 3) 들러서 4) 겹쳐서
5) 맛집이라서 6) 양

-는다고/ㄴ다고/다고 해서[1]

1. 1) 여름에는 삼계탕이 건강에 좋다고 해서 삼계탕을 먹으러 가요.
2) 키위를 넣으면 고기가 부드러워진다고 해서 키위를 사 왔어요.
3) 처음 가는 집에 빈손으로 가면 예의가 아니라고 해서 꽃을 준비했어요.
4) 외국인도 건강 보험에 들 수 있다고 해서 알아보고 있어요.
5) 추석 연휴에는 국립 미술관 입장료가 무료라고 해서 미술관에 갈까 해요.

2. 1) 주말에 비가 온다고 해서
2) 저녁을 적게 먹어야 살이 빠진다고 해서
3) 짜게 먹으면 건강에 안 좋다고 해서
4) 인터넷 쇼핑이 싸다고 해서 인터넷에서 사려고 해요.
5) 전주에 가면 한옥 체험을 할 수 있다고 해서 전주에 가려고 해요.

-었다가/았다가/였다가[2]

1. 1) 마트에 우유를 사러 갔다가 옛날 남자 친구를 만났어요.
2) 친구를 따라서 서점에 갔다가 저도 책을 샀어요.
3) 친구 부모님 댁을 방문했다가 친구 여동생을 만났어요.
4) 필통을 사려고 문방구에 들렀다가 볼펜만 하나 샀어요.
5) 언니가 태권도 하는 것을 보러 갔다가 저도 같이 배우게 됐어요.

2. 1) 국제 교류 행사에 갔다가 2) 고기를 사러 마트에 갔다가
3) 근처에 왔다가 4) 유럽에 출장을 갔다가
5) 친구 집에 갔다가

18-2 지난주에 모였다면 시간이 부족하지 않았을 거예요

어휘

1. 1) 별일 2) 자신이 있나 3) 적어도 4) 자료는
5) 부족할 6) 이대로 7) 불가능한

-었다면

1. 1) 어제 공부를 하고 잤다면 시험을 잘 봤겠지요.
   2) 시계 소리를 듣고 일어났다면 학교에 일찍 도착했을 거예요.
   3) 좀 일찍 일어났다면 기차를 탔을 거예요.
   4) 쇼핑을 많이 하지 않았다면 생활비로 쓸 돈이 부족하지 않았겠지요.
   5) 학교 앞까지 가는 버스를 탔다면 힘들게 걸어서 가지 않았을 거예요.
2. 1) 어머니 말을 들었다면 2) 제시간에 기차를 탔다면
   3) 조금만 더 컸다면 농구 선수가 됐을 거예요.
   4) 네가 말했을 때 병원에 갔다면 이렇게 심하게 앓지는 않았을 거야.
   5) 제가 좀 더 열심히 공부했다면 좋은 점수를 받았겠지요?

-을/ㄹ 수도 있다

1. 1) 부족할 수도 있으니까
   2) 배가 고플 수도 있
   3) 더 아프실 수도 있습니다.
   4) 못 알아보실 수도 있으니까
   5) 필요할 수도 있
2. 1) 일이 좀 늦게 끝날 수도 있으니까
   2) 돈이 부족할 수도 있으니까요.
   3) 늦을 수도 있잖아요.
   4) 중요한 내용을 잊어버릴 수도 있으니까요.
   5) 제가 좋아하는 가수를 만날 수도 있잖아요.

19-1 어렸을 때는 많이 했었는데 요즘은 잘 안 해요

어휘

1. 1) 인원수를 2) 덕수궁이 3) 민속놀이를
   4) 윷놀이는 5) 맞아서

을/를 가지고

1. 1) 이 정도 수영 실력을 가지고 2) 이런 좋은 생각을 가지고
   3) 이 정도 작품을 가지고 4) 20만원을 가지고
   5) 재활용 쓰레기를 가지고
2. 1) 이 정도 기타 실력을 가지고 2) 이 음식을 가지고
   3) 이 돈을 가지고 4) 원피스를 가지고
   5) 10분 늦은 걸 가지고

-었었다/았었다/였었다

1. 1) 많이 왔었어요. 2) 적었었어요.
   3) 40도까지 올라갔었어요. 4) 없는 집이 많았었어요.
   5) 말도 잘 못했었어요.
2. 1) 덥지 않았었어요.
   2) 인기가 아주 많았었는데요.
   3) 12시까지 문을 열었었는데
   4) 어렸을 때는 참 넓어 보였었는데요.
   5) 머리가 많이 아팠었는데

19-2 같이 영화나 한 편 볼까요?

어휘

1. 1) 여가 2) 신세대 3) 게임에 빠져서 4) 역할은
   5) 확실히 6) 삼삼오오 7) 요새 8) 뛰어놀

이나/나

1. 1) 김밥이나 먹자. 2) 게임이나 할래?
   3) 라면이나 끓여서 먹을까? 4) 드라마나 봐.
   5) 필요한 물건이나 사.
2. 1) 그냥 자장면이나 배달 시켜서 먹자.
   2) 전화나 한번 해 봐.
   3) 나는 잠이나 자야겠다.
   4) 그럼 우리 떡볶이나 만들어 먹을까?
   5) 그래요? 그럼 오늘은 저하고 영화나 보러 갈래요?

-을수록/ㄹ수록

1. 1) 먹을수록 2) 클수록 3) 볼수록
   4) 사귈수록 5) 배울수록
2. 1) 인성 씨는 만날수록 2) 많이 걸으실수록
   3) 빠를수록 좋아요. 4) 집은 학교에서 가까울수록 좋아요.
   5) 이 게임은 하면 할수록 재미있거든요.

20-1 자주 이용하시는 모양이네요

어휘

1. 1) 놓치 2) 살펴봤어요 3) 필수예요 4) 전국
   5) 막차를 6) 기능이 7) 다양한

-어/아/여

1. 1) 먹어 버렸어요. 2) 끊어 버렸어요.
   3) 녹아 버렸어요. 4) 꺼 버렸어요. 5) 떠나 버렸어요.
2. 1) 줘 버렸어. 2) 나와 버렸어.
   3) 내가 지워 버렸어. 4) 전화번호를 바꿔 버려.
   5) 필요 없는 것인 줄 알고 제가 찢어 버렸는데요.

-는/은/을 모양이다

1. 1) 유행인 모양이에요. 2) 바쁜 모양이에요.
   3) 무슨 일이 생긴 모양이에요. 4) 아픈 모양이에요.
   5) 좋아하는 모양이네요.
2. 1) 오늘도 늦을 모양이에요. 2) 많은 모양이네요.
   3) 재미있는 모양이에요.
   4) 토미 씨가 카트리나 씨를 좋아하는 모양이에요.
   5) 오늘이 친구 생일인 모양이네요.

20-2 미리 알았다면 싸게 구할 수 있었을 텐데요

어휘

1. 1) 활용하는 2) 유익하다고 3) 물가가 4) 고생했다
   5) 아껴 6) 덕분 7) 주고받을

-었을 텐데요

1. 1) 시험에 합격했을 텐데요. 2) 만났을 텐데요.
   3) 먹지 않았을 텐데요. 4) 도착했을 텐데요.
   5) 길이 많이 막혔을 텐데요.

2. 1) 출발했을 텐데. 2) 힘들었을 텐데.
   3) 싸게 살 수 있었을 텐데. 4) 기다리지 않았을 텐데.
   5) 좋았을 텐데요.

만 하다

1. 1) 제 방이 이 교실 반만 해요.
   2) 제 컴퓨터가 이 공책만 해요.
   3) 어제 산 가방이 이 가방만 해요.
   4) 친구 얼굴이 손바닥만 해요 5) 우리 집이 저 집만 해요.

2. 1) 손바닥만 해 2) 쥐꼬리만 해요. 3) 주먹만 했어요.
   4) 단춧구멍만 하 5) 남산만 한

색인

어휘 색인

ㄱ

어휘	과·항	구분
가격	13과 1항	확장
가꾸다	3과 1항	대화
가능성	15과 1항	확장
가능하다	2과 1항	대화
가득하다	4과 2항	확장
가렵다	6과 2항	확장
가입하다	2과 2항	대화
가져가다	14과 2항	대화
가져오다	14과 2항	대화
가죽	13과 1항	대화
각자	2과 2항	대화
간단하다	5과 2항	대화
간식	5과 2항	확장
간편하다	5과 2항	확장
갇히다	9과 1항	확장
감동	7과 2항	대화
감동적	7과 2항	확장
감추다	10과 1항	대화
갑작스럽다	17과 1항	대화
강의	1과 1항	확장
갖다	12과 2항	대화
갖추다[1]	3과 1항	대화
갖추다[2]	14과 2항	확장
갚다	17과 2항	대화
개인적	2과 1항	대화
개통하다	20과 2항	확장
거절을 당하다	17과 2항	확장
거절하다	17과 2항	확장
걱정스럽다	16과 2항	대화
건전지	4과 2항	확장
걸다	10과 2항	대화
걸리다	3과 2항	확장
겁을 내다	10과 1항	확장
겁이 나다	10과 1항	확장
게시판	13과 2항	대화
게으르다	8과 1항	확장
겨우	5과 1항	확장
결국	5과 1항	확장
겹치다	18과 1항	대화
경기장	7과 1항	확장
경기하다	7과 1항	확장
경력	15과 2항	대화
경력자	15과 2항	확장
경비	12과 1항	확장
고객	13과 2항	확장
고궁	19과 1항	대화
고급스럽다	13과 1항	대화
고민	16과 2항	대화
고생하다	20과 2항	대화
고집이 세다	16과 1항	확장
고층	3과 1항	확장
곤란하다	17과 2항	확장
골고루	5과 2항	대화
공간	3과 1항	대화
공공장소	14과 2항	확장
공연장	7과 1항	확장
공연하다	7과 1항	확장
과목	1과 1항	확장
과식	8과 1항	확장
과음	8과 1항	확장
과제	18과 2항	대화
관계없이	15과 2항	대화
관람객	7과 1항	확장
관람하다	7과 1항	확장
관리하다	3과 1항	대화
괜히	5과 1항	확장
괴로워하다	16과 1항	대화
굉장하다	12과 2항	확장
교육	11과 1항	대화
교육 환경	3과 1항	확장
교통비	12과 1항	확장
구인 광고	15과 2항	대화
구하다[1]	15과 2항	확장
구하다[2]	16과 2항	확장
국악	2과 2항	확장
국제 교류	14과 1항	확장
국제 진료 센터	6과 1항	대화
군데	12과 1항	대화
굶다	5과 2항	확장
궁금하다	1과 2항	대화
귀찮다	13과 1항	대화
귀하다	17과 1항	대화
규칙적	8과 1항	대화
그다지	13과 1항	대화
그동안	15과 1항	대화
그렇지 않아도	2과 1항	대화
그리	7과 1항	대화
그만	10과 1항	대화
그만두다	15과 1항	대화
근데	14과 2항	대화
근무 조건	15과 2항	확장
근육이 생기다	8과 2항	확장

금연	8과 1항	확장
금주	8과 1항	확장
급히	9과 1항	대화
기능	20과 1항	대화
기르다	15과 1항	확장
기본적	5과 1항	대화
기술	1과 1항	대화
기온	6과 1항	대화
기운	8과 1항	대화
기타	12과 1항	확장
기회	11과 2항	대화
긴장되다	1과 2항	대화
길거리	14과 2항	확장
까다롭다	16과 1항	대화
까먹다	10과 2항	확장
깔끔하다	16과 1항	확장
깜박하다	10과 2항	확장
깜짝	5과 1항	대화
깨우다	9과 2항	확장
깨지다	3과 2항	확장
꺼지다	3과 2항	확장
꽂히다	3과 2항	확장
꽤	18과 1항	대화
꾸다	17과 2항	대화
꿈	1과 1항	대화
끊기다	3과 2항	확장
끊다	8과 1항	확장
__끼	5과 2항	확장
끼이다	9과 1항	확장

ㄴ

나누다	14과 1항	대화
나타나다	10과 1항	대화
나타내다	10과 1항	확장
난방	3과 2항	대화
날리다	19과 1항	확장
낮추다	9과 2항	확장
낯설다	1과 2항	대화
낯을 가리다	16과 1항	확장
내내	15과 2항	대화
내다	8과 2항	대화
내려가다	6과 1항	대화
냉방	3과 2항	대화
넉넉하다	12과 1항	대화
노력하다	15과 1항	대화
노약자	14과 2항	확장
녹다	9과 2항	확장
녹이다	9과 2항	확장
놀라다	5과 1항	대화
놀랍다	12과 2항	확장
놓이다	3과 2항	확장
놓치다	20과 1항	대화
눕히다	9과 2항	확장
늘리다	10과 2항	대화
늦추다	9과 2항	확장

ㄷ

다다익선	19과 2항	확장
다양하다	20과 1항	대화
다행스럽다	17과 1항	확장
다행이다	11과 1항	대화
다행히	9과 1항	대화
단독 주택	3과 1항	대화
단점	11과 1항	확장
닫히다	3과 2항	확장
당연히	3과 2항	대화
당일	6과 1항	대화
당하다	9과 1항	확장
당황스럽다	5과 1항	대화
대강	11과 1항	대화
대단하다	7과 1항	대화
대사	7과 2항	확장
대충	8과 1항	대화
대표적	12과 2항	대화
덕분	20과 2항	대화
덕수궁	19과 1항	대화
데리다	14과 1항	대화
도전하다	1과 2항	확장
돌려서 말하다	17과 2항	확장
돌아다니다	2과 2항	대화
동기	1과 1항	대화
동문서답	19과 2항	확장
되게	5과 1항	확장
두다	4과 2항	대화
들다[1]	2과 2항	확장
들다[2]	4과 1항	대화
들르다	18과 1항	대화
들리다	3과 2항	확장
들키다	10과 1항	대화
등	12과 1항	대화
등록금	15과 2항	확장
따로따로	4과 2항	대화
따르다	16과 2항	확장
뛰어나다	1과 2항	대화
뛰어놀다	19과 2항	대화
뜻대로	8과 1항	대화

ㄹ

링거	20과 1항	확장

ㅁ

막차	20과 1항	대화
말없이	16과 1항	대화
맛집	18과 1항	대화
맞다	19과 1항	대화
맡기다	9과 2항	대화
맡다	9과 2항	확장
매니큐어	20과 1항	확장
매진되다	7과 1항	대화
먹이다	9과 2항	확장
먹히다	3과 2항	확장
멀티탭	20과 1항	확장
멋지다	12과 2항	확장
메모리	20과 1항	대화
면담하다	2과 1항	확장
면접	15과 2항	대화
목표	15과 1항	확장
몰래	16과 1항	대화
무대	7과 2항	확장
묵다	12과 2항	대화
문의하다	11과 1항	대화
문화 교류	14과 1항	확장
문화 차이	11과 2항	확장
문화 체험	11과 2항	확장
물가	20과 2항	대화
민속놀이	19과 1항	대화
믿다	11과 2항	대화

ㅂ

바뀌다	3과 2항	확장
반값	13과 1항	확장
반팔	13과 2항	대화
반하다	12과 2항	확장
발목	6과 2항	대화
발음	16과 2항	대화
발표회	2과 2항	확장
밤늦게	8과 2항	대화
밤새	14과 1항	대화
밴드	20과 1항	확장
버리다	4과 2항	대화
번개 모임	18과 1항	확장
번거롭다	9과 2항	대화
번역	17과 1항	대화
벌금	4과 2항	대화
벼룩시장	14과 1항	확장
변덕스럽다	17과 1항	확장
별미	18과 1항	대화
별일	18과 2항	대화
보이다[1]	3과 2항	확장
보이다[2]	9과 2항	대화
보험	20과 2항	확장
복사기	17과 1항	대화
복용하다	6과 1항	확장
봉사	11과 1항	대화
부끄러워하다	10과 1항	대화
부동산	3과 2항	대화
부상	9과 1항	확장
부자연스럽다	18과 2항	확장
부정확하다	18과 2항	확장
부족하다	18과 2항	대화
부주의하다	18과 2항	확장
부지런하다	8과 1항	확장
불가능하다	18과 2항	대화
불교	11과 2항	대화
불규칙하다	8과 1항	대화
불친절하다	18과 2항	확장
불합격하다	18과 2항	확장
불확실하다	18과 2항	확장
블루투스	20과 1항	확장
비기다	19과 1항	확장
비닐	4과 2항	대화
비상벨	9과 1항	확장
비용	4과 1항	대화
빈손	14과 2항	대화
빠지다[1]	9과 1항	확장
빠지다[2]	19과 2항	대화
뼈	6과 2항	대화
삐다	6과 2항	대화

ㅅ

사고방식	16과 1항	대화
사과하다	10과 2항	대화
사랑스럽다	17과 1항	확장
사실	16과 2항	대화
사용법	11과 1항	확장
사이좋다	10과 2항	확장
사회생활	1과 2항	확장
살리다	9과 2항	확장
살이 빠지다	8과 2항	확장
살이 찌다	8과 2항	확장
살펴보다	20과 1항	대화
삼삼오오	19과 2항	대화
상담	2과 1항	대화

단어	과	구분
상담 내용	2과 1항	확장
상담실	2과 1항	대화
상대방에게 맞추다	16과 1항	확장
상상하다	15과 1항	확장
상영관	7과 1항	확장
상영하다	7과 1항	대화
상쾌하다	3과 1항	대화
상하다	10과 2항	대화
상황	16과 1항	대화
새내기	1과 1항	확장
생년월일	1과 2항	확장
생활 방식	11과 2항	확장
생활비	15과 2항	확장
서투르다	5과 2항	대화
선반	9과 1항	대화
선택하다	2과 1항	대화
섭섭하다	17과 2항	대화
성별	1과 2항	확장
성적	1과 1항	확장
성적 증명서	20과 2항	확장
세계적	7과 2항	대화
세우다	9과 2항	확장
소비자	13과 2항	확장
소비하다	13과 2항	확장
소식	8과 1항	확장
속다	9과 2항	확장
속마음	10과 1항	대화
속이다	9과 2항	확장
솔직하다	17과 2항	대화
솔직히 말하다	16과 1항	확장
쇼핑몰	13과 2항	대화
쇼핑백	20과 1항	확장
수납	6과 1항	확장
수도	3과 2항	대화
수리	9과 2항	대화
수입하다	17과 1항	대화
수집하다	11과 1항	확장
숙박비	12과 1항	확장
술자리	18과 1항	확장
숨기다	9과 2항	확장
숨다	9과 2항	확장
습관	8과 1항	대화
시간이 나다	10과 1항	확장
시급	15과 2항	확장
식비	12과 1항	확장
식욕	8과 1항	대화
식후	6과 1항	확장
신기다	9과 2항	확장
신나다	7과 2항	확장
신세대	19과 2항	대화
신입생	1과 1항	대화
신제품	13과 1항	확장
신형	13과 1항	확장
신혼부부	3과 2항	대화
실력	1과 2항	대화
실망하다	17과 2항	대화
실생활 정보	20과 2항	확장
실용적	14과 2항	대화
십중팔구	19과 2항	확장
싸다	4과 1항	확장
쌓이다	3과 2항	확장
쓰러지다	6과 2항	확장
쓰이다	3과 2항	확장
쓸데없이	16과 2항	대화
씻기다[1]	3과 2항	확장
씻기다[2]	9과 2항	확장

ㅇ

단어	과	구분
아깝다	13과 2항	대화
아끼다	20과 2항	대화
아이쇼핑	20과 1항	확장
아침저녁	6과 1항	대화
안과	6과 2항	확장
안기다	3과 2항	확장
안내서	12과 1항	대화
안내원	12과 1항	대화
안색	8과 2항	대화
안심	13과 1항	대화
안전띠	9과 1항	확장
앉히다	9과 2항	확장
알레르기	20과 1항	확장
알려지다	7과 2항	대화
알리다	9과 2항	확장
알아듣다	11과 1항	대화
알아주다	10과 2항	대화
앓다	6과 1항	대화
앞두다	15과 1항	대화
앱	20과 1항	대화
야식	5과 2항	확장
양	18과 1항	대화
양국	14과 1항	대화
양보하다	14과 2항	확장
어기다	10과 2항	확장
어떡하다	9과 1항	대화
어지럽다	6과 2항	확장
엑스레이	6과 2항	대화

엠티	20과 1항	확장
여가	19과 2항	대화
여드름	6과 2항	확장
여유	12과 2항	대화
역무실	9과 1항	대화
역사적	12과 2항	대화
역할	19과 2항	대화
연기	7과 2항	대화
연날리기	19과 1항	확장
연주회	2과 2항	확장
영양	5과 2항	대화
영양제	8과 2항	대화
예의	14과 2항	대화
예정	4과 1항	대화
오디션	15과 1항	대화
오토바이	20과 1항	확장
오픈카	20과 1항	확장
오해하다	10과 2항	확장
온라인 동호회	18과 1항	확장
온라인 상담	2과 1항	확장
옮기다	4과 1항	확장
외국인 등록증	20과 2항	확장
요새	19과 2항	대화
용돈	15과 2항	대화
우정	14과 1항	대화
운동 부족	8과 2항	확장
운동량이 늘다	8과 2항	확장
울리다	9과 2항	확장
웃기다	9과 2항	확장
웃어른	14과 2항	확장
원인	11과 1항	확장
유실물 센터	9과 1항	대화
유익하다	20과 2항	대화
유지	18과 1항	확장
윷놀이	19과 1항	대화
음식물 쓰레기	4과 2항	확장
음주	8과 1항	확장
응원하다	15과 1항	대화
의논하다	2과 1항	확장
의류	13과 1항	대화
이기다	19과 1항	확장
이대로	18과 2항	대화
이력서	1과 2항	확장
이루다	15과 1항	확장
이심전심	19과 2항	확장
이용하다	2과 1항	대화
인스턴트식품	5과 2항	확장
인원수	19과 1항	대화
일반 쓰레기	4과 2항	확장
일상생활	11과 2항	대화
일석이조	19과 2항	확장
일시	7과 1항	대화
일자리	15과 2항	확장
일정표	2과 1항	대화
읽히다	9과 2항	확장
입사하다	1과 2항	대화
입장료	12과 1항	확장
입학 정보	20과 2항	확장
입학식	1과 1항	확장
입학하다	1과 1항	대화
입히다	9과 2항	확장

ㅈ

자기소개	1과 2항	확장
자랑스럽다	12과 2항	확장
자료	18과 2항	대화
자부심	15과 1항	확장
자세하다	11과 1항	대화
자신	18과 2항	대화
자연스럽다	16과 2항	대화
자연환경	3과 1항	확장
자유롭다	12과 2항	대화
작품	7과 2항	확장
잔뜩	5과 1항	확장
잔소리가 많다	16과 1항	확장
잡다	4과 1항	확장
잡히다	3과 2항	확장
장난	10과 2항	대화
장점	11과 1항	확장
장학금	1과 1항	확장
재우다	9과 2항	확장
재킷	13과 1항	대화
재학 증명서	20과 2항	확장
재학생	1과 1항	확장
재활용품	4과 2항	대화
저층	3과 1항	확장
적당히	8과 2항	대화
적어도	18과 2항	대화
전국	20과 1항	대화
전문가	1과 1항	대화
전시회	2과 2항	대화
전용	12과 1항	대화
전통 문화	11과 2항	확장
전화 상담	2과 1항	확장
절약하다	13과 1항	대화
젊은이	14과 1항	대화

점수	16과 2항	대화
접수	6과 1항	확장
정기 모임	18과 1항	확장
정리하다	4과 1항	확장
정보	1과 1항	대화
정신없이	8과 2항	대화
정원	3과 1항	대화
정하다	12과 1항	확장
정형외과	6과 2항	확장
제기차기	19과 1항	확장
제대로	4과 2항	대화
조리 시간	5과 2항	확장
조사하다	11과 1항	확장
조심스럽다	17과 1항	확장
조언	16과 2항	확장
존경하다	15과 1항	확장
졸업 증명서	20과 2항	확장
졸업생	1과 1항	확장
종량제 봉투	4과 2항	확장
좌석	7과 1항	대화
주고받다	20과 2항	대화
주의하다	14과 2항	대화
주인공	7과 2항	대화
주제	7과 2항	확장
죽이다	9과 2항	확장
증상	6과 2항	확장
지내보다	1과 2항	대화
지다	19과 1항	확장
지루하다	7과 2항	확장
지원서	20과 2항	확장
지원하다	11과 1항	확장
지키다	14과 2항	확장
직접적으로 말하다	17과 2항	확장
진심	10과 2항	대화
진찰	6과 1항	대화
진찰실	6과 1항	확장
진통제	6과 2항	대화
진학 상담	2과 1항	확장
질	13과 2항	확장
짜다	12과 1항	확장
쫓기다	3과 2항	확장
찍히다	3과 2항	확장
찢어지다	3과 2항	확장

ㅊ

_차	18과 1항	확장
차다	19과 1항	확장
차츰	5과 1항	확장
착각하다	10과 2항	확장
창피하다	5과 1항	대화
찾아다니다	12과 2항	대화
찾아뵈다	5과 1항	대화
채우다	9과 2항	확장
챙기다	4과 1항	대화
처방전	6과 1항	확장
처방하다	6과 2항	대화
첫인상	5과 1항	대화
체온	6과 1항	확장
체중	6과 1항	확장
체험하다	11과 2항	대화
쳐다보다	5과 1항	대화
초보자	15과 2항	확장
초청장	14과 1항	확장
초청하다	14과 1항	확장
촬영하다	6과 2항	대화
최고	15과 1항	확장
최대	13과 1항	확장
최선	1과 2항	대화
최신	13과 1항	확장
추리닝	20과 1항	확장
추천서	17과 1항	대화
추천하다	11과 2항	대화
축제	14과 1항	확장
충고	16과 2항	확장
취업 상담	2과 1항	확장
치수	13과 2항	확장
치우다	4과 2항	확장
친분	18과 1항	확장
친하다	2과 2항	대화

ㅋ

카센터	20과 1항	확장
캠퍼스	20과 1항	확장
커닝	20과 1항	확장
켜지다	3과 2항	확장
코스	12과 1항	대화
콘센트	20과 1항	확장
큰일	9과 1항	대화

ㅌ

태우다	9과 2항	확장
택배비	13과 2항	대화
템플 스테이	11과 2항	대화
통역	17과 1항	대화
통하다	3과 2항	대화
특가	13과 1항	확장

특기	1과 2항	확장
틀림없이	16과 2항	대화
틈	9과 1항	확장

ㅍ

파이팅	20과 1항	확장
판매자	13과 2항	확장
판매하다	13과 2항	확장
판소리	11과 2항	확장
팔리다	3과 2항	확장
편	19과 1항	확장
편리하다	3과 1항	확장
편식	8과 1항	확장
편의 시설	3과 1항	확장
평범하다	12과 2항	확장
평화롭다	12과 2항	확장
포기하다	15과 1항	대화
포장 이사	4과 1항	대화
표정	10과 1항	대화
표현하다	7과 2항	대화
풀다[1]	10과 2항	확장
풀다[2]	16과 2항	확장
풀리다	10과 2항	확장
품질	13과 2항	대화
풍부하다	5과 2항	대화
플러그	20과 1항	확장
피로가 쌓이다	8과 2항	확장
피로가 풀리다	8과 2항	확장
피부과	6과 2항	확장
필수	20과 1항	대화

ㅎ

하긴	10과 1항	대화
하도	5과 1항	확장
학과	1과 1항	대화
학력	1과 2항	확장
한꺼번에	5과 2항	대화
한옥	11과 2항	확장
합격하다	1과 2항	확장
합창	2과 2항	확장
해결책을 찾다	16과 1항	확장
해결하다	16과 2항	확장
핸들	20과 1항	확장
헬스클럽	8과 2항	대화
행사	14과 1항	대화
형광등	4과 2항	확장
혹시	4과 1항	대화
혼을 내다	10과 1항	확장
혼이 나다	10과 1항	확장
홈스테이	11과 2항	확장
화가 나다	10과 1항	확장
화를 내다	10과 1항	확장
화면	9과 2항	대화
화해하다	10과 2항	확장
확실하다	3과 2항	대화
확실히	19과 2항	대화
환불	13과 2항	대화
환상적	7과 2항	확장
환하다	3과 1항	확장
활동하다	2과 2항	대화
활용하다	20과 2항	대화
회복	6과 2항	대화
회원	2과 2항	확장
회장	2과 2항	확장
횡설수설	19과 2항	확장
후회스럽다	17과 1항	확장
후회하다	17과 2항	대화
훌륭하다	7과 2항	대화
휠체어	20과 1항	확장
휴식	11과 2항	대화
흡연	8과 1항	확장

문법 색인

ㄱ

-거나 하면	13과 2항
-거든	16과 2항
-거든요	10과 2항
-건 -건	15과 2항
-게 하다	8과 1항
-고 나서	5과 2항
-고 말다	10과 1항
-고 해서	17과 1항
-고서	9과 1항
-곤 하다	15과 2항
-기 위해서	1과 2항
-기가 쉽다	6과 1항
-기는 하다	11과 2항
-기는요	1과 1항
-기도 하다	13과 1항
-기만 하다	2과 1항
-기만 하면 되다	15과 1항

ㄴ

-나 보다	7과 2항
-느라고	14과 1항
-는걸보니	15과 1항
-는 대로	11과 1항
-는 대신에	8과 1항
-는모양이다	20과 1항
-는 사이에	16과 1항
-는 척하다	16과 1항
-는 편이다	1과 2항
-는다고 생각하다	7과 2항
-는다고 하던데	11과 1항
-는다고 해서[1]	18과 1항
-는다는 것이	10과 1항
-는다면	3과 1항
-는다면서요?	5과 2항
-는단 말이에요?	14과 1항
-는답니다	12과 1항
-는대요	4과 2항
-는데도	6과 1항

ㄷ

-다니	11과 2항
-다니요?	14과 2항
-던데	8과 2항

ㅁ

-만 못하다	13과 1항
만 하다	20과 2항

ㅅ

사동	9과 2항

ㅇ

아무	4과 2항
-어 놓다	4과 1항
-어 버리다	20과 1항
-어 보이다	2과 2항
-어 있다	3과 2항
-어다가	14과 2항
-어서 그런지	3과 1항
-어야지요	2과 2항
-었다가[2]	18과 1항
-었다면	18과 2항
-었더니	5과 1항
-었었다	19과 1항
-었을 것이다	7과 1항
-었을 텐데요	20과 2항
-으니까/니까[2]	9과 2항
-으려던 참이었다	2과 1항
-으려면[2]	6과 2항
-으면서도	8과 2항
을 가지고	19과 1항
-을 만하다	12과 1항
-을 뻔하다	9과 1항
-을 뿐만 아니라	12과 2항
-을 뿐이다	1과 1항
-을 수도 있다	18과 2항
-을 텐데요	17과 2항
-을걸요	13과 2항
-을까 봐	10과 2항
-을수록	19과 2항
-을지 -을지	4과 1항
-을지 모르겠다	17과 1항
-을지도 모르다	6과 2항
이나[2]	19과 2항
-이라든가	7과 1항
이며 이며	12과 2항

ㅈ

-잖아요	5과 1항
-지	17과 2항
-지 그래요?	16과 2항

ㅍ

피동	3과 2항

English Version

새 연세한국어 어휘와 문법 3-2

별책부록

NEW YONSEI KOREAN Vocabulary and Grammar

연세대학교 한국어학당 편

연세대학교 출판문화원

Foreword

The Yonsei University Korean Language Institute ("Yonsei KLI") was established in 1959 as the first institute to provide Korean language courses. Yonsei KLI has published numerous Korean language teaching textbooks and conducted various studies on Korean language pedagogy commensurate with its long history and prestigious reputation as the world's leading Korean language institute. Yonsei KLI has imparted language skills and knowledge of Korea's rich cultural heritage to over 140,000 students from 147 countries. More recently, the institute has extended the learning environment beyond physical classrooms to the online space through the creation of MOOCs(Massive Open Online Course), which have received deep appreciation from those who wish to learn the Korean language but are unable to attend Yonsei KLI in person. To keep pace with the rapidly evolving educational environment, Yonsei KLI continues to relentlessly pursue various endeavors to update and develop new methods of and materials for teaching the Korean language.

Yonsei KLI has offered various regular, short-term, and the university Korean courses for those who are studying the Korean language for both general and special purposes. The institute has been deeply committed to developing teaching materials of the highest quality that cater to learners' needs. The textbooks created and published by Yonsei KLI have been satisfying the diverse needs of Korean language instructors and learners around the world to provide excellent teaching and learning experiences.

Yonsei KLI is now proud to present the "New Yonsei Korean" textbook series which follows in the steps of the "Yonsei Korean 1–6" series, the all-time favorite textbook series for learning the Korean language. Many scholars and instructors with years of hands-on Korean language teaching experience have been involved, and great deals of time and effort have been dedicated in its development. Their understanding of the best teaching practices and the needs of learners are incorporated into this new series.

The recently published "New Yonsei Korean" textbook series is comprised of six levels of vocabulary and grammar, speaking and writing, and listening and reading textbooks. "New Yonsei Korean Vocabulary and Grammar" textbook helps the Korean learners at each level in building and utilizing the key vocabulary words and grammatical concepts. "New Yonsei Korean Speaking and Writing" textbook focuses on speaking and writing exercises that enable learners to familiarize themselves with expressions that are essential for communication in Korean. "New Yonsei Korean Listening and Reading" textbook fosters 2 the comprehension skills appropriate for each level of the Korean language through listening and reading exercises. The three textbooks in each series can be used together as a package to help learners acquire balanced Korean language proficiency or may be used separately depending on the educational environment or individual learners' needs. Furthermore, an additional guidebook for the vocabulary and grammar textbook was provided to assist teachers with relatively less experiences.

Yonsei KLI will continue to dedicate time and energy to developing textbooks and teaching materials that can satisfy the needs and meet the expectations of Korean language learners around the world. Yonsei KLI hopes that this newly released textbook series will be of great help to numerous instructors both inside and outside of Korea doing their utmost to offer top-notch Korean language education and to all of the learners around the world striving to learn the Korean language.

The Yonsei University Institute of Language Research and Education

The Yonsei Korean Language Institute Textbook Compilation Committee

Introduction

How the book has been organized

- There are a total of 40 sections, 20 units with 2 subsections.
- Each unit consists of practice exercises and each lesson consists of review questions.
  (Unit 1 - Unit 1 practice exercises - Unit 2 – Unit 2 practice exercises - Review questions)
- **Vocabulary:** This segment introduces vocabulary words from the dialogue in the unit, as well as vocabulary or expressions that are related to the lesson theme or appropriate for Level 3 learners.
- **Grammar:** Two grammar points are introduced per unit, totaling four grammar points in each lesson.
- **Practice Exercises:** An appendix is included to help students practice the vocabulary and grammar they have learned.
  Vocabulary: It helps students practice the vocabulary that they learned from the dialogue in each unit
  Grammar 1: It consists of simple grammar exercises, such as connecting two simple sentences into one complex sentence, and using the target grammar point to change the sentence.
  Grammar 2: It consists of exercises where students practice using grammar contextually by completing a conversation or sentence.
- **Review Questions:** Students can confirm and review the vocabulary and grammar they learned throughout the entire lesson (two unit).
  -#1: It consists of questions that encompass the whole of the vocabulary words in the lesson.
  -#2: It consists of questions that encompass the whole of the grammar points taught in the lesson.
- **Model Answer:** A model answer is given for the practice exercises and review questions to help self-study learners.
- **Appendix:** The vocabulary and grammar appendix is a list of the vocabulary words and grammar points that were introduced in each lesson in alphabetical order.
- **Supplementary Booklet:** The booklet contains a translation of the dialogue, vocabulary, grammar meaning, grammar usage, and grammar examples so that students can easily and comfortably practice Korean with the help of the supplementary booklet.

Details of each content

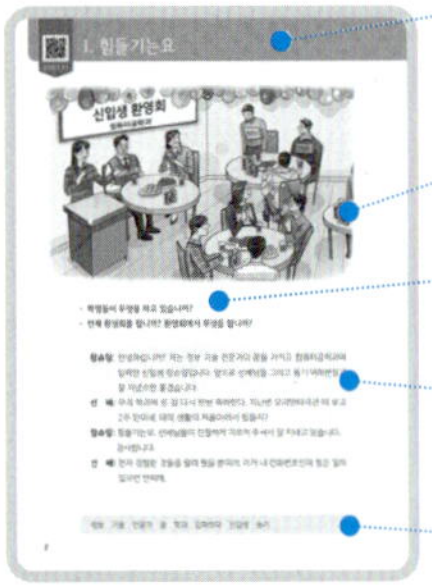

- **Unit Title:** The unit title is the representative sentence in the unit that reflects the grammar point that is being taught through the dialogue.
- **Introductory Illustration:** This is an illustration that is related to the theme or dialogue in the unit.
- **Introductory Question:** This is a question that is related to the introductory or main dialogue.
- **Dialogue:** The dialogue is formed as a conversation between more than two people, and this portion consists of two to three sets of dialogues.
- **Dialogue Vocabulary:** Vocabulary words that the students need to know when practicing the dialogue are introduced below the dialogue.

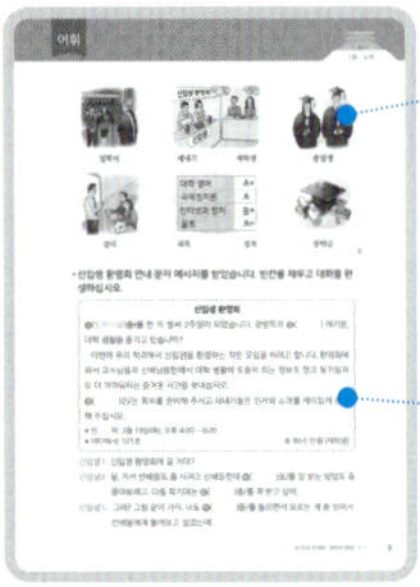

- **Expanded Vocabulary:** This consists of an extended list of vocabulary words that are related to the unit theme, as well as vocabulary and expressions that Level 3 learners should know. Illustrations and pictures are also included so that learners can easily understand and learn the vocabulary words.
- **Vocabulary Practice:** This consists of an exercise where learners will look at a picture and write or speak about it to confirm whether they have correctly understood the vocabulary that they have learned.

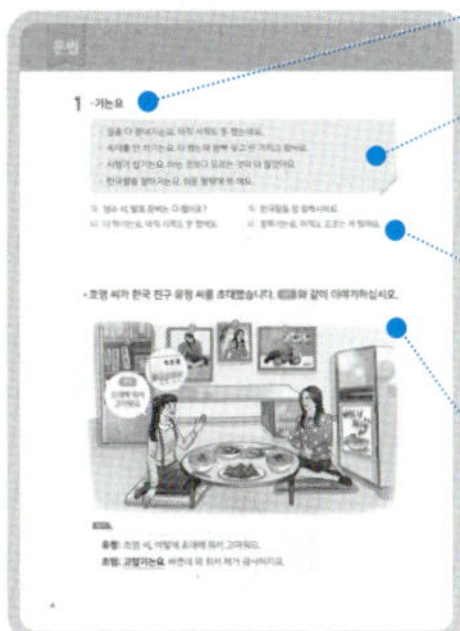

- **Grammar:** This segment introduces the grammar points of each unit.
- **Grammar Examples:** Four examples are provided so that learners can understand the target grammar point. The meaning of the target grammar point has been translated into various languages and is included in the supplementary booklet.
- **Grammar Dialogue:** Two sets of dialogues are contained so that learners can correctly understand the target grammar in context. The transcript of the dialogue has been translated into various languages and is contained in the supplementary booklet.
- **Grammar Practice:** This is an exercise that aims to help students appropriately use the grammar they have learned in the right context. Students will look at the "Example" and answer the questions.

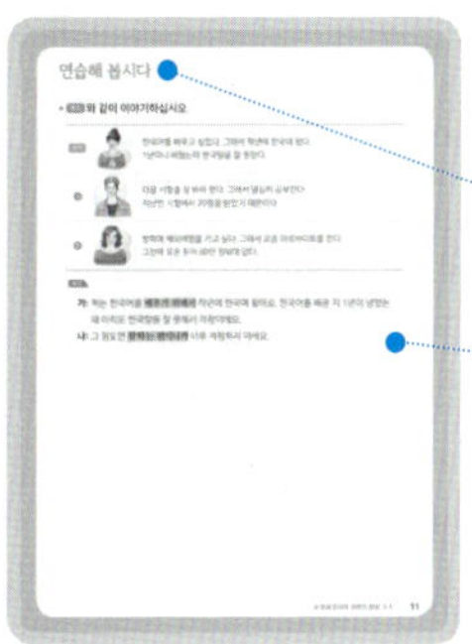

- **Let's Practice:** This exercise helps students speak sentences using the grammar they have learned in each unit.
- **"Example" Dialogue:** An example dialogue is provided so that learners can easily practice speaking.

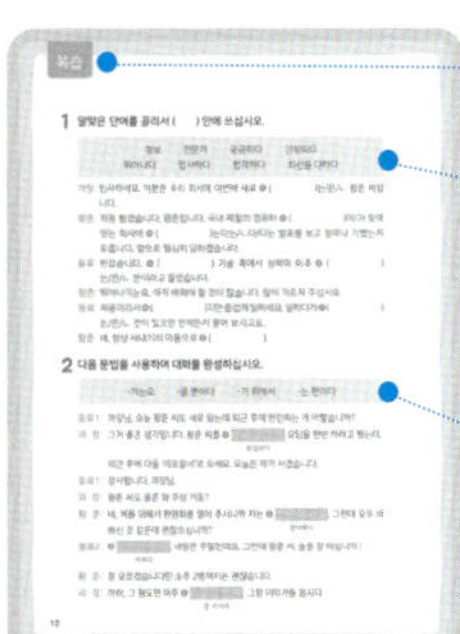

- **Review:** This is a review of the vocabulary and grammar contained in the lesson.
- **#1:** Students will choose the appropriate vocabulary to complete the dialogue or writing. The question covers all the vocabulary words in the lesson, which allows students to review and check the vocabulary words from the main dialogue, as well as the expanded vocabulary.
- **#2:** This question covers the grammar points in the entire lesson. Students can practice the grammar they've learned by using the four grammar points in the context of one discourse.

- **Practice Exercises:** This helps students practice the vocabulary and grammar they learned in each unit.
- **Vocabulary:** Students can choose from the vocabulary words they've learned from the main dialogue to complete each sentence.
- **#1:** It consists of simple grammar exercises, such as connecting two sentences into a complex sentence, or changing sentences.
- **#2:** It consists of exercises where students practice using grammar contextually by completing a conversation or making sentences.

Unit Compilation

Lesson	Unit	Grammar	Dialogue Vocabulary	Expanded Vocabulary
Lesson 11 A new experience	<1> We'll contact you as soon as we confirm receipt of your application	-는다고 하던데 -는 대로	교육(education), 봉사(community service), 다행이다(to be a relief), 문의하다(to inquire), 알아듣다(to understand), 자세하다(to be specific), 대강(roughly)	단점(demerits), 사용법(usage manual), 원인(cause), 장점(merits), 수집하다(to gather), 조사하다(to investigate), 지원하다(to apply)
	<2> It's hard, but I want to recommend it to foreigners	-기는 하다 -다니	기회(opportunity), 불교(Buddhism), 일상생활(daily life), 템플 스테이(temple stay), 휴식(rest), 믿다(to believe), 체험하다(to experience), 추천하다(to recommend)	문화 차이(cultural difference), 문화 체험(cultural experience), 생활 방식(way of life), 전통문화(traditional culture), 판소리(pansori), 한옥(Korean-style house), 홈스테이(homestay)
Lesson 12 Travel	<1> Please recommend a place worth visiting	-을 만하다 -는답니다	군데(a place), 등(etcetera), 안내서(brochure), 안내원(guide), 전용(for a specific use), 코스(course), 넉넉하다(plentiful)	경비(expenses), 교통비(transportation fee), 기타(other), 숙박비(lodging fee), 식비(meal fee), 입장료(entrance fee), 정하다(to decide), 짜다(to set)
	<2> I've been to all the famous places from Busan to Gyeongju	-을 뿐만 아니라 이며 이며	대표적(representative), 여유(leisure), 역사적(historical), 갖다(to have), 묵다(to stay the night), 자유롭다(to be free), 찾아다니다(to look for)	굉장하다(to be great), 놀랍다(to be amazing), 멋지다(to be fabulous), 반하다(to fall in love with), 자랑스럽다(to be proud of), 평범하다(to be ordinary), 평화롭다(to be peaceful)
Lesson 13 Shopping	<1> I use it often because it's cheap and saves time	만 못하다 -기도 하다	가죽(leather), 안심(peace of mind), 의류(clothing), 재킷(jacket), 고급스럽다(to be luxurious), 귀찮다(to be bothersome), 절약하다(to save), 그다지(not very)	가격(price), 반값(half price), 신제품(new product), 신형(new model), 최대(the biggest), 최신(the newest), 특가(special price)
	<2> You'll probably have to pay the delivery fee	-을걸요 -거나 하면	게시판(bulletin board), 반팔(short-sleeves), 쇼핑몰(shopping mall), 택배비(delivery fee), 품질(quality), 환불(refund), 아깝다(to be a waste of)	고객(customer), 소비자(consumer), 질(quality), 치수(size), 판매자(seller), 소비하다(to consume), 판매하다(to sell)

Lesson	Unit	Grammar	Dialogue Vocabulary	Expanded Vocabulary
Lesson 14 Invitation	<1> I had to make event preparations all night long, so I couldn't get any sleep	-느라고 -는단 말이에요?	밤새(all night), 양국(two countries), 우정(friendship), 젊은이(young people), 행사(event), 나누다(to share), 데리다(to bring with)	국제 교류(international exchange), 문화 교류(cultural exchange), 벼룩시장(flea market), 초청장(invitation), 축제(festival), 초청하다(to invite)
	<2> Buy some detergent to give as a gift	-어다가 -다니요?	빈손(empty-handed), 실용적(practical), 예의(etiquette), 가져가다(to take), 가져오다(to bring), 주의하다(to be cautious about), 근데(but)	공공장소(public place), 길거리(street), 노약자(the old and weak), 웃어른(elder), 갖추다²(to possess), 양보하다(to give up one's seat), 지키다(to mind one's manners)
Lesson 15 Work and life	<1> I just need to send it	-는 걸 보니 -기만 하면 되다	그동안(until now), 오디션(audition), 그만두다(to quit), 노력하다(to try), 앞두다(to have something coming up), 응원하다(to cheer), 포기하다(to give up)	가능성(possibility), 목표(goal), 자부심(pride), 최고(best), 기르다(to cultivate), 상상하다(to imagine), 이루다(to achieve), 존경하다(to respect)
	<2> I used to help out at the store	-곤 하다 -건 -건	경력(work experience), 구인 광고(job opening advertisement), 면접(interview), 용돈(spending money or allowance), 관계없이(without or regardless of), 내내(throughout)	경력자(experienced individual), 근무 조건(employment conditions), 등록금(tuition), 생활비(living expenses), 시급(hourly wage), 일자리(job), 초보자(beginner), 구하다¹(to look for)
Lesson 16 Worries and advice	<1> I just pretended not to notice because it might make both of us uncomfortable	-는 사이에 -는 척하다	사고방식(way of thinking), 상황(situation), 괴로워하다(to be tormented), 까다롭다(to be picky), 말없이(wordlessly), 몰래(secretly)	깔끔하다(to be clean), 고집이 세다(to be stubborn), 낯을 가리다(to be uncomfortable around strangers), 상대방에게 맞추다(to be accommodating), 솔직히 말하다(to be honest, to speak frankly), 잔소리가 많다(to nag a lot), 해결책을 찾다(to find a solution)
	<2> Why don't you try writing your journal in Korean?	-지 그래요? -거든	고민(worry), 발음(pronunciation), 사실(actually), 점수(grade), 걱정스럽다(to be worrisome), 자연스럽다(to be natural), 쓸데없이(needlessly), 틀림없이(undoubtedly)	조언(advice), 충고(warning), 구하다² to ask for (advice), 따르다(to follow), 풀다²(to solve), 해결하다(to resolve)

Lesson	Unit	Grammar	Dialogue Vocabulary	Expanded Vocabulary
Lesson 17 Request and refusal	<1> The conditions are good, so I'm thinking about applying	-을지 모르겠다 -고 해서	번역(translation), 복사기(copy machine), 추천서(letter of recommendation), 통역(interpretation), 갑작스럽다(to be sudden), 귀하다(to be precious), 수입하다(to import)	다행스럽다(to be fortunate), 변덕스럽다(to be capricious), 사랑스럽다(to be lovable), 조심스럽다(to be careful), 후회스럽다(to be regrettable)
	<2> Then you should have been honest from the start	-지 -을 텐데요	갚다(to pay back), 꾸다(to borrow), 섭섭하다(to be upset), 솔직하다(to be honest), 실망하다(to be disappointed), 후회하다(to regret)	거절하다(to refuse), 곤란하다(to be difficult or awkward), 거절을 당하다(to be refused), 돌려서 말하다(to say something indirectly), 직접적으로 말하다(to say something directly)
Lesson 18 Meeting	<1> I visited that restaurant once while I was out shopping	-는다고 해서[1] -었다가[2]	맛집(highly recommended restaurant), 별미(delicacy), 양(portion), 겹치다(to overlap with), 들르다(to stop by), 꽤(very)	번개 모임(unplanned get-together), 술자리(meeting with drinks), 온라인 동호회(online club), 유지(maintenance), 정기 모임(regular meeting), _차(_ round), 친분(acquaintance)
	<2> If we had met last week, we wouldn't be short on time	-었다면 -을 수도 있다	과제(assignment), 별일(special plans), 자료(material), 자신(confidence), 부족하다(to lack), 불가능하다to be impossible), 이대로(in this state, like this), 적어도(at least)	부자연스럽다(to be unnatural), 부정확하다(to be inaccurate), 부주의하다(to be careless), 불친절하다(to be unfriendly), 불합격하다(to fail), 불확실하다(to be uncertain)
Lesson 19 Play culture	<1> I used to play a lot when I was younger, but I don't these days	을 가지고 -었었다	고궁(old palace), 덕수궁(Deoksugung Palace), 민속놀이(traditional folk games), 윷놀이(Yunnori, a Korean traditional game played with four wooden sticks called yut), 인원수(number of people), 맞다(to greet)	연날리기(flying a kite), 제기차기(Jegichagi, a Korean traditional game where a Jegi is kicked with the foot and kept off the ground for as long as possible), 편(team), 날리다(to fly), 비기다(to be tied), 이기다(to win), 지다(to lose), 차다(to kick)
	<2> Why don't we just watch a movie together?	이나[4] -을수록	삼삼오오(in small groups), 신세대(new generation), 여가(leisure), 역할(role), 요새(these days), 뛰어놀다(to run and play), 빠지다[2](to get addicted to), 확실히(surely)	다다익선*the more the better), 동문서답(an incoherent reply), 십중팔구(in nine out of ten cases), 이심전심(tacit understanding), 일석이조(killing two birds with one stone), 횡설수설(gibberish)

Lesson	Unit	Grammar	Dialogue Vocabulary	Expanded Vocabulary
Lesson 20 Daily life information	<1> It seems like you use it frequently	-어 버리다 -는 모양이다	기능(function), 막차(final bus), 메모리(memory), 앱(app), 전국(nationwide), 필수(requirement), 놓치다(to miss), 다양하다(to be diverse), 살펴보다(to take a look)	링거(IV), 매니큐어(nail polish), 멀티탭(extension cord), 밴드(band aid), 블루투스(Bluetooth), 쇼핑백(shopping bag), 아이쇼핑(window shopping), 알레르기(allergy), 엠티(MT), 오토바이(motorcycle), 오픈카(convertible), 추리닝(sweatsuit), 카센터(auto repair center), 캠퍼스(campus), 커닝(cheating), 콘센트(electrical outlet), 파이팅(way to go), 플러그(plug), 핸들(steering wheel), 휠체어(wheelchair)
	<2> If I had known sooner, I would have been able to buy it for cheaper	-었을 텐데요 만 하다	덕분(thanks to), 물가(price), 고생하다(to suffer), 주고받다(to give and take), 아끼다(to save), 유익하다(to be beneficial), 활용하다(to utilize)	보험(insurance), 성적 증명서(transcript), 실생활 정보(information for daily life), 외국인 등록증(foreigner registration card), 입학 정보(enrollment information), 재학 증명서(proof of enrollment), 졸업 증명서(diploma), 지원서(application), 개통하다(to open)

Contents

Foreword / iii

Introduction / iv

Unit Compilation / vi

Characters / x

Lesson 11 A new experience 1

Lesson 12 Travel 13

Lesson 13 Shopping 25

Lesson 14 Invitation 37

Lesson 15 Work and life 49

Lesson 16 Worries and advice 61

Lesson 17 Request and refusal 73

Lesson 18 Meeting 85

Lesson 19 Play culture 97

Lesson 20 Daily life information 109

Appendix Practice / 122

Answer sheet / 184

Practice answer sheet / 194

Vocabulary index / 198

Bonus book Translation by language

Lesson 11 A new experience

<1> We'll contact you as soon as we confirm receipt of your application

Dialogue

Henry: I stopped by because there was something I wanted to ask you. I heard that foreigners can also do community service activities. Is it all right even if I'm not very good at Korean?
Employee: Yes, as long as you can understand some Korean, even foreigners can do community service.
Henry: That's a relief. I was worried because I'm not very good at Korean. What do foreigners usually do?
Employee: They teach children and help the elderly. We'll let you know the specifics of each activity during the class.
Henry: What do I need to do to take part in community service activities?
Employee: You just need to register on the website. After you register, we will contact you as soon as we confirm receipt of your application.

Vocabulary List

교육 **education**
다행이다 **to be a relief**
알아듣다 **to understand**
대강 **roughly**
사용법 **usage manual**
장점 **merits**
조사하다 **to investigate**
봉사 **community service**
문의하다 **to inquire**
자세하다 **to be specific**
단점 **demerits**
원인 **cause**
수집하다 **to gather**
지원하다 **to apply**

Grammar

1. -는다고/ㄴ다고/다고 하던데

- **Meaning and Usage**

This is used with an action or descriptive verb to speak about something the speaker has heard in the past to confirm its validity or to ask a question about that statement. It is also used to propose an action, make a suggestion, or give a command.

- **Form**

If the action verb stem ends in a consonant, '-는다고 하던데' is used and if it ends in a vowel, '-ㄴ다고 하던데' is used. Following a descriptive verb stem, '-다고 하던데' is used.

Preceding word stem	Combine with	Examples
Consonant (action verb)	-는다고 하던데	먹는다고 하던데, 읽는다고 하던데
Vowel (action verb)	-ㄴ다고 하던데	간다고 하던데, 배운다고 하던데
Descriptive verb	-다고 하던데	싸다고 하던데, 많다고 하던데

- **Examples**

안나 씨가 다음 주에 고향에 돌아간다고 하던데 송별회를 준비할까요?
I heard that Anna is returning to her hometown next week. Should we prepare a farewell party?
새로 나온 영화가 재미있다고 하던데 보셨어요?
I heard that the new movie is fun. Have you seen it?
리에 씨가 일본어 선생님이라고 하던데 리에 씨에게 물어 보세요.
I heard Rie is a Japanese teacher, so you should ask her.
오늘은 수리 센터가 문을 열었다고 하던데 오후에 한번 가 보세요.
I heard that the repair center is open today. You should stop by in the afternoon.

가: 정희 씨가 다음 달에 결혼한다고 하던데 정말이에요?
A: I heard that Jeonghee is getting married next month. Is that true?
나: 네, 요즘 결혼 준비 때문에 아주 바쁘대요.
B: Yes, she said she's very busy these days with wedding preparations.

가: 요즘 계속 목이 아파요.
A: My throat constantly hurts these days.
나: 생강차를 마시면 좋다고 하던데 한번 드셔 보세요.
B: I heard that ginger tea is good for throat aches. You should give it a try.

2. -는 대로

- **Meaning and Usage**

This is used together with an action verb to denote that as soon as a certain action is taken, something will immediately follow. This isn't used to refer to what has happened in the past. It is used to promise that something will happen in the future or make a request.

- **Examples**

집에 도착하는 대로 연락할게요.
I'll call you as soon as I arrive at home.
문자 메시지를 보는 대로 저에게 전화해 주세요.
Call me as soon as you see this text message.
퇴근하는 대로 약속 장소로 가겠습니다.
I will head over to our meeting location as soon as I get off from work.

저는 학교를 졸업하는 대로 일을 시작할 거예요.
I'm going to start working as soon as I graduate.

가: 오늘 언제 집에 올 거니? 빨리 와서 엄마 좀 도와줘.
A: When are you coming home today? Come quickly and give Mom a hand.
나: 네, 수업이 끝나는 대로 집에 올게요.
B: All right. I'll head home as soon as classes are over.

가: 제가 보낸 메일은 확인하셨어요?
A: Have you checked the email I sent?
나: 아니요, 확인하는 대로 문자를 보내겠습니다.
B: No, as soon as I check it, I'll send you a text message.

Lesson 11 A new experience

<2> It's hard, but I want to recommend it to foreigners

Dialogue

Yuki: I heard you did temple stay yesterday. How was it?
John: It was a good chance to temporarily forget the stress of daily life.
Yuki: I think it would be really helpful for people who need some rest. What did you do?
John: We woke up at 4 a.m. and took a walk nearby. We drank tea and shared a conversation.
Yuki: It must have been hard starting the day at 4 a.m.
John: Yes, it's hard but I want to really recommend it to foreigners who want to experience Korean culture. Even if you're not Buddhist, it will be a good experience.

Vocabulary List

기회 **opportunity**
불교 **Buddhism**
일상생활 **daily life**
템플 스테이 **temple stay**
휴식 **rest**
믿다 **to believe**
체험하다 **to experience**
추천하다 **to recommend**
문화 차이 **cultural difference**
문화 체험 **cultural experience**
생활 방식 **way of life**
전통문화 **traditional culture**
판소리 **pansori**
한옥 **Korean-style house**
홈스테이 **homestay**

Grammar

1. —기는 하다

- **Meaning and Usage**

This is used with an action or descriptive verb to acknowledge that the preceding statement is true.

- **Examples**

저는 매운 음식을 먹기는 하지만 좋아하지 않아요.
I do eat spicy food, but I don't particularly like it.
한나 씨를 알기는 해도 친하지는 않아요.
I do know Hannah, but we're not close.
어제 백화점에서 본 옷이 비싸기는 한데 사고 싶어요.
The clothes I saw yesterday are expensive, but I still want to buy them.
시간이 없어서 못 갔지만 저도 어제 모임에 가고 싶기는 했어요.
I couldn't go because I didn't have time, but I did want to go to yesterday's meeting.

가: 회사 일이 힘들지요?
A: Your office work is hard, right?
나: 힘들기는 하지만 배우는 것도 많고 재미있어요.
B: It is hard, but there's so much learn and it's also fun.

가: 한국에서 혼자 사니까 외롭지 않아요?
A: Isn't it lonesome living in Korea by yourself?
나: 가족과 같이 살지 않아서 외롭기는 한데 친구들이 있어서 괜찮아요.
B: It's lonely living without my family, but it's all right since I have my friends.

2. —다니

- **Meaning and Usage**

This is used with an action or descriptive verb to express the emotion felt by the speaker after seeing or hearing the preceding statement.

- **Examples**

그렇게 건강하던 사람이 병에 걸리다니 믿을 수 없어요.
I can't believe that a person so healthy could be sick with a disease.
나하고 만나기로 약속해 놓고 안 오다니 너무 심한 거 아니야?
I can't believe you promised to meet me and didn't show up. Isn't that a bit harsh?
지금까지 모은 돈이 그렇게 많다니 정말 대단하네요.
I can't believe you've saved up that much money until now. It's amazing.
어제 산 티셔츠가 한 벌에 100만 원이라니 그게 정말이에요?
I can't believe that the T-shirts you bought yesterday were 1,000,000 won each. Is that true?

가: 내일 서울의 낮 기온이 40도래요.
A: They say it's 40 degrees tomorrow in Seoul.
나: 40도라니 그게 정말이에요?
B: 40 degrees? Is that true?

가: 로니 씨가 열심히 준비한 시험에 떨어졌대.
A: Loni failed the test he was studying so hard for.
나: 정말? 그렇게 열심히 준비했는데 시험에 떨어지다니 말도 안 돼.
B: Really? I can't believe he failed when he prepared so hard for it.

• **Note**

This expression is followed by a confirmation or an expression of surprise or amazement.

Lesson 12 Travel

<1> Please recommend a place worth visiting

Dialogue

Juan: Hello, I suddenly came to Busan without planning for the trip. Could I receive some travel information?
Guide: Yes, what kind of information do you wish to receive?
Juan: Please recommend a course or some places worth visiting. There's plenty of time since I'll be here for three days and two nights.
Guide: Haeundae Beach and Taejongdae are famous in Busan. You can look at this brochure for courses to take or specific travel information.
Juan: Can I use that computer over there?
Guide: Of course. You can use it comfortably since it's for foreign tourists only.

Vocabulary List

군데 a place
등 etcetera
안내서 brochure
안내원 guide
전용 for a specific use only
코스 course
넉넉하다 to be plentiful
경비 expenses
교통비 transportation fee
기타 other
숙박비 lodging fee
식비 meal fee
입장료 entrance fee
정하다 to decide
짜다 to set

Grammar

1. —을/ㄹ 만하다

• **Meaning and Usage**

This is used with an action verb to state that it is all right to carry out a certain action or to reinforce that a given action is worth it.

• **Examples**

요즘 상영하고 있는 영화 중에서는 '아름다운 꿈'이 볼 만해요.
The recent movie "Beautiful Dream" is worth watching.
외국인이 읽을 만한 한국 소설책 좀 추천해 주세요.
Please recommend some Korean novels that are worth reading by foreigners.
이정희 씨가 이번에 과장이 됐는데 그 정도 실력이면 될 만하죠.
Jeonghee Lee was promoted as Director, and given her abilities, she deserves it.
휴대 전화가 좀 오래되기는 했지만 아직 쓸 만해요.
This cell phone is pretty old, but it's still usable.

가: 한국 음식 중에서 뭐가 제일 맛있어요?
A: What's the best among Korean foods?
나: 불고기가 먹을 만해요. 한번 드셔 보세요.
B: Bulgogi is worth eating. You should try it out.

가: 정우 씨가 이번에 장학금을 받았대요.
A: I heard Jeongwoo received the scholarship.
나: 받을 만해요. 진짜 열심히 공부했어요.
B: He deserves it. He studied really diligently.

• **Note**

This cannot be used with a descriptive verb.

2. —는답니다/ㄴ답니다/답니다

• **Meaning and Usage**

This is used with an action or descriptive verb to let someone know something you think they don't know.

• **Form**

If the action verb stem ends in 'ㄹ' or a vowel, '-ㄴ답니다' is used. If it ends in a consonant, '-는답니다' is used. Following a descriptive verb stem, '-답니다' is used.

Preceding word stem	Combine with	Examples
Consonant (action verb)	-는답니다	받는답니다, 먹는답니다
ㄹ, vowel (action verb)	-ㄴ답니다	판답니다, 모인답니다
descriptive verb	-답니다	많답니다, 바쁘답니다

• **Examples**

제 동생은 노래를 아주 잘 부른답니다.
My younger sibling is really good at singing.
된장을 즐겨 먹으면 오래 살 수 있답니다.
If you enjoy eating doenjang, you'll live a long life.
한라산은 한국에서 두 번째로 높은 산이랍니다.
Mount Halla is the second highest mountain in Korea.
이 학교는 역사가 130년이나 되었답니다.
This school has a 130-year history.

가: 경주는 어떤 곳이에요?
A: What kind of place is Gyeongju?
나: 경주는 역사 도시로 유명하답니다.
B: It's known as the city of history.

가: 이번에 제 남편이 회사 사장이 되었답니다.
A: You know, my husband became the head of the company recently.
나: 축하 드립니다.
B: Congratulations.

- **Note**

It can be used to express closeness or boast about something.

Lesson 12 Travel

<2> I've been to all the famous places from Busan to Gyeongju

Dialogue

Nora: Jenny, you've traveled a lot in Korea, right?
Jenny: Yes, I've been to all the famous places from Busan to Gyeongju.
Nora: I want to take some time by myself this vacation to leisurely travel on my own. Please recommend some nice places to visit.
Jenny: You haven't been to Gyeongju yet, right? Gyeongju is Korea's representative tourist location, and it's very nice for foreigners to travel on their own.
Nora: I've heard that Gyeongju is a historical city.
Jenny: Not only is there a lot to see in Gyeongju, it's a place where you can freely travel by bicycle. And there are a lot of places to safely stay the night on your own.

Vocabulary List

대표적 representative	여유 leisure
역사적 historical	갖다 to have
묵다 to stay the night	자유롭다 to be free
찾아다니다 to look for	굉장하다 to be great
놀랍다 to be amazing	멋지다 to be fabulous
반하다 to fall in love with	자랑스럽다 to be proud of
평범하다 to be ordinary	평화롭다 to be peaceful

Grammar

1. —을/ㄹ 뿐만 아니라

- **Meaning and Usage**

This is used with an action or descriptive verb to add something to the preceding content.

- **Examples**

배우 박재성은 연기를 잘할 뿐만 아니라 노래도 잘한대요.
Not only is the actor Jaeseong Park good at acting, I heard he's also a good singer.
이튼 씨는 성격이 좋을 뿐만 아니라 일도 잘해서 인기가 아주 많아요.
Ethan is very popular because not only does he have a good personality, he's great at his work, too.
학교 도서관에는 전공 책뿐만 아니라 다른 종류의 책도 많아요.
There are many different types of books in the library in addition to books related to your major.
작년 겨울은 아주 추웠을 뿐만 아니라 눈도 많이 내렸어요.
Not only was it very cold last winter, there was a lot of snow, too.

가: 슈테판 씨, 한국의 비빔밥은 어떤 음식이에요?
A: What kind of food is bibimbap in Korea, Stephan?
나: 맛있을 뿐만 아니라 영양도 아주 풍부한 음식이에요.
B: Not only is it tasty, it's very nutritious, too.

가: 마이클 씨, 이튼 씨가 그렇게 똑똑하다면서요?
A: Michael, I heard Ethan is really smart. Is that so?
나: 네, 책을 많이 읽을 뿐만 아니라 경험도 많아서 모르는 게 없는 것 같아요.
B: Yes. He not only reads a lot of books, he also has a lot of experience, so it seems like there's nothing he doesn't know.

2. 이며/며 이며/며

- **Meaning and Usage**

This is used with a noun to list two or more similar items and contents and connect them to the predicate.

- **Examples**

제가 과자며 과일이며 음료수까지 다 사 놓았어요.
I've already bought everything from cookies to fruit to beverages.
레오 씨는 요리며 운동이며 못 하는 것이 없네요.
Leo is good at everything, including cooking and sports.
우리 기숙사에는 식당이며 헬스클럽이며 없는 것이 없어요.
Our dormitory has everything from a cafeteria to a health club.
태균 씨는 성격이며 외국어 실력이며 모자란 점이 없는 사람이에요.
Taegyun lacks nothing, from foreign language ability to a good personality.

가: 새로 이사한 하숙집은 어때요?
A: How's the new boarding house?
나: 넓은 방이며 아주머니가 만드신 맛있는 음식이며 마음에 들지 않는 게 없어요.
B: I like everything about it from its spacious room to the delicious food the homeowner makes me.

가: 제주도는 어땠어요?
A: How was Jeju Island?
나: 음식이며 볼거리며 모든 게 다 좋았어요.
B: Everything was great, from the food to the sights to see.

Lesson 13 Shopping

<1> I use it often because it's cheap and convenient

Dialogue

Nora: This leather jacket is on sale for just one day today. How does it look?
Huong: It's cheap. But I think buying clothes online can't compare to buying clothes in a store.
Nora: I think this jacket is all right. The design is nice and it looks luxurious.
Huong: Even if it looks nice on screen, there are times when the actual product isn't that nice.
Nora: Then, do you always buy your clothes in the store, Huong? I use internet shopping often because it's cheap and convenient. It also saves time.
Huong: Of course it's a bit bothersome to actually go to the store. But I think you can have peace of mind by actually trying on the clothes before purchasing it.

Vocabulary List

가죽 leather
안심 peace of mind
의류 clothing
재킷 jacket
고급스럽다 to be luxurious
귀찮다 to be bothersome
절약하다 to save
그다지 not very
가격 price
반값 half price
신제품 new product
신형 new model
최대 the biggest
최신 the newest
특가 special price

Grammar

1. 만 못하다

- **Meaning and Usage**

This is used with a noun to compare two items, specifically to state that the preceding item is not as good as the following item.

- **Examples**

새 노트북이 빠르기는 한데 디자인은 제가 쓰던 노트북만 못해요.
The new laptop is fast, but the design doesn't compare to my previous laptop.
식당 음식이 맛있지만 어머니가 만들어 주신 음식만 못해요.
The food at the restaurant is delicious, but it doesn't compare to mom's homemade food.
가격은 비슷한데 배달 도시락이 편의점 도시락만 못한 것 같아요.
The prices are similar, but delivered lunch boxes aren't as tasty as convenience store lunch boxes.
숙박비가 비싼 호텔이 시설은 좋아도 편하기는 내 집만 못해요.
Pricey hotels may have nice facilities, but it's not as comfortable as my own home.

가: 이 영화는 유명한 소설을 영화로 만든 거라면서요?
A: I heard that this movie was based on a famous novel, right?
나: 네, 그런데 영화가 책만 못한 것 같네요.
B: Yes, but the movie isn't half as good as the novel.

가: 숙박 시설을 예약하려고 하는데 콘도가 좋을까? 펜션이 좋을까?
A: I'm trying to reserve lodging. Do you think a condo would be better or a pension?
나: 조용한 분위기를 원하는 사람한테는 콘도가 펜션만 못할 것 같아.
B: If you like a quiet ambiance, condos can't compare to pensions.

2. -기도 하다

- **Meaning and Usage**

This is used with an action or descriptive verb to state that both the contents of the preceding and following clauses are true or have happened.

- **Examples**

이 휴대폰은 가볍기도 하고 예쁘기도 해서 인기가 많아요.
This cell phone is lightweight and pretty, so it's very popular.
요리를 배우기 시작했는데 어렵기도 하고 재미있기도 해요.
I just started cooking lessons, and I think it's hard and fun at the same time.
외국으로 유학을 가게 돼서 기쁘기도 하고 조금 겁도 나요.
I'm happy and a bit scared about going overseas to study.
휴일에는 친구를 만나기도 하고 집에서 쉬기도 해요.
On days off, I meet with friends and rest at home.

가: 영하 씨가 쓴 소설이 드라마로 만들어졌다면서요?
A: I heard that the novel you wrote was re-made into a drama, Yeongha.
나: 네, 다음 주부터 방송이 되는데 기쁘기도 하고 걱정이 되기도 해요.
B: Yes, it's going to be aired next week, and I'm both pleased and worried at the same time.

가: 오늘 파티에 갈 거야?
A: Are you going to the party tonight?
나: 아니, 피곤하기도 하고 머리도 좀 아파서 안 가려고 해.
B: No, I'm a bit tired and I have a headache so I'm thinking about passing.

• **Note**

This can be used with concepts that are related and those that are opposite each other.

Lesson 13 Shopping

<2> You'll probably have to pay the delivery fee

Dialogue

Yuki: What do I need to do to get a refund on clothing that I bought through an internet shopping mall?
Hyunmi: Why? Is there a problem with it?
Yuki: I bought a short sleeve shirt, but the color is different from what I saw on screen.
Hyunmi: Really? Then you can write it on the shopping mall bulletin board or call the shopping mall directly to get a refund.
Yuki: But there will probably be a delivery fee to return the item. What about that fee?
Hyunmi: Because there's nothing wrong with the quality of the shirt, you'll probably have to pay the delivery fee.
Yuki: I see. It's a waste of money.

Vocabulary List

게시판 bulletin board	반팔 short sleeve
쇼핑몰 shopping mall	택배비 delivery fee
품질 quality	환불 refund
아깝다 to be a waste of	고객 customer
소비자 consumer	질 quality
치수 size	판매자 seller
소비하다 to consume	판매하다 to sell

Grammar

1. —을걸요/ㄹ걸요

• **Meaning and Usage**

This is used with an action or descriptive verb when a speaker makes a guess regarding something that has not happened or something that he/she is unsure about.

• **Examples**

유키 씨는 바빠서 못 올걸요.
I don't think Yuki will be able to come because she's busy.
방학이니까 금요일에도 극장에 사람이 많을걸요.
It's vacation, so the theater will probably be packed with people even on Fridays.
김 선생님 아들이 3년 전에 고등학생이었으니까 지금은 대학생일걸요.
Mr. Kim's son was a high school student three years ago, so he's probably a college student now.
영수 씨는 퇴근하면 보통 집으로 바로 가니까 벌써 집에 갔을걸요.
Yeongsu usually goes straight home after work, so he's probably at home right now.

가: 레오 씨 전화번호를 아는 사람이 있어요?
A: Is there anyone who knows Leo's phone number?
나: 아마 주앙 씨가 알걸요.
B: Juang probably knows it.

가: 한영 씨가 부산에 잘 도착했을까요?
A: Do you think Hanyeong arrived safely in Busan?
나: 출발한 지 3시간이나 지났으니까 벌써 도착했을걸요.
B: It's been about three hours, so he must have already arrived by now.

• **Note**

This is usually used when responding to somebody in a conversation.

2. —거나 하면

• **Meaning and Usage**

This is used with an action or descriptive verb to express that when the situation in the preceding clause takes place, the situation in the following clause will follow. It is also used to make a request.

• **Examples**

비가 오거나 눈이 내리거나 하면 무서워서 운전을 할 수 없어요.
If it rains or snows, I can't drive because I get scared.
저는 좀 피곤하거나 잠을 못 자거나 하면 머리가 아파요.
If I'm tired or don't get enough sleep, I get a headache.
잘 모르거나 더 알고 싶은 게 있거나 하면 꼭 질문하세요.
If there's anything you're not sure about or want to know more about, you should always ask.
화면이 깨지거나 전화가 끊기거나 하면 언제든지 오세요.
If the screen cracks or the phone cuts off, come visit any time.

가: 에릭 씨는 미국에 잘 도착했을까요?
A: Do you think Eric arrived safely in the U.S.?
나: 문제가 생겼거나 하면 전화를 했겠지요. 걱정하지 마세요.
B: If something had happened, he would have called. Don't worry.

가: 치수가 크거나 옷에 이상이 있거나 하면 다시 오세요. 언제든지 교환해 드립니다.
A: If the size is too big or there's something wrong with the clothes, come visit us again. We'll provide an exchange any time.
나: 네, 감사합니다.
B: Okay. Thank you.

• **Note**

More than two things can be listed by repeating '-거나' or it can be used to express that there are more things involved than what is stated.

Lesson 14 Invitation

<1> I had to make event preparations all night long, so I couldn't get any sleep

Dialogue

Hakan: I'm so tired. I had to make event preparations all night long, so I couldn't get any sleep.
Haneul: What kind of event?
Hakan: This Saturday, there's a "Turkey-Korea Cultural Day" at Yeouido Park. There will be Turkish food and instruments, along with various experiences and even performances. Haneul, you should come, too.
Haneul: It sounds like fun. Can I take some friends?
Hakan: Of course. The more the merrier, since this is an event aimed at fostering friendship between the young people of both countries. And I'll be in the Turkish dance performance, so you should definitely stop by and watch.
Haneul: Hakan, you'll be dancing? I didn't know. I can't wait!

Vocabulary List

밤새 all night	양국 two countries
우정 friendship	젊은이 young people
행사 event	나누다 to share
데리다 to bring with	
국제 교류 international exchange	
문화 교류 cultural exchange	
벼룩시장 flea market	초청장 invitation
축제 festival	초청하다 to invite

Grammar

1. —느라고

• **Meaning and Usage**

This is used with an action verb to express that the contents of the preceding clause is the purpose or cause of the contents of the following clause.

• **Examples**

주말에 아르바이트를 하느라고 쉬지 못했어요.
I was working my part-time job over the weekend, so I couldn't rest.
어제 밤에 책을 읽느라고 잠을 못 잤어요.
I was reading a book last night, so I didn't get any sleep.
혼자 집들이 음식을 만드느라고 정신없이 바빴어요.
I had to make the food for the housewarming party by myself, so I was so mindlessly busy.
친구 이야기를 듣느라고 시간 가는 줄 몰랐어요.
I was listening to my friend's story, so I didn't even realize the time had passed.

가: 어제 왜 학교에 안 왔어요?
A: Why weren't you at school yesterday?
나: 병원에 가느라고 못 왔어요.
B: I had to go to the hospital, so I couldn't make it to school.

가: 한국 친구들을 자주 만나요?
A: Do you meet often with your Korean friends?
나: 각자 공부하느라고 바빠서 자주 만나지 못해요.
B: Everyone is busy studying on their own, so we can't meet up often.

• **Note**

When this expression is used to express a cause, it is used to state that another action could not be taken because a certain action was taken instead. It is also used to express a negative result.

It cannot be used with a descriptive verb.

2. —는단/ㄴ단/단 말이에요?

• **Meaning and Usage**

This is used with an action or descriptive verb to ask a question to confirm what has just been said to express disbelief or amazement at the other person's statement.

• **Form**

If the action verb stem ends in 'ㄹ' or a vowel, '-ㄴ단 말이에요?' is used and if it ends in a consonant, '-는단 말이에요?' is used. Following a descriptive verb stem, '-단 말이에요?' is used.

Preceding word stem	Combine with	Examples
Consonant (action verb)	-는단 말이에요	읽는단, 닫는단 말이에요?
ㄹ, vowel (action verb)	-ㄴ단 말이에요	판단, 간단, 잔단 말이에요?
Descriptive verb	-단 말이에요	춥단, 예쁘단 말이에요?

• **Examples**

올가 씨가 한국말을 잘한단 말이에요?
You're saying that Olga is good at Korean?
한국 친구가 그렇게 많단 말이에요?
You're saying that you have that many Korean friends?
제임스 씨가 그렇게 부자란 말이에요?
You're saying that James is that rich?
14살밖에 안 됐는데 대학교에 들어갔단 말이에요?
You're saying that a 14-year-old is attending college?

가: 제 동생은 5살인데 이번에 피아노 연주회를 해요.
A: My younger sibling is 5 years old, but he will be putting on a piano performance this time.
나: 동생이 피아노를 그렇게 잘 친단 말이에요?
B: You mean to say that your younger brother is that good at piano?

가: '아름다운 가게'에 가니까 코트 한 벌이 3000원이었어요.
A: I went to the "Beautiful Store" and a coat was 3,000 won.
나: 옷이 그렇게 싸단 말이에요?
B: You're saying that clothes are that cheap there?

Lesson 14 Invitation

<2> Buy some detergent to give as a gift

Dialogue

Michael: Yuna, my Korean friend just moved and is having a housewarming party. My friend said not to bring anything, but do you think it's all right to go empty-handed?
Yuna: What do you mean, just go? You can't go empty-handed. That's against the etiquette of someone who has been invited.
Michael: Right? But what should I take?
Yuna: Buy some toilet paper or detergent to give as a gift. In Korea, we give these kinds of gifts when we go to a housewarming party to convey our wishes that all goes well for the host.
Michael: Is there anything I should be cautious of?
Yuna: You should always wear socks. It's common courtesy and a very important manner that needs to be kept for Korean people.

Vocabulary List

빈손 **empty-handed**
실용적 **practical**
예의 **etiquette**
가져가다 **to take**
가져오다 **to bring**
주의하다 **to be cautious about**
근데 **but**
공공장소 **public place**
길거리 **street**
노약자 **the old and weak**
웃어른 **elder**
갖추다[2] **to possess**
양보하다 **to give up one's seat**
지키다 **to mind (one's manners)**

Grammar

1. —어다가/아다가/여다가

• **Meaning and Usage**

This is used with an action verb to state that a certain action is taken at a certain location and with the results of that action, another action is taken at a different location.

• **Examples**

고향에 갈 때 어머니께 화장품을 사다가 드렸더니 아주 좋아하셨어요.
When I went back home, I bought cosmetics and gave it to my mom, and she loved it.
오빠, 은행에서 돈 좀 찾아다가 줄 수 있어?
Brother, could you take out some cash from the bank and then give it to me?
은하 씨, 머리가 너무 아파요. 약 좀 사다가 주세요.
Eunha, my head hurts so much. Please buy some medication and give it to me.
저는 아침마다 할아버지께 신문을 가져다가 드려요.
Every morning, I pick up the newspaper and give it to my grandfather.

가: 배고프지? 우리 김밥이라도 사다가 먹을까?
A: Are you hungry? How about we buy some gimbap to eat?
나: 그래. 떡볶이도 사다가 먹자.
B: All right. Let's also buy some tteokbokki to eat.

가: 이번 학기에 필요한 책을 좀 사야겠어요. 저하고 같이 서점에 가실래요?
A: I need to buy some books for this semester. Do you want to go to the bookstore with me?
나: 저는 도서관에서 빌려다가 보려고요.
B: I'm going to borrow it from the library to read.

• **Note**

This expression cannot be used with descriptive verbs or intransitive verbs.

2. —다니요?

• **Meaning and Usage**

This is used with an action or descriptive verb to express disbelief or amazement at something someone has said, or negate their statement.

• **Examples**

미선 씨가 김치를 싫어하다니요? 잘 먹던데요.
What do you mean Miseon doesn't like kimchi? She ate it really well.

교실이 덥다니요? 저는 추워서 옷을 좀 더 입고 싶어요.
What do you mean, the classroom is hot? I want to put on some more clothes because it's so cold.

사고가 나다니요? 믿을 수 없어요. 루나 씨하고 조금 전에 통화했는데.
What do you mean, accident? I can't believe it. I just spoke to Luna a minute ago.

내일이 제 생일이라니요? 제 생일은 다음 달이에요.
What do you mean it's my birthday tomorrow? My birthday is next month.

가: 일요일 파티에 왜 안 왔어요?
A: Why didn't you come to the party on Sunday?
나: 파티에 안 가다니요? 그날 제가 앞에 나가서 노래도 불렀잖아요.
B: What do you mean, not go? I was sitting at the front and even sang a song that day.

가: 저기 빨간 드레스를 입은 사람이 에릭 씨 여자 친구야.
A: That woman in the red dress is Eric's girlfriend.
나: 여자 친구라니? 에릭 씨가 나한테 여자 친구가 없다고 했는데.
B: What do you mean, girlfriend? Eric told me he didn't have one.

Lesson 15 Work and life

<1> I just need to send it

Dialogue

Nora: What an inspiration, Hou. Seeing your beautiful dance, I have no doubt you'll get accepted this time.
Hou: Thanks. I've been dropped from so many auditions that I wanted to quit, but I just couldn't give up. I want to do my best, one last time.
Nora: You're amazing. I'll cheer you on.
Hou: Maybe it's because I have the audition coming up, but whenever I practice, I get so nervous.
Nora: You'd done your best, so this time, you'll see some good results. Oh right, did you prepare the self-introduction video you said you needed for the audition?
Hou: Yes, I just need to send it.

Vocabulary List

그동안 **until now**
오디션 **audition**
그만두다 **to quit**
노력하다 **to try**
앞두다 **to have something coming up**
응원하다 **to cheer**
포기하다 **to give up**
가능성 **possibility**
목표 **goal**
자부심 **pride**
최고 **best**
기르다 **to cultivate**
상상하다 **to imagine**
이루다 **to achieve**
존경하다 **to respect**

Grammar

1. —는/은/ㄴ 걸 보니

• **Meaning and Usage**

This is used with an action or descriptive verb when the speaker makes a speculation based on something he/she has seen.

• **Form**

After an action verb stem, '있다,' or '없다,' '-는 걸 보니' is used. After a descriptive verb stem that ends in a vowel or 'ㄹ', '-ㄴ 걸 보니' is used. All other descriptive verb stems that end in a consonant is followed by '-은 걸 보니.'

Preceding word stem	Combine with	Examples
Action verb, 있다, 없다	-는 걸 보니	가는, 있는, 없는 걸 보니
Consonant (descriptive verb)	-은 걸 보니	많은 걸, 작은 걸 보니
ㄹ, vowel (descriptive verb)	-ㄴ 걸 보니	먼 걸 보니, 바쁜 걸 보니

• **Examples**

누리가 계속 전화를 안 받는 걸 보니 오늘 정말 바쁜가 봐요.
Seeing that she is not answering the phone, she must be really busy today.

사장님 표정이 안 좋은 걸 보니 무슨 일이 생긴 것 같네요.
Seeing that the employer's expression is dark, something must have happened.

집에 불이 꺼져 있는 걸 보니 퇴근한 식구가 아무도 없나 봐요.
Seeing that the lights are off at home, it seems no one has come home from work.

레오 씨가 오늘도 학교에 안 온 걸 보니 무슨 일이 있는 것 같아요.
Seeing as though Leo didn't come to school today, it seems something has happened to him.

가: 우리 뭐 먹을까? 어느 식당이 유명한지 잘 모르겠네.
A: What should we eat? I don't know which restaurant is famous.
나: 사람들이 길게 줄을 선 걸 보니 저 식당 음식이 맛있나 봐. 우리도 저기에 가자.
B: Seeing as though there's a long line of people, that restaurant must have good food. Let's go there.

가: 제니 씨 집으로도 전화해 보셨나요?
A: Have you called Jenny at home?
나: 네, 전화를 안 받는 걸 보니 집에도 없는 것 같습니다.
B: Yes, but seeing as though she's not picking up, I don't think she's at home.

2. —기만 하면 되다

• Meaning and Usage

This is used with an action verb to state that something ends when a final action is taken.

• Examples

명절 선물은 다 준비했으니까 이제 보내기만 하면 됩니다.
I've already prepared the holiday gift, so all I need to do is send it.
식사 준비가 다 끝났어요. 이제 드시기만 하면 돼요.
I just finished preparing the meal. All that's left is for us to eat it.
재료를 그릇에 다 담았는데요. 이제 섞기만 하면 되나요?
I placed all the ingredients in the bowl. All that's left is to mix it, right?
이삿짐 포장이 다 끝났습니다. 차로 옮기기만 하면 됩니다.
We've finished packing up all the boxes for the move. Now, we just need to move them into the car.

가: 찌개 끓일 재료는 다 준비해 놓았니?
A: Have you prepared all the ingredients to cook the stew?
나: 네, 재료를 썰어서 냄비에 담고 양념도 넣었어요. 이제 끓이기만 하면 돼요.
B: Yes. I've chopped up the ingredients, placed them in a pot, and I've even added the seasoning. All that's left is to bring it to a boil.

가: 이 에어컨은 어떻게 켜는 거야?
A: How do you turn on this air conditioner?
나: 옆에 하얀색 버튼이 보이지? 그걸 누르기만 하면 돼.
B: Do you see that white button on the side? Just push it.

• Note

This expression cannot be used with a descriptive verb.

Lesson 15 Work and life

<2> I used to help out at the store

Dialogue

Jeonghyun: Hello. My name is Jeonghyeon Kim. I called you yesterday after seeing the job opening advertisement. I'm here for the part-time job interview.
Employer: Nice to meet you. You said you're a college student. Have you worked part-time before?
Jeonghyun: I used to help out at my parent's store when I was a high school student in order to make spending money.
Employer: I see. You'll have to work all morning on weekdays. Is that all right?
Jeonghyun: Yes, but it's my first time working at a coffee shop. Can I get the job without any work experience? Employer: Yes, anyone can do it whether they have experience or not. Let's start immediately tomorrow.

Vocabulary List

경력 work experience
구인 광고 job opening advertisement
면접 interview
용돈 spending money or allowance
관계없이 without or regardless of
내내 throughout
경력자 experienced individual
근무 조건 employment conditions
등록금 tuition
생활비 living expenses
시급 hourly wage
일자리 job
초보자 beginner
구하다 to look for

Grammar

1. —곤 하다

• Meaning and Usage

This is used with an action verb to state that a repetitive action was taken during a set period of time.

• Examples

주말에 할 일이 없으면 혼자 영화를 보러 가곤 해요.
I go to watch movies by myself when I have nothing to do on the weekends.
가족이 그리우면 어머니께서 보내주신 편지를 읽곤 했어요.
I used to read the letter my mother wrote to me whenever I missed my family.

초등학교 때 수업이 끝나면 친구들과 운동장에서 축구를 하곤 했어요.
My friends and I used to play soccer in the field after classes ended in elementary school.
작년까지는 점심을 먹은 후에 커피를 마시곤 했는데 지금은 마시지 않아요.
Up until last year, I used to drink coffee after lunch, but nowadays, I don't drink it.

가: 우리 오늘 점심은 신촌역 앞에 있는 행복 식당에서 먹을까?
A: Why don't we eat at Haengbok restaurant near Sinchon Station for lunch tomorrow?
나: 좋아. 대학생 때 거기에서 자주 먹곤 했는데. 그때가 생각난다.
B: Sure. I used to eat there often in college. I remember those days.

가: 이 바닷가에 자주 오셨나 봐요.
A: It seems like you came to this beach often.
나: 네, 어렸을 때 가족들과 자주 놀러 오곤 했어요.
B: Yes, I often came here with my family when I was young.

- **Note**

This cannot be used with a descriptive verb.

2. –건 –건

- **Meaning and Usage**

This is used with an action or descriptive verb to emphasize the contents of the following clause, regardless of the situation.

- **Examples**

잘하건 못하건 끝까지 하는 게 중요하지요.
Whether you're good at it or not, it's important that you keep at it until the end.
좋건 싫건 네가 해야 하는 일이야.
Whether you like it or not, it's something that you need to do.
수영장을 이용할 때는 머리가 길건 짧건 수영 모자를 써야 합니다.
When using the swimming pool, you need to wear a swim cap whether you have long hair or short hair.
사람들이 다 왔건 안 왔건 시간이 됐으니까 출발합시다.
Whether everyone has arrived or not, let's leave because it's time.

가: 저는 이번 달 모임에 가지 못할 것 같은데 회비를 안 내도 되겠지요?
A: I don't think I'll be able to make it to this month's meeting. I don't have to pay the membership fee, right?
나: 모임에 가건 안 가건 회비는 꼭 내야 한대요.
B: Whether you go to the meeting or not, you need to pay the membership fee.

가: 너는 부모님께 자주 연락을 드리는 것 같아.
A: It seems like you call your parents often.
나: 응, 걱정하실까 봐 할 말이 있건 없건 전화를 꼭 드려.
B: Yes, I don't want them to worry, so whether I have something to say or not, I always call them.

- **Note**

Two relative concepts are compared before the expression '-건 -건.'

Lesson 16 Worries and advice

<1> I just pretended not to notice because it might make both of us uncomfortable

Dialogue

Kenta: It's so hard because my roommate has a completely different way of thinking from me.
Juan: Why, what's up?
Kenta: You know I went back home last weekend. But while I was gone, my roommate had secretly used all of my stuff.
Juan: Really? Don't torment yourself over it; ask your roommate directly.
Kenta: I just pretended not to notice because it might make both of us uncomfortable. I brought it up once before because he used my cologne without asking. And after that, my friend didn't speak to me for days. Am I being too picky?
Juan: No. Anyone would be mad in that situation.

Vocabulary List

사고방식 way of thinking 상황 situation
괴로워하다 to be tormented
까다롭다 to be picky 말없이 wordlessly
몰래 secretly 깔끔하다 to be clean
고집이 세다 to be stubborn
낯을 가리다 to be uncomfortable around strangers
상대방에게 맞추다 to be accommodating
솔직히 말하다 to be honest; to speak frankly
잔소리가 많다 to nag a lot
해결책을 찾다 to find a solution

Grammar

1. –는 사이에

• **Meaning and Usage**

This is used with an action verb to state that while an action was taking place during a short duration of time, another action took place.

• **Examples**

제가 잠깐 마트에 다녀오는 사이에 도둑이 집에 있던 돈을 가지고 갔어요.
While I was at the store, a thief came into the house and stole all my money.

제가 샤워를 하는 사이에 친구가 제 휴대 전화를 몰래 봤어요.
While I was taking a shower, my friend secretly looked at my phone.

너무 피곤해서 저도 모르는 사이에 잠이 들었어요.
I was so tired that without even realizing it, I fell asleep.

언니가 잠깐 화장실에 간 사이에 몰래 집에서 나왔어요.
While my sister was in the bathroom, I quietly snuck out of the house.

가: 어떻게 강아지를 잃어버리셨어요?
A: How did you lose your puppy?
나: 제가 공원에서 이웃을 만나서 잠깐 이야기하는 사이에 강아지가 없어졌어요.
B: I met a neighbor in the park and while we were sharing a short conversation, my puppy disappeared.

가: 왜 이렇게 늦었어요?
A: Why are you so late?
나: 제가 깜빡 조는 사이에 내려야 할 정류장을 지나갔어요.
B: I fell asleep for a second and missed the bus stop I needed to get off at.

• **Note**

This cannot be used with a descriptive verb.

The past tense form of the action verb is used with '-은/ㄴ 사이에.'

2. –는/은/ㄴ 척하다

• **Meaning and Usage**

This is used with an action or descriptive verb to pretend to do something you didn't actually do or state something that isn't true.

• **Form**

After the action verb stem, '있다', or '없다', '-는 척하다' is used. Following a descriptive verb stem that ends in a vowel or 'ㄹ', '-ㄴ 척하다' is used. For all other descriptive verb stems that end in a consonant, '-은 척하다' is used.

Preceding word stem	Combine with	Examples
Action verb, 있다, 없다	-는 척하다	가는, 있는, 없는 척 하다
Consonant (descriptive verb)	-은 척하다	많은, 싫은 척하다
ㄹ, vowel (descriptive verb)	-ㄴ 척하다	먼, 바쁜 척하다

• **Examples**

비밀을 알고 있으면서도 모르는 척했어요.
I knew the secret, but pretended as though I didn't.

학교에 가기 싫어서 아픈 척했어요.
I pretended to be sick because I didn't want to go to school.

사람들이 아직 우리가 사귀는 것을 몰라서 그냥 친구인 척해요.
People don't know that we're dating yet, so we just pretend to be friends.

다이어트 중이어서 밥을 안 먹었지만 먹은 척했어요.
I'm dieting so I pretended to have eaten when I actually hadn't.

가: 왜 엄마한테 혼났어요?
A: Why did you get in trouble by your mom?
나: 공부하는 척하면서 만화책을 봤거든요.
B: Because I pretended to be studying while reading a comic book.

가: 아프면서 왜 괜찮은 척했어요?
A: Why did you pretend to be all right when you're sick?
나: 부모님이 걱정하실까 봐 괜찮은 척했어요.
B: I pretended to be all right because I didn't want my parents to worry.

Lesson 16 Worries and advice

<2> Why don't you try writing your journal in Korean?

Dialogue

Haneul: Is something wrong, John? Why is your expression so dark?
John: I didn't do well on the test. I'm so worried because I feel like my Korean is no longer improving.
Haneul: Stop worrying needlessly. Instead, why don't you try writing your journal in

Korean? It will definitely be helpful.
John: Do you think I'll improve if I write a journal? Actually, my test grades were so poor that I was debating whether to give up learning Korean altogether.
Haneul: Don't give up. You have no problem in conversation. Your pronunciation is really natural, too. When the teacher corrects your journal, try rewriting it again.

Vocabulary List

고민 **worry**
사실 **actually**
걱정스럽다 **to be worrisome**
자연스럽다 **to be natural**
틀림없이 **undoubtedly**
충고 **warning**
따르다 **to follow**
해결하다 **to resolve**
발음 **pronunciation**
점수 **grade**
쓸데없이 **needlessly**
조언 **advice**
구하다[2] **to ask for (advice)**
풀다[2] **to solve**

Grammar

1. —지 그래요?

- **Meaning and Usage**

This is used with an action verb to make a proposal or recommendation.

- **Examples**

안느 씨, 그렇게 아프면 약이라도 먹지 그래요?
Anne, why don't you take some medicine if you're that sick?
태균 씨, 조금 쉬었다가 하지 그래요?
Taegyun, why don't you take a little break?
지누 씨, 부모님께 말씀드리지 그래요?
Jinu, why don't you tell your parents?
이란 씨, 그 사람이 그렇게 싫으면 만나지 말지 그래요?
If you don't like her, why don't you stop meeting her, Ylon?

가: 동아리 모임 장소를 정해야 하는데 쉽지 않네요.
A: I'm trying to decide on a location for our club meeting, but it's not easy.
나: 교회 앞에 새로 생긴 '미소'에서 하지 그래요? 넓은 방이 있어요.
B: How about that newly opened place "Miso" in front of the church? It has some large rooms.

가: 너무 졸려요. 회의를 해야 하는데.
A: I'm so sleepy. But I need to go to a meeting.
나: 그럼 커피라도 한 잔 마시지 그래요?
B: Why don't you drink a cup of coffee then?

- **Note**

This cannot be used with a descriptive verb.

2. —거든

- **Meaning and Usage**

This is used with an action or descriptive verb to make a request, to give instructions, propose an idea, give a suggestion, or make a promise given that the conditions in the preceding clause are met.

- **Examples**

동아리 행사가 끝나거든 모두 모임 장소로 오세요.
Once the club activity ends, come to the meeting location.
아니타 씨, 주말에 시간이 나거든 같이 영화라도 봅시다.
Anita, if you have time on the weekend, let's go watch a movie together.
이수야, 친구들을 만나거든 대신 인사 좀 전해 줘.
Yisu, when you meet our friends, give them my regards.
김 과장님, 메일 내용을 확인하시거든 연락 좀 주세요.
Director Kim, please give me a call once you confirm the email contents.

가: 엄마, 너무 걱정하지 마세요. 가서 열심히 할게요.
A: Mom, don't worry so much. I'll go and do my best.
나: 그래, 공항에 도착하거든 바로 전화부터 해라.
B: All right. Once you arrive at the airport, give me a call.

가: 미선아, 지금 나갈 거야?
A: Miseon, are you going out right now?
나: 응, 제임스가 나를 찾거든 도서관에 갔다고 말해 줘.
B: Yes. If James asks for me, please tell him I went to the library.

Lesson 17 Request and refusal

<1> The conditions are good, so I'm thinking about applying

Dialogue

Lina: Hello, Professor. Sorry to stop by so suddenly.
Professor: It's been so long, Lina. What brings you here?
Lina: I came to request a letter of recommendation. It's a Korean company that imports copy machines. They're looking for an employee to interpret and translate, and I wanted to give it a try.
Professor: You're planning to work in Korea?
Lina: Yes. I don't know if I'd do a good job, but the conditions are good, so I'm thinking about applying.
Professor: You'd do a fine job, Lina. Come and pick up the letter of recommendation next week.

Lina: Yes, Professor. Thank you so much for your time.

Vocabulary List

번역 **translation** 복사기 **copy machine**
추천서 **letter of recommendation**
통역 **interpretation** 갑작스럽다 **to be sudden**
귀하다 **to be precious** 수입하다 **to import**
다행스럽다 **to be fortunate**
변덕스럽다 **to be capricious**
사랑스럽다 **to be lovable** 조심스럽다 **to be careful**
후회스럽다 **to be regrettable**

Grammar

1. —을지/ㄹ지 모르겠다

• **Meaning and Usage**

This is used with an action or descriptive verb when the speaker is unsure about the judgment he/she has made.

• **Examples**

동생이 이 선물을 좋아할지 모르겠어요.
I'm not sure if my younger sibling will like this gift.
내일 등산을 가려고 하는데 날씨가 좋을지 모르겠어요.
I'm planning on going hiking tomorrow, but I'm not sure if the weather will be nice.
경험이 없어서 제가 그 일을 잘할 수 있을지 모르겠어요.
I lack experience, so I don't know if I'd do a good job.
제주도에 비가 많이 왔다고 하는데 친구들이 여행을 잘했을지 모르겠어요.
I heard it rained a lot in Jeju Island. I'm not sure if my friends had a good trip.

가: 영수 씨, 우리 1시간 일찍 출발했으니까 회의 시간에 늦지는 않겠죠?
A: Yeongsu, we left an hour early, so we probably won't be late to the meeting, right?
나: 글쎄요. 길이 많이 막혀서 제시간에 도착할지 모르겠네요.
B: I don't know. I'm not sure we'll arrive on time since there's so much traffic.

가: 마이 씨, 요즘 이 소설이 인기가 많대요. 한번 읽어 보세요.
A: Mai, I heard this novel is really popular these days. You should read it.
나: 어려운 단어가 많아서 제가 읽을 수 있을지 모르겠어요.
B: I don't know if I could read it since here are so many hard words.

2. -고 해서

• **Meaning and Usage**

This is used with an action or descriptive verb to show that the preceding clause is one of many reasons for the content in the following clause.

• **Examples**

어제는 비도 오고 해서 하루 종일 집에만 있었어요.
It rained yesterday, so I just stayed at home all day.
오늘은 할 일도 없고 해서 오랜만에 청소를 했어요.
I didn't have anything to do today, so I cleaned for the first time in a long time.
저는 물건값도 싸고 해서 동네 마트에 자주 가요.
The prices are cheap so I frequently go to the neighborhood mart.
해외여행은 경비도 많이 들고 해서 국내 여행을 알아보고 있어요.
Overseas travel is really pricey, so I'm looking into vacationing in the country.

가: 왜 '우정 커피숍'에 자주 가요?
A: Why do you go so often to "Friendship Coffee Shop"?
나: 분위기도 좋고 해서 자주 가요.
B: The atmosphere is nice so I go there often.

가: 회사를 그만두셨다면서요?
A: I heard you quit your job?
나: 네, 일도 너무 힘들고 해서 회사를 옮기려고요.
B: Yes, the work was too hard, so I'm looking into getting another job.

Lesson 17 Request and refusal

<2> Then you should have been honest from the start

Dialogue

Haneul: Are you worried about something? Your expression isn't very bright.
Yuna: Yes. Yesterday, I received a difficult request from a school friend. She wanted me to lend her some money, saying that she would pay me back next month.
Haneul: So what did you say?
Yuna: I told her I'd think about it, but I don't think it's possible. I lent some money to a friend last time and that friend didn't pay me back. After that, our relationship soured and I really regretted it.
Haneul: Then you should have been honest from the start. Your friend is probably expecting you to lend her the money.
Yuna: I couldn't say no right away because she's a close friend and I didn't want her to be disappointed. What should I do? She'll be so upset.

Vocabulary List

갚다 to pay back　　꾸다 to borrow
섭섭하다 to be upset　　솔직하다 to be honest
실망하다 to be disappointed
후회하다 to regret　　거절하다 to refuse
곤란하다 to be difficult or awkward
거절을 당하다 to be refused
돌려서 말하다 to say something indirectly
직접적으로 말하다 to say something directly

Grammar

1. ―지

• Meaning and Usage

This is used with an action verb to show that the speaker is expressing regret over what someone else did not do that was opposite to what he/she wanted. When expressing regret about an action that has already taken place, '-지 말지' is used.

• Examples

내가 전에 이야기했을 때 병원에 가지.
You should've gone to the hospital when I told you to.
약속 시간에 늦을 것 같으면 미리 전화를 하지.
If you thought you'd be late to your appointment, you should have called ahead of time.
그렇게 맛있는 과자였으면 내 것도 남겨 놓지.
If it was so delicious, you should have saved me a piece.
현아한테 그 이야기를 하지 말지.
You shouldn't have told Hyeona.

가: 어제 '너와 함께'라는 영화를 봤는데 진짜 재미있었어.
A: I watched the movie "With you" yesterday and it was so fun.
나: 보고 싶었던 영화인데 나도 좀 데리고 가지.
B: I wanted to watch it, too. You should've taken me with you.

가: 점심을 급하게 먹었더니 아직도 소화가 안 되고 속이 답답하네.
A: I ate lunch too quickly and haven't digested the food yet so my stomach feels stuffy.
나: 아무리 급해도 천천히 좀 먹지.
B: Even if you were in a rush, you should've eaten more slowly.

• Note

This cannot be used with a descriptive verb.

2. ―을/ㄹ 텐데요

• Meaning and Usage

This is used with an action or descriptive verb to strongly emphasize the speaker's speculation. This speculation is used to express concern, regret, or make a proposal.

• Examples

승환 씨는 독서를 좋아하니까 책을 선물하면 좋아할 텐데요.
Seunghwan likes to read, so it'd be nice to give him a book as a gift.
영수가 아침부터 아무것도 안 먹어서 배가 많이 고플 텐데.
Yeongsu must be hungry since he hasn't eaten anything since morning.
이렇게 눈이 오는데 앤디 씨가 왜 안 돌아오지? 밖은 많이 추울 텐데.
Why isn't Andy coming back when it's snowing so heavily? It must be really cold outside.
무슨 음식을 준비하면 좋을까요? 주디 씨는 매운 음식을 못 먹을 텐데요.
What dish would be a good one to prepare? I don't think Judy can eat spicy foods.

가: 미영 씨에게도 내일 같이 등산을 하자고 말해 볼까요?
A: Should we ask Miyeong if she wants to go hiking tomorrow?
나: 미영 씨는 보통 주말에 부모님 댁에 가니까 시간이 안 될 텐데요.
B: Miyeong probably won't have time since she usually goes to see her parents on the weekends.

가: 이 일도 다 하고 가야겠다.
A: I should finish this work before leaving.
나: 너 서울역에서 2시 기차를 타야 하잖아. 지금 출발하지 않으면 늦을 텐데.
B: You need to get on the 2 p.m. train from Seoul Station. You'll most likely be late if you don't head out now.

Lesson 18 Meeting

<1> I visited that restaurant once while I was out shopping

Dialogue

Yuki: Where should we have our class meeting this time?
Eric: Why don't we try a highly recommended restaurant in Itaewon?
Yuki: Sounds good to me. As a matter of fact, I was thinking about going to 'Thai Vacation,' a famous Thai restaurant.
Juan: Ah, that place is good. I visited that restaurant once while I was out shopping at Itaewon. The fried seafood curry was really a delicacy.
Yuki: I saw in a magazine that the food prices are quite reasonable and the portions are big, too.

Eric: Great. Then, our next meeting place will be Thai Vacation. Should we decide on 6 p.m. on Saturday? Does this schedule overlap with anyone's prior engagements?

Vocabulary List

맛집 highly recommended restaurant
별미 delicacy 양 portion
겹치다 to overlap with 들르다 to stop by
꽤 very
번개 모임 unplanned get-together
술자리 meeting with drinks
온라인 동호회 online club 유지 maintenance
정기 모임 regular meeting
_차 __ round 친분 acquaintance

Grammar

1. –는다고/ㄴ다고/다고 해서[1]

• **Meaning and Usage**

This is used with an action or descriptive verb when the action in the following clause is taken based on information the speaker has heard or seen.

• **Form**

If the action verb stem ends in 'ㄹ' or a vowel, '-ㄴ다고 해서' is used and if it ends in a consonant, '-는다고 해서' is used. Following a descriptive verb stem, '-다고 해서' is used.

Preceding word stem	Combine with	Examples
Consonant (Action verb)	-는다고 해서	읽는다고, 닫는다고 해서
ㄹ, vowel (Action verb)	-ㄴ다고 해서	안다고, 잔다고 해서
Descriptive verb	-다고 해서	춥다고, 피곤하다고 해서

• **Examples**

성적이 좋으면 장학금을 준다고 해서 열심히 공부하고 있어요.
I heard that scholarships will be given for good grades, so I'm studying hard.
생강차가 감기에 좋다고 해서 생강차를 마시고 있어요.
I heard that ginger tea is good for colds, so I'm drinking ginger tea.
제주도가 유명한 관광지라고 해서 한번 가 보려고 해요.
I heard that Jeju Island is a famous tourist location, so I'm trying to visit.
건강에 좋은 음식이라고 해서 먹었는데 건강이 나빠졌어요.
I heard that this food was good for the health and ate it, only to have my health worsen.

가: 이번 휴가 때는 어디로 여행을 갈 거예요?
A: Where are you going to do during the vacation?
나: 경주에 역사 유적이 많다고 해서 경주에 갈까 해요.
B: I heard that there are many historical sites in Gyeongju, so I'm considering vacationing in Gyeongju.

가: 얼굴이 왜 이렇게 빨갛게 부었어요?
A: Why is your face so red and swollen?
나: 이 화장품을 바르면 피부가 좋아진다고 해서 발랐는데 이렇게 됐어요.
B: I heard that this make-up improves your skin, so I applied it and this is what happened.

2. –었다가/았다가/였다가[2]

• **Meaning and Usage**

This is used with an action verb to state that an unintentional situation resulted from carrying out the action in the preceding clause.

• **Examples**

백화점에 갔다가 초등학교 동창을 만났어요.
I went to the department store and happened to meet my elementary school classmate.
주말에 학교에 왔다가 영화 촬영하는 것을 봤어요.
I went to school on the weekend and happened to see a movie being filmed.
책을 사러 서점에 갔다가 볼펜도 샀어요.
I went to the bookstore to buy a book and happened to buy a pen, as well.
친구 사무실에 들렀다가 그 근처에서 점심을 먹었어요.
I stopped by my friend's office and ended up eating lunch near there.

가: 어떻게 리나 씨랑 같이 와요? 같은 하숙집에 살아요?
A: How are you two coming together? Do you live in the same boarding house as Lina?
나: 아니요, 편의점에 들렀다가 리나 씨를 만났어요.
B: No, I stopped by the convenience store and happened to meet Lina there.

가: 왜 이렇게 빵을 많이 샀어요?
A: Why did you buy so much bread?
나: 고기를 사러 마트에 갔다가 세일을 해서 많이 샀어요.
B: I went to the mart to buy some meat and there happened to be a big sale, so I bought a lot.

• **Note**

This cannot be used with a descriptive verb. In the preceding clause or sentence, a verb denoting movement like '가다' and '오다' is used.

Lesson 18 Meeting

<2> If we had met last week, we wouldn't be short on time

Dialogue

Nuri: Do you think we'll be able to prepare our presentation material by the 30th?
Peter: If we had met last week, we shouldn't have been this short on time.
Jenny: I think we'll have to meet at least twice next week to make the preparations.
Nuri: Let's not meet together like this and instead meet after individually preparing the material. How about Monday and Thursday?
Jenny: I don't have any special plans next week. Our research can overlap, so let's meet on Monday and make sure it doesn't.
Peter: Monday is impossible for me because of my part-time job. It's not that I'm confident I can do a good job, but to make up for missing a meeting, I'll give the presentation.

Vocabulary List

과제 **assignment**
자료 **material**
부족하다 **to lack**
이대로 **in this state; like this**
적어도 **at least**
부정확하다 **to be inaccurate**
부주의하다 **to be careless**
불합격하다 **to fail**
별일 **special plans**
자신 **confidence**
불가능하다 **to be impossible**
부자연스럽다 **to be unnatural**
불친절하다 **to be unfriendly**
불확실하다 **to be uncertain**

Grammar

1. —었다면/았다면/였다면

- **Meaning and Usage**

This is used with an action or descriptive verb when supposing that something that did not happen in the past happened, or supposing that something that happened in the past did not happen to bring about a certain result.

- **Examples**

존이 도와주지 않았다면 이 일을 다 끝내지 못했을 거예요.
If John hadn't helped us, we wouldn't have been able to finish this.

비가 오지 않았다면 지난 일요일에 놀이공원에 갔겠지요.
If it hadn't rained, we would have gone to the amusement park last Sunday.

내 키가 조금만 더 컸다면 나도 모델이 될 수 있었겠지?
If I were just a bit taller, I could have been a model, right?

제가 그 자리에 있었다면 하지 말라고 이야기했을 거예요.
If I were there, I would have told him not to do it.

가: 이튼 씨, 이 많은 일을 어떻게 다 끝냈어요?
A: Ethan, how did you finish all this work?
나: 하늘 씨가 도와주지 않았다면 못 끝냈을 거예요.
B: If Haneul hadn't helped me, I wouldn't have been able to finish it.

가: 오늘 경기 결과가 대단한데요. 한 말씀 부탁드립니다.
A: Today's match results are amazing. May I ask for your remarks?
나: 저 혼자 했다면 이런 결과는 없었을 겁니다. 도와주신 분들께 감사드립니다.
B: If I were playing alone, this kind of result could not have been achieve. I'd like to thank everyone for their help.

2. —을/ㄹ 수도 있다

- **Meaning and Usage**

This is used with an action or descriptive verb to express that there is a slight possibility of something happening.

- **Examples**

금요일로 약속을 정하면 노리코 씨가 못 올 수도 있잖아요.
If we set the date for Friday, Noriko may not be able to make it.

장마철이라서 비가 많이 내릴 수도 있으니까 날짜는 다시 잡읍시다.
Let's set another date since it might rain due to the monsoon season.

레오 씨, 수업이 늦게 끝날 수도 있으니까 우리 2시에 만나요.
Leo, the class might end late, so let's meet at 2 p.m.

영수 씨, 회의가 끝나면 부장님이 회식을 하자고 하실 수도 있어요.
Yeongsu, the department head may want to have a company dinner once the meeting is over.

가: 에릭 씨, 7시쯤 회사 앞에서 기다릴까요?
A: Eric, should I wait in front of the company around 7 p.m.?
나: 좀 늦을 수도 있으니까 제가 다시 연락 드릴게요.
B: I may be late, so let me give you a call.

가: 패티 씨, 제가 여기에 있는 자료들만 찾아 가지고 오면 되지요?
A: Patty, I just need to find the materials here and bring them, right?
나: 네, 잊어버릴 수도 있으니까 메모해 가지고 가세요.
B: Yes, and write it down since you might forget it.

Lesson 19 Play culture

<1> I used to play a lot when I was younger, but I don't these days

Dialogue

Yuki: Huong, what are you going to do during the Lunar New Year? If you don't have any plans, do you want to go to Deokgsugung Palace with me?
Huong: Sounds good. As a matter of fact, I thought I'd be bored during the holidays, so this is good news for me.
Yuki: There are a lot of different events planned for the Lunar New Year at the old palace sites. I heard that you can play traditional folk games at Deoksugung Palace. Have you played Korean folk games before?
Huong: No, I've never even seen it. I used to play a lot of folk games in my home country when I was younger, but I don't these days.
Yuki: I once played yut at my Korean friend's house. You play the game with yut, or four wooden sticks, and even if you have a lot of people, everyone can play together.

Vocabulary List

고궁 **old palace**　　덕수궁 **Deoksugung Palace**
민속놀이 **traditional folk games**
윷놀이 **Yunnori (a Korean traditional game played with four wooden sticks called yut)**
인원수 **the number of people**
맞다 **to greet**　　연날리기 **flying a kite**
제기차기 **Jegichagi (Korean traditional game where a Jegi is kicked with the foot and kept off the ground for as long as possible)**　　편 **team**
날리다 **to fly**　　비기다 **to be tied**
이기다 **to win**　　지다 **to lose**
차다 **to kick**

Grammar

1. 을/를 가지고

- **Meaning and Usage**

This is used with a noun to show that the content of the preceding clause is the tool, means, method, ingredient, or object of the following clause.

- **Examples**

버리는 종이를 가지고 옷을 만들었어요.
I made clothes out of paper scraps.
100원을 가지고 뭘 살 수 있겠어요?
What can we buy with 100 won?
아키 씨 정도의 한국말 실력을 가지고 할 수 있는 일은 많지 않아요.
There's not much you can do with your level of Korean, Aki.
작은 실수를 가지고 너무 걱정하지 마세요.
Don't fret over such a small mistake.

가: 한국말을 잘하니까 한국 회사에 지원해 보세요.
A: You should apply for a position at a Korean company since you're good at Korean.
나: 이 정도 실력을 가지고 한국 회사에서 일할 수 있을까요?
B: Can I work at a Korean company with this level of Korean?

가: 이걸 모두 재활용품으로 만들었대요.
A: They say the whole thing was made with recyclables.
나: 버리는 물건을 가지고 이렇게 멋진 악기를 만들다니 대단하네요.
B: It's really remarkable how a beautiful instrument like this can be made with recyclable items.

2. —었었다/았었다/였었다

- **Meaning and Usage**

This is used with an action or descriptive verb to express the contents of the past that are different from the present, or a temporary action that was carried out in the past

- **Examples**

작년 여름에 제주도에 갔었어요.
I went to Jeju Island last summer.
한국에 오기 전에는 한국말로 인사도 못 했었어요.
Before coming to Korea, I couldn't even know basic Korean greetings.
어렸을 때는 제가 친구들보다 키가 컸었는데 지금은 제일 작아요.
When I was younger, I was taller than my friends, but now, I'm the shortest.
지난주가 휴가였었는데 아파서 여행을 못 갔어요.
Last week was my vacation, but I couldn't go on a trip because I was sick.

가: 이번 주말에 여자 친구와 놀이공원에 가려고 해요.
A: I'm planning to go to the amusement park with my girlfriend this weekend.
나: 저도 지난 주말에 갔었는데 날씨가 좋아서 놀기 좋았어요.
B: I went last weekend, and the weather was so nice and perfect for playing.

가: 매운 음식을 잘 드시네요.
A: You eat spicy foods well.

나: 처음 한국에 왔을 때는 잘 못 먹었었는데 지금은 아주 좋아해요.
B: When I first came to Korea, I couldn't eat it, but now, I really like it.

Lesson 19 Play culture

<2> Why don't we just watch a movie together?

Dialogue

John: When I was younger, I used to always run around and play with my friends, but the older I get, the more time I spend alone.
Yuna: There are a lot more people who enjoy leisure activities on their own. That's because you can have a fun time as long as you have your smartphone.
John: That's right. These days, it's hard to see children playing in small groups. The smartphone has become the culture of the new generation; it's how they spend their leisure time.
Yuna: Right? I have a lot of friends who are addicted to games or think that they can't live without a smartphone. It seems like smartphones have replaced the role of the family and friends.
John: Then, how about we don't look at our smartphones today and instead just watch a movie together?

Vocabulary List

삼삼오오 in small groups
신세대 new generation
여가 leisure
역할 role
요새 these days
뛰어놀다 to run and play
빠지다[2] to get addicted to
확실히 surely
다다익선 the more the better
동문서답 an incoherent reply
십중팔구 in nine out of ten cases
이심전심 tacit understanding
일석이조 killing two birds with one stone
횡설수설 gibberish

Grammar

1. 이나/나[4]

• **Meaning and Usage**

This is used with a noun to express a choice. However, the choice is more of an alternative rather than a choice that the speaker can be fully satisfied with.

• **Examples**

나는 집에 가서 숙제나 해야겠다.
I should just go home and do my homework.

안느 씨, 할 일도 없는데 우리 나가서 산책이나 할까요?
Anne, do you want to just take a walk since there's nothing to do?

돈도 없는데 라면이나 먹어야겠어요.
I don't have any money, so I might as well just eat some instant noodles.

도서관에 자리가 없네. 학생 휴게실에나 가 볼까?
There are no seats available in the library. Should we just try out the student lounge?

가: 주디야, 시험도 끝났는데 넌 오늘 뭐 할 거야?
A: Judy, what are you doing today, now that exams are over?
나: 집에 가서 잠이나 자려고. 시험 때문에 긴장해서 그런지 너무 피곤해.
B: I'm just going to go home and take a nap. Maybe it's because I was so nervous about the tests, but I'm exhausted.

가: 비가 계속 오네. 오늘은 진짜 놀이공원에 가고 싶었는데.
A: It keeps raining. I really wanted to go to the amusement park today.
나: 그럼 우리 오늘은 극장에 가서 영화나 볼까?
B: Then why don't we just go to the theater and watch a movie instead?

2. —을수록/ㄹ수록

• **Meaning and Usage**

This is used with an action or descriptive verb to show that with the progressive advancement of the contents in the preceding clause, the degree of the following clause also changes.

• **Examples**

한국말은 배울수록 재미있어요.
The more I study Korean, the more fun it is.

돈이 많을수록 걱정도 많아지는 것 같아요.
It seems the more money we have, the more worries we have.

잠은 많이 잘수록 더 자고 싶어지는 것 같아요.
It seems the more I sleep, the more I want to sleep.

이 노래는 들으면 들을수록 좋은데요?
This song gets better every time I listen to it.

가: 패티 씨, 기분은 어때요? 좀 괜찮아졌어요?
A: Patty, how are you feeling? Are you better now?
나: 아니요. 생각할수록 화가 나요.
B: No. The more I think about it, the angrier I feel.

가: 레오 씨, 한국어 공부가 쉽지 않지요?
A: Leo, learning Korean isn't easy, is it?
나: 네, 정말 배울수록 어려워지는 것 같아요.
B: Yes, the more I learn, the more difficult Korean seems.

Lesson 20 Daily life information

<1> It seems like you use it frequently

Dialogue

Colleague: The final bus should be arriving, but it's nowhere in sight. I need to get on Bus 1004, but it looks like I missed it.
Eric: Let me check. Don't you use the nationwide bus app?
Colleague: No, I usually only ride the subway. I seldom use the bus and recently, I deleted the app because I didn't have enough memory on my cell phone.
Eric: Really? It's really convenient. And if you look closely, there are a lot of fun functions and useful information.
Colleague: It seems like you use the nationwide bus app frequently, Eric.
Eric: I do. I think this app is a must for people who use the bus in Korea. Ah, the final bus for 1004 will arrive in 3 minutes.

Vocabulary List

기능 **function**
메모리 **memory**
전국 **nationwide**
놓치다 **to miss**
살펴보다 **to take a look**
매니큐어 **nail polish**
밴드 **band aid**
쇼핑백 **shopping bag**
알레르기 **allergy**
오토바이 **motorcycle**
추리닝 **sweatsuit**
캠퍼스 **campus**
콘센트 (electrical) **outlet**
플러그 **plug**
휠체어 **wheelchair**
막차 **final bus**
앱 **app**
필수 **requirement; a must**
다양하다 **to be diverse**
링거 **IV**
멀티탭 **extension cord**
블루투스 **Bluetooth**
아이쇼핑 **window shopping**
엠티 **MT**
오픈카 **convertible**
카센터 **auto repair center**
커닝 **cheating**
파이팅 **way to go**
핸들 **steering wheel**

Grammar

1. –어/아/여 버리다

• **Meaning and Usage**

This is used with an action verb to express that the action has been completed and that nothing remains. The speaker feels that the action or situation is inevitable or feels wistful or relieved.

• **Examples**

스타일을 바꾸고 싶어서 머리를 짧게 잘라 버렸어요.
I wanted to change my style, so I ended up cutting my hair short.

너무 목이 말라서 동생의 물까지 제가 다 마셔 버렸어요.
I was so thirsty that I ended up drinking all of my brother's water, too.

깜박하고 신청을 못 했는데 신청 기간이 벌써 끝나 버렸대요.
I completely forgot to register, but I heard that the registration period is already over.

비가 너무 많이 와서 학생들이 기다렸던 행사가 취소돼 버렸어요.
It rained so much that the event the students were eagerly waiting for ended up being cancelled.

가: 어제 미선 씨하고 영화를 본다고 했잖아요. 재미있었어요?
A: You said you were going to watch a movie with Miseon yesterday. Was it fun?
나: 아니요, 미선 씨가 갑자기 집에 가 버려서 영화를 못 봤어요.
B: No, Miseon suddenly ended up going home, so we couldn't watch the movie.

가: 제가 너무 화가 나서 마리아 씨한테 심한 말을 해 버렸는데 어떡하지요?
A: I was so angry that I ended up saying some harsh things to Maria. What should I do?
나: 직접 만나서 진심으로 사과해 보세요.
B: You should go to her and sincerely apologize.

• **Note**

This cannot be used with a descriptive verb.

2. –는/은/을 모양이다

• **Meaning and Usage**

This is used with an action or descriptive verb to speculate about something based on what you've seen or heard.

• **Form**

After an action verb stem, '있다', or '없다', '-는 모양이다' is used and following a descriptive verb stem ending in a vowel or 'ㄹ', '-ㄴ 모양이다' is used. For all other descriptive verb stems ending in a consonant, '-은 모양이다' is used.

Preceding word stem	Combined with	Examples
Action verb, 있다, 없다	-는 모양이다	가는, 있는, 없는 모양이다
Consonant (Descriptive verb)	-은 모양이다	좋은, 싫은 모양이다
ㄹ, 모음(형용사) ㄹ, vowel (Descriptive verb)	-ㄴ 모양이다	먼, 피곤한 모양이다

- **Examples**

실력이 점점 좋아지는 걸 보면 요즘 연습을 열심히 하는 모양이에요.
It seems like you're practicing very hard these days, seeing as though your skills are progressively improving.

호명 씨 표정이 밝은 걸 보니 기분이 좋은 모양이에요.
It seems Homyeong is in a good mood, considering his bright expression.

경찰차가 앞에 있는 걸 보니 사고가 난 모양이에요.
It seems there's an accident, considering the police car is stopped out front.

하늘이 갑자기 흐려지는데요? 비가 올 모양이에요.
The sky is growing dark all of a sudden. It seems like it's going to rain.

가: 출발할 시간이 다 됐는데 왜 안 올까요? 연락해 보세요.
A: It's time to leave. Why isn't he coming? Give him a call.
나: 에디 씨가 좀 늦을 모양이에요.
B: It seems Eddie is running a bit late.

가: 날이 이렇게 추운데 사람들이 빵집 앞에 줄을 서서 기다리고 있어.
A: It's so cold and yet, people are still standing in line outside that bakery.
나: 이 집 빵이 맛있는 모양이네. 우리도 먹어 볼까?
B: That bakery must be good. Want to try it out?

Lesson 20 Daily life information

<2> If I had known sooner, I would have been able to buy it for cheaper

Dialogue

Yuki: Have you grown accustomed to life in Korea?
Tanram: No, I still don't know what's going on. Prices are higher here than in my home country, so I need to save money, but I don't know how.
Yuki: I suffered a lot in the beginning because I didn't know anything. But through the international student website, I learned a lot of beneficial information.
Tanram: There's a website like that?
Yuki: Yes, it's a website where you give and receive information for life in Korea. If you utilize it well, it's a great help. I used the website to find a room that's the size of this classroom. I was able to rent it for very cheap and it's very clean and nice.
Tanram: I recently bought a new electronic device and it was pretty expensive. If I had known about this website sooner, I would have been able to buy it for much cheaper.

Vocabulary List

덕분 thanks to
물가 price
고생하다 to suffer
주고받다 to give and take
아끼다 to save
유익하다 to be beneficial
활용하다 to utilize
보험 insurance
성적 증명서 transcript
실생활 정보 information for daily life
외국인 등록증 foreigner registration card
입학 정보 enrollment information
재학 증명서 proof of enrollment
졸업 증명서 diploma
지원서 application
개통하다 to open

Grammar

1. –었을/았을/였을 텐데요

- **Meaning and Usage**

This is used with an action or descriptive verb when assuming that something has already been completed. It is also used to consider the opposite result for an action that is already underway.

- **Examples**

민수는 오늘 회사에서 회식이 있다고 했으니까 저녁을 먹었을 텐데요.
Minsu said he had a company dinner today, so he probably already ate dinner.

혜영 씨는 아까 수업이 끝났다고 했으니까 벌써 집에 도착했을 텐데요.
Hyeyeong said her class ended already a while ago, so she's probably already at home.

미리 예약을 했다면 이렇게 기다리지 않았을 텐데.
If we had made the reservation early, we wouldn't have had to wait like this.

주말인데다가 날씨가 좋아서 놀이공원에 사람이 많았을 텐데요.
There were probably tons of people at the amusement park since it's the weekend and the weather is so nice.

가: 우산이 없으면 미리 연락을 하지. 그랬으면 데리러 갔을 텐데.
A: You should've called sooner if you didn't have an umbrella. Then, I would've gone to pick you up.
나: 가까운 거리니까 괜찮을 거라고 생각했어.
B: I thought it would be all right since it's so close by.

가: 어제 콘서트 재미있었어요? 못 가서 너무 아쉬웠어요.
A: Was the concert fun yesterday? I was so sad that I couldn't make it.
나: 네, 정말 좋았어요. 같이 갔으면 좋았을 텐데요.
B: Yes, it was great. It would've been better if you had come.

2. 만 하다

- **Meaning and Usage**

This is used with a noun to express the size or degree of a person or product that is being compared.

- **Examples**

우리 형은 키가 저만 해요.

My older brother is as tall as me.

이번에 새로 산 노트북은 이 공책만 한데 기능이 아주 많아요.

The new laptop I purchased is as big as this notebook but with so many functions.

미영이 동생은 배우인데 얼굴이 주먹만 해요.

Miyeong's sister is an actor and her face is as big as my fist.

지나의 목소리가 모깃소리만 해서 발표 내용이 잘 들리지 않았어요.

Jina's voice is as thin as a mosquito's so it was hard to hear the contents of the presentation.

가: 제임스 씨 고향은 얼마나 커요?

A: James, how big is your hometown?

나: 우리 고향은 서울만 한 것 같아요. 그렇게 크지 않아요.

B: My hometown is about as big as Seoul, I believe. It's not that big.

가: 새로 이사 간 곳은 어때?

A: How's the place you moved into?

나: 위치는 나쁘지 않은데 방이 손바닥만 해.

B: The location isn't too bad, but the room is about as big as the palm of my hand.